注音版

介紹世界各國偉人努力奮鬥，得到成功的感人故事

名人偉人一本通

平裝版

中國篇

西洋篇

幽默大師

林語堂

清末福建人，（西元 1895 － 1976 年）。集語言學家、哲學家、文學家、發明家於一身，素有「幽默大師」之稱。

林語堂生於清末民初，家中篤信基督教，父親是牧師，家中生活雖不算富裕，父親卻很注重孩子的教育，在別人對聖約翰大學還一無所知時，林語堂已被送往上海聖約翰大學就讀。

林語堂自大學畢業後，任職於清華大學。西元 1919 年，赴美國哈佛大學研習文學；於西元 1922 年，獲文學碩士學位；同年轉赴德國，進入萊比錫大學，專攻語言學，獲語言學博士學位。日後，他以英文書寫出許多膾炙人口的名著，如：《吾國吾民》、《京華煙雲》、《生活的藝術》等，而成為揚名海外的知名作家。

林語堂非常的推崇「幽默」。「幽默」這兩字正是他所翻譯出來的，由於用字貼切，被視為翻譯傑作；而他生活中也奉行「幽默」的哲學，他最著名的一句話就是：「演講要像女人的裙子一樣，越短越好！」

有一次，他在大學裡開課，上課第一天，他走進教室後，拿出公事包，學生以為他要拿出課本，誰知，他竟拿出一堆帶殼花生，說道：「吃花生要吃帶殼的，一切味道與風趣，全在剝殼的過程，剝殼越有勁，花生米就越有味道。」又說：「花生米又名長生果，各位第一天上課，請吃我的長生果，祝君長生不老，以後我上課不點名，但願大家吃了長生果，更有長性子，不要逃課！」話一說完，全班哄堂大笑。從此，他上的每一堂課，總是座無虛席。

林語堂不僅是文學家、翻譯家，也是一位發明家。由於經常寫稿，讓他有感於中文打字機的必要，因此，他絞盡腦汁研究「不學就能操作」的打字機。西元1948年，他發明出簡易操作型打字機，可惜當時正值戰爭，未能大量生產，還差點讓他破產；而他為了這部打字機設計的上下形檢字法，也可說是今日電腦中文輸入法的前身，可見他是多麼的多才多藝。

他曾說：「沒有幽默滋潤的國民，其文化必日趨虛偽，生活必日趨欺詐，思想必日趨迂腐，文學必日趨乾枯，而人的心靈必日趨頑固。」他自評一生為：「兩腳踏東西文化，一心評宇宙文章。」真是實至名歸的比喻。

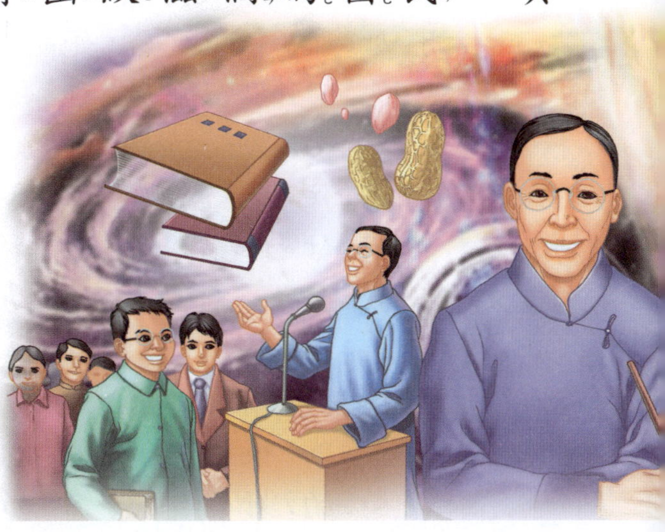

中國近代思想家

胡適

祖籍安徽，生於上海（西元 1891 － 1962 年），字適之，為影響中國近代學術發展的重要思想家及新文化運動的推行者。

胡適三歲時，在父母的教導下開始識字。不久，父親病逝，特別在遺囑中鼓勵聰明的胡適，應該努力讀書。胡適的母親馮氏，對他幼時的影響最大。

胡母是胡父的繼室，遭喪夫之痛後，必須依靠娘家三位同父異母的哥哥在經濟上的支援，但她的妯娌脾氣很壞，胡母在困頓的生活中備嘗艱辛，只希望將唯一的親生兒子教養成人。

胡適描述他的母親說：「她是慈母兼任嚴父，但她從來不在別人面前罵我一句，打我一下。我做錯了事，她只對我一望，我看見了她的嚴厲目光，就嚇住了。」

胡母十分敬愛她的先夫，有時會對胡適訴說他父親的種種優點，要他學父親的榜樣，不要丟父親的臉。說到傷心處，往往會忍不住落淚。

胡母對胡適在讀書和做人方面都有重大的啟發。曾在他幼時重金禮聘，請老師為他「講書」，書中的一字一句，都要加以講解。胡適長大後回想起來，認為這對他的幫助很大，他說：「如果我學得了一絲一毫的好脾氣，如果我學得了一點點待人接物的和氣，如果我能寬恕人、體諒人——我都得感謝我的慈母。」

胡適努力讀書，奮發向上，很快就成為著名的學者。他致力於提倡教育的重要，認為做學問應該要「大膽的假設，小心的求證」；並且倡導白話文運動，鼓吹民主與科學，對中國近代學術思想的發展，影響非常巨大。

胡適的朋友和學生滿天下；他有冷靜堅實的理智，也有豐富的感情。他能從任何人身上看出長處來，不論對方的年齡和職業如何，都能和他們做朋友。他又常安排時間接見各方來訪的客人，無論認識或不認識。

胡適不僅是一位舉世敬仰的學者和思想家，他一生中獲得世界各國著名大學所頒贈的榮譽博士學位，達三十五個之多，世界上大概沒有其他人能像他一樣，在世期間能同時享有如此崇高而普遍的國際聲望了。

讀後心得與感想

胡適先生卓越的智慧、開闊的胸襟、高超的思想，至今仍為後世學者的典範；而他秉承母親的教誨，不辱父親遺願的孝行，也足為後世學子的楷模。

反清革命志士

林覺民

福建閩縣人（西元 1887 － 1911 年），字意洞，號抖飛，又號天外生。於廣州之役，壯烈成仁。

林覺民在十四歲時，進入福建高等學堂就學，開始接觸到民主思潮，對於自由平等的學說，十分嚮往。十九歲自費赴日本留學，參加同盟會，開始積極參與革命行動。

二十四歲那年，即西元 1911 年春，他自日本返鄉參加黃興和趙聲發動的廣州起義。林覺民率先攻擊總督府衙門，結果負傷被捕。

接受審判時，他毫無懼色，還當眾演說，分析國際情勢，講到救國需革命，悲憤得捶胸頓足，連審判他的總督都深受感動，特准除去他的手銬腳鐐，還拿茶水和紙筆讓他寫下遺願；林覺民並當庭勸告清廷官吏洗心革面，共同加入廢除暴政的行列，以建立民主國家。審判結束後，一位官員向總督求情說：「林覺民真是個奇男子，如此人才，應留下來為朝廷效力。」總督雖有同感，但三思後，卻說：「就因為他是個人才，如果讓革命黨擁有他，豈不是如虎添翼，唉，留不得呀！」

於是，林覺民遭判死刑。臨刑時，從容就義，面不改色。而在他死後不久，由孫中山先生所率領的革命終於成功，滿清被推翻，林覺民的血總算沒有白流了。

林覺民十九歲時即奉父母之命，娶妻陳意映，夫婦感情很好。當他決定參加革命行動時，唯恐妻子擔心，始終守口如瓶，但又怕從此天人永隔，於是留下一封「與妻訣別書」。

這封訣別書寫在一條白手帕上，婉轉千餘字，將對妻子的深情，與捐軀救國的激情融鑄為一體，情真意切，字字動人，令人讀後不禁鼻酸，也為他捨己之命，救民救國的高尚情懷，感動萬分。這封書信後來列入中學教科書中，被推崇為一篇至高純潔的情書文學佳作。

讀後心得與感想

林覺民與妻子感情深厚，家庭美滿，本身又才華洋溢，如果不參與革命，必能安穩的過著幸福日子。然而他卻義無反顧的選擇了犧牲奉獻的道路，這種救國救民的無私精神，著實令人敬佩。

反清巾幗英雄

秋瑾

清末浙江山陰人（西元 1875 － 1907 年），原名閨瑾，字璿卿，號競雄，又號「鑑湖女俠」。主張男女平等，並積極投身革命運動。

秋瑾出生於富裕家庭，個性倔強，從小能寫詩填詞，又會騎馬擊劍、使棒舞槍，立志要做一名巾幗英雄。

十九歲時，奉父母之命，嫁給湖南的富家子弟王廷鈞。由於丈夫思想保守，又胸無大志，僅靠著花錢，買了一個官位來做，就十分滿足；秋瑾看不起丈夫的所作所為，因此夫婦感情一直不好。

當時剛好發生八國聯軍侵華事件，以及義和團運動失敗，秋瑾目睹朝廷腐敗、任由外國人欺負的情形，心如刀割，便萌生獻身救國的念頭，雖然她已身為人母，育有一男一女了，但仍然義無反顧的變賣掉所有首飾，籌措旅費，毅然前往日本留學。

秋瑾到日本後，認識許多革命志士，因而加入同盟會，成為同盟會第一位女性黨員。

她返國後，在浙江紹興主持由徐錫麟創辦的大通學堂，暗中在校內設立革命機關，與徐錫麟組織光復軍。可惜，受到叛徒告密影響，徐錫麟不得不匆忙在安慶起義。這次起義失敗了，也使得秋瑾的革命祕密活動曝光，朋友們看到形勢緊張，都勸秋瑾快逃，但是她決心要當中國婦女界第一位為革命犧牲的人，因而堅決留在學校和清軍決戰。結果，秋瑾寡不敵眾，不幸被捕入獄。

秋瑾入獄後，決心一死，清廷想盡辦法對她嚴刑拷問，她依然堅持隻字不說；清吏又強迫她寫供詞，秋瑾拿起紙筆，卻只寫下了「秋風秋雨愁煞人」七個字。

之後，秋瑾就被處死了，當時她年僅三十二歲。第二年，她的好友想盡辦法，終於將她的遺骨安葬於杭州西冷橋畔。

辛亥革命成功後，孫中山先生親自題了「巾幗英雄中山」四個大字，紀念這名第一位為革命犧牲的女同志。

讀後心得與感想

「身不得男兒列，心卻比男兒烈。」，這是秋瑾時常用來自勉的話，意思是說，雖然無法身為男孩，但是堅強的心卻不輸男兒。她不願向命運低頭、渴望男女平等以及追求社會正義的精神與行動，堪稱中國婦權運動史上的先鋒者。

民主革命先驅

孫中山

廣東香山縣今廣東中山人（西元 1866 — 1925年），名文，字逸仙，為民主革命先驅，推翻滿清，創建中華民國。

西元 1866 年 11月12 日，孫中山先生出生於普通的農民家庭，因為家境貧困，十歲時才進入村中一所私塾就學。十二歲時，到美國檀香山讀書，十七歲回國。西元 1886 年至西元 1892 年間，先後在廣州、香港學醫。西元 1894 年，孫中山再赴檀香山，創立興中會，提出「驅除韃虜，恢復中華，創立合眾政府」的主張。

西元 1905 年，在日本東京成立同盟會，有系統的提出《三民主義》思想，並與「保皇派」進行激烈的論戰。西元 1911 年10月10 日，領導武昌起義，得到各省回應，導致清朝專制統治的覆滅，這就是歷史上著名的「辛亥革命」。

西元 1912 年元旦，孫中山在南京就任中華民國臨時大總統，創立中國歷史上第一個共和政體。西元 1913年，發動「二次革命」，討伐陰謀竊取大總統職位的袁世凱。西元 1914 年，在日本組織成立中華革命黨。

西元 1917 年，中華民國軍政府成立，孫中山被推舉為大元帥，展開「護法運動」。西元 1919 年，改組中華革命黨為中國國民黨，擔任總理。西元 1921 年，非常國會又於廣州議定組織中華民國正式政府，孫中山就任大總統，再舉護法旗幟。於西元 1923 年，孫中山第三次在廣州建立政權，成立陸海軍大元帥大本營，復任大元帥。同年，接受蘇俄和中國共產黨的建議，決定國共兩黨合作，以推進國民革命。西元 1924 年 1 月，召開中國國民黨第一次全國代表大會，改組國民黨，重新闡述和解釋其「三民主義」。西元 1925 年 3 月 12 日，因病在北京逝世。

讀後心得與感想

孫中山先生把自己的一生都獻給中國民主革命，是傑出的愛國主義者和民族英雄。他非常重視和熱愛學習，他曾經說：「我一生的嗜好，除了革命外，只有好讀書，我一天不讀書，便不能生活。」我們也應該像孫中山先生一樣認真的學習，學到真本領。

中國鐵路之父

詹天佑

清末廣東南海人（西元 1861 － 1919 年），字達朝，號眷誠，有「中國鐵路之父」之稱。

詹天佑自幼聰明靈敏，十二歲時成為清朝首批赴美留學的學童之一。因為在美國努力學習，考上了耶魯大學土木工程系，專攻鐵路工程；成績優異，名列前茅，成為第一位畢業於耶魯大學的中國留學生。

詹天佑學成歸國後，剛開始並未受到重用，因為當時的清朝政府深信，只有洋人才懂得修築鐵路。

終於機會來了！清朝政府決定在北平到張家口這一段交通要道上修築一條鐵路，但因高山阻隔，修建困難，找來英、日、德等國的工程師都束手無策，後來清朝政府任命詹天佑主持這項艱鉅的工作。

這條路沿途經過許多高山峭壁，要讓鐵路穿過去非常困難。但詹天佑並不畏懼，決心築成這條鐵路。他親自翻山越嶺，測量地形，計畫路線，設計出「人」字形路線，解決了地勢險要的問題。

從動工的那天起，他每天帶著成千的工人，鑿山洞、造橋梁。有些身經百戰的工人，看出這件工程實在太艱難了，就勸告他：「這麼大的山，怎麼能夠鑿穿呢？

我們還是停工吧！」但是，詹天佑總是很堅定的回答：「請大家相信我！只要我們同心協力，一定能夠鑿穿高山，築成這條鐵路，來證明中國人的才能。」

經過四年多的努力，詹天佑率領的團隊克服了各種困難，連接北平到張家口的京張鐵路終於正式通車，不僅建造的時間比預定時程縮短了兩年，而且工程費還只是外國人估價的七分之一。外國工程師知道之後都忍不住讚美：「中國人真了不起！」

此後，詹天佑陸續主持各地鐵路的興建，為中國早期的鐵路事業四處奔波。十分遺憾的，西元1919年，他因為心臟病和勞累過度，不幸逝世，享年五十八歲。他不畏艱難的精神，以及對中國鐵路建設的偉大貢獻，卻永久流傳青史。

如今，火車依舊行進在詹天佑當初設計和建造的鐵軌之上，經過青龍橋時，仍可看見他莊嚴的銅像，聳立在車站上！

行乞興學教育家

武訓

清末山東堂邑縣人（西元 1838 － 1896 年），貧民教育家，人稱「武善人」。

武訓自小家境清寒，父親又很早就過世了，為了照顧母親，他四處做苦工、行乞，可是因為不識字，常遭到地主的愚弄和欺侮，讓他深刻的體會到窮人不識字的痛苦。

母親過世後，武訓沒有了後顧之憂，就把他多年來做苦工、行乞存下來的錢買了一塊地，蓋了一所學堂，發願讓沒有錢的孩子也能念書。

在學堂裡，他對老師十分恭敬，對學生的課業更是關心。有一天，武訓忽然跪在一位老師和學生的面前，久久不起來，讓師生兩人不僅驚慌失措，更羞紅了臉。

原來，武訓每遇到有不認真教書的老師或是不專心上課的學生時

，便會跪在地上請求他們各盡本分，珍惜讀書機會；學堂裡的師生們知道這件事之後，都被武訓認真的態度感動。從此，學堂裡的老師和學生們，再也沒有一個不奮發圖強的。

武訓把畢生的金錢以及精神全部奉獻給教育，他的事蹟傳遍中國各地，受到廣泛的欽佩，到處都有人爭相效仿辦學，不但提升了全國的讀書風氣，也讓更多窮學生有機會上學念書，甚至這分「行乞興學」的精神也受到當時皇帝的讚賞。

武訓精神傳開後，他仍然沒有停止對教育的奉獻，依然四處行乞、買土地置產，把所得全都用在興辦學校上，捨不得將任何一分錢花在自己身上。他吃得簡單、住得簡陋，一生都沒娶過老婆，也沒有子嗣。

當他年老時，病重在床，也不願把錢拿去看醫生。五十九歲那年，含笑病逝在自己創辦的一所學校中。

「武訓精神」對貧民教育影響相當深遠，中國近代教育家大多以他為榜樣，更有無數子弟因他而受惠。

讀後心得與感想

武訓家貧失學，深知文盲的痛苦。當他有能力時，不是先改善自己生活，卻是捐出一切來幫助那些無法求學的孩子，這種無私的精神，令人佩服。

他下跪求老師和學生認真教書、讀書，不是心疼錢白花了，而是為他們不求上進而扼腕。所以我們如果不珍惜讀書機會，就太對不起辛苦教養培育的父母和老師了。

臺灣第一任巡撫

劉銘傳

清朝安徽合肥人（西元 1836 － 1896 年），字省三。因中法戰爭保臺有功，被派為臺灣首任巡撫，為推動臺灣現代化的先驅，享年 60 歲。

劉銘傳出身貧農之家，十五歲時輟學隨父親販賣私鹽。因為劉銘傳膽大勇敢、思緒敏捷，十八歲已展開殺敵衛民的軍旅生涯。清末的大臣中，不是進士，就是翰林，多為文人；武人出身的劉銘傳，雖然沒有讀過多少書，卻是清朝少見的「奇才」。

劉銘傳成為臺灣首任巡撫的過程中，有一則發人深省的小故事：

當李鴻章將劉銘傳推薦給曾國藩時，同時還一起推薦了另外兩位書生。

曾國藩為了測驗他們三人之中，誰的品格最好，便故意約他們在同一個下午到曾府面談。可是到了約定的時刻，曾國藩卻故意不出面，讓他們在客廳中等候，自己卻在暗中仔細觀察他們的反應與態度。

等待的時間一分一秒過去，曾國藩還是不出現，只見另外兩位已逐漸顯出很不耐煩的樣子，不停的相互抱怨；劉銘傳則是安安靜靜、心平氣和的欣賞牆上的字畫。後來，曾國藩終於出面接見他們，就故意以客廳中的字畫來出題考試，結果只有劉銘傳答得出來，於是由劉銘傳獲得推薦出任臺灣總督一職。

當時的臺灣，正遭到法軍占據。劉銘傳抵達臺灣基隆的第二天，就跟法軍展開激烈的砲戰，並擊退氣勢凌人的法軍，至今在基隆還能看見當年劉銘傳建造的砲臺呢！

劉銘傳還興建了從臺北到基隆的鐵路，這是中國第一條自己集資建造的鐵路。通車的第一天，圍觀民眾驚恐萬分，稱呼火車頭是「黑色妖馬」，這架臺灣第一個火車頭（騰雲一號），目前還陳列在臺北的「二二八紀念公園」裡！

劉銘傳在臺灣雖然只待了短短六年，卻使臺灣成為當時唯一系統化實施全面改革計畫的省分。當他離開時，臺灣已經煥然一新！他為臺灣的現代化建設奠下良好的基礎，不愧為「臺灣現代化之父」。

讀後心得與感想

劉銘傳雖然沒有受過高等教育，卻是清朝官員中最能吸收西方現代知識，並身體力行的人，可見讀死書不知運用，光有一肚子學問也難治國呀！劉銘傳對臺灣的貢獻，至今仍為人們所感佩呢！

清首位文人封武侯

曾國藩

清朝湖南湘鄉人（西元 1811 － 1872 年），初名子城，字伯涵，號滌生。律己甚嚴，曾帶領湘軍平定太平天國，著有《曾文正公全集》傳世。

曾國藩是中國歷史上最有影響力的人物之一，他出身於湖南一處偏僻的小山村，以一介書生入京赴考，二十八歲中進士，並當了高官，歷任西江及直隸總督。

曾國藩從小就尊崇儒學，所以他常以中國傳統的道德標準來砥礪自己，並且將「忠、孝、仁、愛、禮、義、廉、恥」等四維八德作為他處世的基準與法則。

當時，洪秀全自稱是耶穌的弟弟，並以此自立法規，與清廷相對立。他拆毀孔子牌位與其他的神佛像，並不斷的傳教。洪秀全還建立嚴格的軍紀，將勢力不斷擴展，在攻占永州之後，便自稱「天王」，並改國號為「太平天國」。

曾國藩知道太平天國的存在後，便誓言消滅這個拋棄固有道德傳統的組織，以示對清朝的忠貞。

西元 1852 年，洪秀全建立太平軍由廣西進軍湖南。當時，曾國藩因為母親逝世，正好回故鄉湖南。他知道太平軍已經準備要攻占這裡，就馬上招募農民，並任用儒生當幕僚，朝夕訓練，成立「湘軍」。

西元 1854 年初，湘軍練成水陸軍有近兩萬人，匯集湘潭，誓師出戰。一開始，湘軍出師不利，屢戰屢敗，曾國藩為此感到相當的羞憤，因而投水自盡，所幸被手下及時救起。後來他重整軍隊，用兵也更加謹慎。西元 1855 年初，他又進攻江西九江、湖口，被太平軍重創，退守南昌。

之後，湘軍與十萬太平軍在首都天京（今南京）城外激戰，持續圍困天京。至西元 1864 年 7 月，湘軍終於攻破天京城池，平定太平天國。朝廷為獎賞曾國藩，便封他為「一等毅勇侯」加「太子太傅」。

曾國藩所處的時代，是清朝由乾嘉盛世轉為沒落、衰敗，內憂外患不斷來襲的動盪年代。由於曾國藩的出兵，太平天國才能平定，清朝的國威也才得以宣揚，對當時來說，曾國藩的確是一位愛國的大英雄啊！他曾寫下的名句：「風聲、雨聲、讀書聲，聲聲入耳；家事、國事、天下事，事事關心」，更讓後人傳誦不絕。

禁菸欽差

林則徐

清朝福建侯官人（西元 1785 － 1850 年），字少穆。於道光年間，厲行禁菸反毒，威震海內外。

6月3日是中國的禁菸節，它的由來，是為紀念西元1839年6月3日，林則徐在廣東虎門開始焚燒收繳鴉片的第一天。

當時，英國政府發現在中國販賣鴉片可獲得很大的利益，於是向中國大量傾銷這種害人的毒品。鴉片的氾濫，影響了民眾的身心健康，使吏治敗壞，導致中國白銀外流，政府財政收入短絀。

被任命為欽差大臣的林則徐一到廣州，首先要求外國商人兩件事：第一，繳出已經運到中國但還沒有賣出的鴉片。第二，簽署具結書，聲明以後不再攜帶鴉片到中國來。

當時英國商人不知道林則徐的人品，以為他像大多數的中國官員一樣，用賄賂的方式就可以馬馬虎虎矇混過去。但是，林則徐強硬的態度，終於使得他們屈服，英國商人總共繳出 20,283 箱鴉片，但不肯發誓以後不再運鴉片過來。6月3日，林則徐在虎門海灘掘了兩個大池子，將鴉片和生石灰倒入池中，引進海水燃燒石灰，利用燃燒產生的熱量來銷毀鴉片，等鴉片燒成灰之後，再利用潮水的力量，將鴉片沖到大海裡，一共經過四十餘日才完全銷毀。

在銷毀鴉片的過程中，每天都有官員來巡視，外國商人、傳教士也到場參觀，他們都很佩服林則徐公正無私的態度。從此，6月3日這一天就被訂定為中國的禁菸節。

深知毒品為害的林則徐，為了國家和人民，冒著生命的危險，向英國侵略者挑戰，更飽受內外的夾攻與摧殘，但他始終不肯放棄查禁鴉片的使命。林則徐的堅貞、忠勇與情操，雖然已走入歷史，但他的名字已永垂青史。

讀後心得與感想

毒品的氾濫和走私，是世界頭等公害之一。

其實，林則徐也可以做一個同流合汙、中飽私囊、禍國殃民的奸臣，但是他並沒有，他的精神，永遠令人敬佩。世界需要像林則徐這樣的人，讓我們共同來抵制嚴重戕害身心的毒品！

清朝第一才子

紀曉嵐

清朝河北人（西元 1724 – 1805 年），本名紀昀，字曉嵐，一字春帆，晚號石雲。傑出的文學家，主編《四庫全書》被譽為「一代文宗」。

紀曉嵐出生於世家大族，從小就表現出超乎尋常的天賦，讀書過目不忘，思考極為敏捷，幾乎讀遍了中國歷代史籍名著，無論寫詩或文章都難不倒他，因此，他自小就有「神童」之稱。

長大之後的紀曉嵐越來越博學，對吸收知識的喜愛更加欲罷不能，通過殿試之後，意氣風發的他逐漸踏入官場，開始了仕宦生涯。

乾隆年間，紀曉嵐獲得皇帝重用，開始編輯審核中國歷史上最大的一部叢書巨著《四庫全書》。由於他擔任總編輯，必須經常與乾隆皇帝交談討論，也使得他越來越機敏善辯。

有一次，紀曉嵐奉命到皇宮陪乾隆皇帝讀書，等了很久，皇帝還沒有來，天氣又悶又熱，紀曉嵐被悶得滿身大汗，於是乾脆把官服脫掉，決定先打個盹再說。

不一會兒，小太監進來報告說：「皇上駕到！」衣冠不整的紀曉嵐，一時趕不及將衣服穿好，只好急忙躲到桌底下。

乾隆一進書房，沒看到紀曉嵐人影，覺得很奇怪，正要出去查問，卻聽見桌子底下傳出紀曉嵐的聲音說：「喂！老頭子走了沒？」

乾隆聽出是紀曉嵐的聲音，便想要捉弄他，就故意捏著鼻子說：「走了！」

紀曉嵐匆忙的從桌子底下爬出來，不料卻一眼看到乾隆皇帝手叉著腰，生氣的問：「誰是老頭子？」

紀曉嵐嚇了一跳，腦筋一轉，從容跪在地上說：「皇上您是萬壽無疆，所以稱『老』；您是一國之君，所以稱『頭』；您又稱天子，以天為父，以地為母，這不就是『子』嗎？加在一起，『老頭子』三個字，是對您皇上的尊稱呀！」

乾隆皇帝聽了，不禁哈哈大笑，不得不佩服紀曉嵐的機智而赦他無罪。

讀後心得與感想

在人際關係中，學習如何運用幽默是很重要的。當別人以不友善的態度或言語來對待你時，如果能像紀曉嵐一樣，以幽默的態度來回應，在不傷害彼此的和氣又能維持自己尊嚴的狀況下，可達到「化干戈為玉帛」效果，並使別人對你印象深刻呢！

鐵面欽差智取神偷

劉羅鍋

劉墉，清朝山東諸城人（西元 1720－1804 年），字崇如，號石庵。官居七品欽差，因外形駝背，故被戲稱為「劉羅鍋」，以機智聞名。

乾隆年間，紫禁城出現了一個神偷，城內雖牆高池深，戒備森嚴，他依舊來去自如，甚至偷走了乾隆皇帝的玉璽，乾隆勃然大怒，敕令紫禁城內外做地毯式的搜索。妙的是，玉璽居然在三天後又神不知鬼不覺的出現在皇帝的桌上。

這下子乾隆慌了，他想：「這神偷在宮裡來無影，去無蹤，萬一下次他要取的是朕的項上人頭，那不就……。」乾隆越想越恐懼，馬上召見大臣們商討對策。

會議中，眾大臣面面相覷，和珅率先打破沉默：「啟奏陛下，臣有一個方法，一定可以捉拿此賊。

一是加派軍力嚴守紫禁城；二是加強宮內防盜機關；三是百姓出入京城，一律搜身檢查。如此一來，一定很快就能抓到這賊。」

乾隆大喜，馬上照辦。不料半年後，神偷猖獗依舊，不但好幾件寶物被偷，京城人民也怨聲載道。乾隆看這樣下去實在不是辦法，便直接點名劉羅鍋想辦法。

劉羅鍋駝著背，伸出三根手指頭緩緩

的說：「啟奏陛下，依臣愚見，可以從三方面下手：一、將增派的軍隊都撤掉。二、將所有寶庫的大鎖全部拿掉。三、將存放寶物的箱子全部打開。如此必能手到擒來。」

乾隆聽到他的方法，居然與和珅的法子完全相反，心中相當不解，只見劉羅鍋瞇著眼，微笑著說：「請陛下試試看便知！」

於是乾隆下令照辦，十天內，神偷居然輕易的被捉到了！原來這位神偷已經行竊三十年，上千次的成功經驗告訴他，進入目的地後，只要躲過警衛，迅速開鎖拿走寶物，再迅速往窗外跳，再嚴守的地方也能成功。

可是這次他到達目的地後，竟然沒有警衛，也沒有鎖門，進去後只看見箱子完全打開，窗戶也被拿掉了，神偷心裡頓時浮現了前所未有的疑問、驚慌與恐懼……。忽然間，巡邏的衛兵一擁而上，輕鬆逮住正在猶疑的神偷。

讀後心得與感想

我們的生活中不也充滿了這一類的情境嗎？沉迷在過去的成功經驗，執著於以往所養成的習慣，反而失去隨機應變的能力。宰相劉羅鍋的機智，給了我們最佳的機會教育——不斷超越自我，再創新機。

微服察民情的賢君

乾隆皇帝

愛新覺羅・弘曆（西元 1711 － 1799 年），即清高宗，在位期間清朝國力達強盛的巔峰。

清朝乾隆皇帝在文治、武功上都有顯耀的政績，鄰國也紛紛稱臣納貢，他志得意滿的稱自己為「十全老人」，但是他訂立的很多法令卻太過嚴格了。

有一次，乾隆皇帝在江南遊山玩水，聽說那裡有一位半仙和尚叫做「詆毀和尚」，不講究誦經打坐，對言論也毫無顧忌，但因他罵得詼諧有趣，所以老百姓都很喜歡親近他。

乾隆心想：這和尚取這種怪名號，必定是個不守本分的人吧！於是便喬裝打扮成一個秀才的模樣，一搖一擺的前去聽這和尚到底「詆毀」些什麼。

詆毀和尚從寺裡出來，乾隆皇帝見他穿著破舊的袈裟，故意刁難他：「既然是得道的高僧，為何衣裳卻像絲瓜一般破爛？」

和尚笑道：「我年輕的時候，也穿過錦繡的衣衫哩！後來衣衫被野狗撕碎了，我就做了和尚，穿起這破麻布的袈裟來啦！不過我穿的雖然破爛，心術可是端正的。不比那些著官服的老爺，看起來富貴堂皇，暗地裡卻男盜女娼呢！」

乾隆皇帝當頭挨了一記悶棍，心想：這詆毀和尚果然名不虛傳！竟然這麼詆毀我！這時，乾隆看見廚房角落裡跑來一隻小狗，抬起後腿便在一擔豆芽菜上撒了一泡尿，就問道：「老師父，這豆芽菜算不算乾淨的東西呀？」

詆毀和尚說：「豆芽菜水中生，水中長，當然是最乾淨的東西啦！」乾隆打從鼻孔裡哼了一聲，說：「有狗尿澆在上面，怎麼還說它是乾淨的呢？」

詆毀和尚呵呵大笑道：「俗話說，眼不見為淨，耳不聽為真。你看見只當沒看見，豈不就乾淨了嗎？這點小事，何必如此認真呢！不像有的人，日夜挨天下百姓咒罵，卻裝作沒聽見，還厚著臉皮自吹自擂，說自己是聖人哩！」乾隆皇帝聽了這些話，氣得啞口無言，只好掉頭回宮去了。

讀後心得與感想

沒有任何一個人可以讓所有的人都滿意，遭受批評時若能放寬心胸，虛心的向對方請教，坦然接受自己的缺點並願意改正，展現出風度與雅量，反而能夠獲得批評者及其他人的讚賞與尊敬呢。

建設地方愛民如子

鄭板橋

鄭燮，清朝江蘇興化人，（西元 1693 – 1765 年），字克柔，號板橋，曾任山東省知縣，著名的書畫家、文學家。

鄭板橋小時候家裡很窮，三歲時母親就去世了，他由奶媽撫養長大，並隨著父親學畫，生活十分清苦。他自小就發憤讀書，對書法有濃厚興趣，每天都要練字，一直持續到長大當了官，不管政務再怎麼繁忙，也不鬆懈。

他二十四歲時考中秀才，二十六歲時設塾教學，業餘時間即研究詩文書畫，生活依然艱苦，以賣畫維生。因為曾經失去獨子，便經常尋訪孤兒，傾力相助，在雨天幫他們送飯、送鞋。

鄭板橋直到五十歲才開始當官，先後當了山東范縣、濰縣的知縣。在范縣任職時，經常深入鄉里體察民情，深受當地人民愛戴。幾年後，轉任濰縣，那時濰縣發生大飢荒，人民生活於水深火熱之中。

剛到任的鄭板橋，首要的工作就是賑災，但是政府的援助實在太慢了，他就私自打開官倉賑災，下屬們都警告他會被懲處，他卻說：「等援助下來，百姓早就餓死了，這責任就由我一人來承擔吧！」他的果斷作為，及時救活了許多人；接著，還帶頭捐出自己的薪水建設地方，並命令當地的有錢人輪流提供粥飯給窮人們吃。

鄭板橋做官不講排場，生活始終簡單樸素，出巡時一定只穿布衣草鞋。有一次夜裡出巡，看見一位家境貧困的青年在茅屋中苦讀，就拿出銀子資助他；後來那位青年果然考中進士，取得功名。

由於鄭板橋經常下鄉巡察民情，上司老是找不到他，對他甚為不滿。有一年濰縣又發生了大災害，鄭板橋因為申請救濟觸怒上司，結果被罷了官。他離開濰縣時，百姓們都依依不捨前來送行。

十年的官場生涯，使他目睹當時社會的許多黑暗面。從此，鄭板橋選擇回鄉，寄情於詩書畫，度過了他儉樸但有氣節的一生。

讀後心得與感想

鄭板橋雖然出身窮困，卻能秉持剛正清廉的性格，不被世俗名利所迷惑，而能超脫小我，把百姓的福祉擺在第一位，古今中外多少人有這樣的節氣呢？儘管一生清苦，但他在精神上的富足與書畫藝術上的成就，卻是再多金錢也換不到的。

開明君主廣納人才

康熙皇帝

愛新覺羅・玄燁（西元 1654 － 1722 年），即清聖祖，雄才大略，勤政愛民，奠定清朝強盛的基礎。

滿清的康熙皇帝是中國歷史上少數能媲美漢族皇帝的英明君主，也是中國歷史上唯一能了解西方文明、尊重科學精神的皇帝。在位達六十一年之久，非常節儉愛民，勵精圖治，為清朝的強盛奠定了良好的基礎。

康熙即位時只有八歲，起初由鰲拜、索尼、蘇克薩哈、遏必隆四個顧命大臣共同輔政。但是索尼年老多病，不太管事；遏必隆很圓滑，不隨便發表不同意見得罪他人；蘇克薩哈則經常與鰲拜發生衝突，最後被鰲拜害死；鰲拜殘暴嗜殺、霸道跋扈的作風，不只讓人民生活在惶恐之中，也令康熙相當不滿。直至康熙十六歲，終於趁機罷黜鰲拜，從此康熙才真正掌握了政權。

康熙掌握政權後，勇武奮進，仁政愛民，開放求新，獎勵墾荒，減免人民的賦稅，開創了清初的盛世。

他是一位開明的皇帝，對具有科學知識的人才，不論是華人還是洋人，都給予信任與尊重，並向他們學習西方的自然科學知識。

有一天，廣東巡撫上奏，向康熙推薦義大利畫工郎世寧、外科大夫羅懷中。康熙一聽有才人願意為他效忠，相當高興，立刻在奏摺上批示：「知道了，快讓兩位西洋人進京來吧。」後來，郎世寧成為宮中御用畫師，一直為清廷效力至乾隆朝為止。

由此可見，康熙皇帝不拘一格，廣納天下人才的博大胸懷，使清朝能在建國初期迅速的強大起來，奠定了康乾盛世的根基。

康熙勤奮好學，博覽群書。從數學、天文、曆法、物理、醫學、工程技術，到經、史、子、集，以及書畫等藝術方面，皆有研究，並多次下令編纂書籍，聞名中外的《康熙字典》就是當時編纂的，留傳至今仍是一本重要的工具書。

讀後心得與感想

康熙皇帝正是因為具有像大海一樣的胸懷，能吸收中華多民族、西方多國家廣泛而深厚的文化素養，也蓄集了智慧，充分展現帝王才氣，終能實現宏圖大業，造就清朝的盛世。

開臺始祖

鄭成功

明末福建人（西元 1624 – 1662 年），乳名福松，後改名森，明隆武帝賜名「成功」。驅逐荷蘭人，收復臺灣，人稱「延平郡王」

鄭成功是中日混血兒，母親是日本人，父親鄭芝龍本來是往來中、日間的貿易商人，曾經淪為海盜，後受明朝招撫，平定流寇、殺荷蘭將兵有功受封。鄭成功七歲後，自日本返回福建居住。自幼飽讀詩書，極富傳統禮教與民族意識。

二十一歲時，他受到隆武帝賞識，賜國姓為「朱」，改名「成功」，從此被尊稱為「國姓爺」。未料，鄭芝龍向滿清投降，清軍卻掠劫鄭家，鄭成功的母親不堪受辱，上吊身亡。從此，鄭成功憤起反抗清朝，接收父親的兵力，在他豐富的學識和嚴明的管理之下，讓軍隊紀律煥然一新，戰鬥力十足。

鄭成功先攻下廈門作為反清復明的根據地，並利用控制臺灣海峽制海權的優勢，發展海上貿易，和外國人做生意，收集資金，以籌備軍力，並且深入內陸，廣設商業據點，收集許多有關清軍與朝廷的情報。漸漸的，鄭成功的軍事力量已對清朝形成了巨大的威脅。

後來，鄭成功率兵北伐，一路上勢如

破竹，卻在最後關鍵時刻，延誤進攻時機而前功盡棄，於是轉移根據地到了臺灣。

西元1661年，鄭成功從臺南鹿耳門登陸，擊潰當時占據臺灣的荷蘭軍，攻下赤嵌城，並率大軍包圍了荷蘭人在臺灣的統治中心——熱蘭遮城。雙方征戰將近一年，荷蘭人終於向鄭成功投降，撤出臺灣，結束了對臺灣長達三十八年的殖民統治。

鄭成功收復臺灣後，進行各種改革，發展貿易，興辦學校，同時號召大陸人民移居臺灣開荒墾地，使臺灣的經濟文化迅速發展，為臺灣的開發史寫下了重要的一章。但由於多年來連續征戰，加上收復後百廢待興，鄭成功終於積勞成疾，五個月後就病逝了，享年三十九歲。

鄭成功鍥而不捨的精神，使清朝康熙皇帝在接收臺灣後也感動不已，連日本人都對他讚賞有加。

讀後心得與感想

鄭成功懷抱救亡圖存、堅決反清復明的精神與作為，實在是可歌可泣；又從荷蘭人的統治中收復臺灣，使臺灣脫離被殖民的命運，稱他為「民族英雄」，可說是實至名歸啊！

愛國自勵

顧炎武

明末江蘇崑山人（西元 1613 － 1682 年），原名絳，字忠清，明亡後改名炎武，提倡「經世致用」之學，學者尊稱為「亭林先生」。

顧炎武出身江南大族，祖父是個很有見識的人，顧炎武受祖父的影響很深，從小喜歡讀書，也很關心時事。他從小就養成一個習慣，讀書一有心得就記下來，後來如果發現錯誤，又隨時修改，這樣日積月累，在文學、歷史和地理上有很高的學術成就，並且編寫了許多對後代影響深遠的鉅作，例如：《日知錄》、《天下郡國利病書》、《明夷待訪錄》等。

顧炎武三十三歲那年，明朝被清朝滅亡了。當清軍攻進顧炎武的家鄉時，他和同胞們團結組織成民軍捍衛家園，但是，苦戰之後還是被清軍攻陷了。顧炎武的母親不願被異族統治，絕食自殺，臨死時特別囑咐他，不能喪失身為明朝人的氣節，絕對不能降服於清朝。

顧炎武哀傷的離開了家鄉，隱姓改名，想組織一支抗清義軍，與臺灣的鄭成功聯絡，但是清朝官府防備森嚴，沒能成功。接著他受到家僕和仇家的迫害入獄，一些朋友為了營救他，去找一位投降清朝的官員幫忙，但是顧炎武寧可坐牢也不接受那位官員的幫忙。經過朋友們的奔走，顧炎武才被釋放出來，輾轉流徙到北方。即使環境如此艱困，他仍然秉持著不屈不撓的志節，也沒有停止過學術研究，始終不停的充實知識，著書立說，致力提倡「經世致用」之學，希望能藉此來復興民族。

當時，清朝康熙皇帝害怕明朝的遺民不服氣，會群起造反，就利用官位收買他們，不少著名的學者文人都轉而效命清朝，但是也有一些學者寧願冒著被砍頭的危險，也不願喪失氣節投效敵人，顧炎武就是其中一人。

顧炎武一生好學不倦，嚴謹踏實，致力於推翻異族統治，發揚民族精神。清末的革命志士，也多受到他的精神感召，最後終於推翻滿清，建立中華民國。

讀後心得與感想

顧炎武終生不向險惡的情勢低頭，不屑金錢名利，即使祖國最後還是滅亡了，但他堅持自我的精神仍一直被後人所歌頌。這種高貴的情操是無價的啊！

忠孤節亮

史可法

明朝河南開封人（西元 1602 － 1645 年），字憲之，號道鄰，明末抗清名將，壯烈成仁，人稱「史閣部」。

明末，一個風雪交加的冬天，左光斗帶著幾個隨從冒雪出外巡行。路經一座古寺，便進去避風雪。在寺內的廊下，看見一位衣著單薄的年輕人，伏在書桌上睡著了，桌上放著一篇剛寫好的文章。

左光斗悄悄拿起文章閱讀，不禁讚嘆不已，愛不釋手。他解下自己所穿的皮衣，輕輕蓋在這位年輕人的身上；並從僧人處得知，這個青年名叫史可法。左光斗認為史可法才學出眾，就收他為學生。

不久，左光斗遭到誣陷，被關在牢獄內遭受酷刑，將不久於人世。史可法焦急萬分，拿著銀錢，淚流滿面的向獄吏請求，終於感動了獄吏，讓他扮成掃垃圾的人進入獄中探望老師。

史可法看見老師因遭受火刑而顏面焦爛，膝下筋骨也脫露出來，難過

的抱著他痛哭。

左光斗聽出是史可法的聲音，強忍劇痛，用手指撥開眼皮，目光如炬，生氣的說：「笨蛋！你知道這是什麼地方嗎？你簡直是自投羅網，奸人正想把我們的人一網打盡。如果我們都死了，往後誰去整頓靡爛的國事啊！你再不離開，我現在就親手打死你！」說著就把套在手上的鐵環投向史可法。後來，史可法總會含淚對人說：「吾師肺肝，皆鐵石所鑄成。」

受恩師的託付，史可法立志要承擔起救治國家的重責大任，不敢有任何怠慢。到揚州後，他便以身作則，嚴以律己，深受廣大的軍民尊敬和愛戴。經過一番整頓，江北的軍事形勢有了明顯改變。

清兵入關後，史可法雖然頑強抵抗，但終究是寡不敵眾。因為清兵從未遇過這樣頑強的抵抗，為了洩恨，竟下令屠城十日，共有數十萬人喪生，這就是史上有名的「揚州十日」。

揚州屠殺後，橫屍遍地，史可法的屍骸也無從找尋。後來，史可法的家人就把他穿的衣服和笏板，葬在揚州城外的梅花嶺上，供人們憑弔。

讀後心得與感想

史可法的義行，實受其恩師左光斗的影響。身為人師的左光斗，不只以言語來教導學生，更是身先表率。他們兩人的堅貞氣節，永垂青史，成為後人的楷模。

中國探險家

徐霞客

明朝江蘇人（西元 1587 － 1641 年），名弘祖，字振之，著名的地理學家、遊記文學家，著有《徐霞客遊記》。

徐霞客出身於縉紳富貴之家，受到良好的家庭教育，從小就特別喜愛閱讀歷史、地理和遊記一類的書籍。書中的內容深刻打動了徐霞客幼小的心靈，他暗地下定決心，將來一定要到外面的世界去探險一番。

然而出身仕宦之家，仍必須應家人要求赴京趕考，只是仕途的大門並沒有為他而開。當他應舉失敗之後，就更下定決心要掙脫科舉的枷鎖，投入他真正感興趣的旅遊事業，去探索大自然的奧秘。這時的徐霞客年僅二十二歲。

三十幾年的旅途中，他曾多次遭遇強盜搶劫，也多次絕糧，差點光著身子餓死在異鄉；曾有一些人善意勸他不要再冒險繼續前進了，但徐霞客的意志和信念始終未曾動搖，仍以堅忍不拔的精神，在極度困窘的情況下，足跡遍及中國西半部。

有一次，他準備進入湖南的麻葉洞，當地鄉民知道了，嚇得砍柴的拿著鐮刀、種田的拿著釘耙，燒飯的、織布的都停住工作，甚至連十幾歲牧童也十分好奇的趕來，把洞口團團圍住，圍觀的人群一下子沸騰起來了，他們對徐霞客說：「這洞中有神龍，還有妖怪，不會法術的人是不可能降服這些怪物的。」眾人你一言，我一語，沒有人不為徐霞客擔心。然而他卻毫不畏懼的脫下衣服，拿著火把進入洞中探察。

在洞中，他不僅沒有遇到人們傳說的各種神龍精怪，反而親身感受了洞裡石頭所構成的天然奇景，以及別有一番天地的大千世界。

當徐霞客完成探險走出洞口時，充滿著疑慮、焦急守候在洞口的近百人，立刻簇擁而來，然而看到他神清氣爽的模樣，眾人的疑惑和擔心也就煙消雲散，不禁對徐霞客的驚人之舉，投以敬佩的目光。

讀後心得與感想

在應舉成風的時代，徐霞客不跟隨世俗，卻以考察大自然為己任，不畏風雨寒暑的四處遊歷，可算得上中國史上第一人也。

他以雙腳丈量人生，所具備實事求是、追根究底的大無畏精神，正是他獲得成功的根本所在。

女中豪傑

秦良玉

四川忠縣人（西元 1574 或 1584 – 1648 年），字貞素，明朝著名的女將軍，建功無數。

提起歷史上的女英雄，人人都會想到代父出征的花木蘭，但是在中國歷史上，被帝王冊封，並列入國家編制的女將軍，只有秦良玉一人！

秦良玉是家中唯一的女孩，從小長得聰慧美麗，深受長輩的喜愛；受到苗族文化的薰陶，自幼便有著驃悍崇武的特性。她並不因為身為女孩，就失去讀書的機會，父親不但一視同仁教導她詩書字畫，也不忘苗族傳統，從小訓練她跟兄弟們一同舞槍弄棒、騎馬射箭；而聰慧的秦良玉，武功一點也不輸給她的兄弟。

二十歲時嫁給明朝的宣撫使馬千乘，她幫丈夫訓練出驍勇善戰的軍隊；二十六歲開始隨丈夫出征作戰，平定叛亂；不幸的是，她的丈夫染病，又被奸人陷害入獄，最後病重逝世。

丈夫死後，由於秦良玉作戰有功，智勇雙全，文武兼備，朝廷便授命她繼任丈夫的官職。上任後，她把地方管理得井然有序，威鎮四方，人民都生活的很安樂。

後來秦良玉奉朝廷徵召，率領自己訓練的軍隊，連同自己的兒子、兄弟戍守北

邊疆域，並且數次重挫清軍的銳氣，雖然哥哥戰死，弟弟、兒子也受重傷，但並不影響她的士氣。朝廷有鑑於她英勇衛國的事蹟，賜給她越來越高的職位與榮耀。

此後秦良玉多次率師遠征，歷經四十四年戎馬生涯，足跡遍及長城內外、大江南北，直到七十多歲時仍然率兵與清軍作戰。幾十年的軍旅生涯並沒有催她變蒼老，反而把她磨練的更加英姿煥發。

雖然明軍最後還是戰敗了，秦良玉也因病去世，結束了她馳騁疆場的豪邁生涯。但三百多年來，秦良玉受到人們廣泛的頌揚，在中國歷史上的地位不容置疑，四川人民更把她當成神明般供奉，逐日焚香祭拜呢！

讀後心得與感想

有句話說：「天生我才必有用」，每個人都有獨特的長處，但就像璞玉需要經過雕琢一樣，秦良玉若沒經過父親的調教和自己的努力，就不可能有那些成就。我們若把寶貴的時間都拿來玩樂，終其一生都無法好好發揮自己的潛能，是多麼可惜啊！

抗倭名將

戚繼光

明朝山東蓬萊人（西元 1528 － 1587 年），字元敬，號南塘，晚號孟諸，為掃蕩日本倭寇的名將。

戚繼光出身於將門，家教甚嚴，自小喜愛讀書，文武雙全，父親自小就灌輸他為國盡忠的觀念。他有一句名言：「封侯非我意，但願海波平。」意思是說：他並不在乎自己的官職大小，只要能夠盡畢生的心力來保衛國家的疆土，讓人民可以安心的生活，他就覺得滿足了。

戚繼光十七歲時繼承父親的軍職，開始了長達四十多年的戎馬生涯，幾乎所戰皆捷，是中國古來少有的常勝將軍。

明世宗時，有一批日本的海盜經常在中國東南沿海一帶作亂。他們和中國的土豪、奸商勾結，到處搶掠財物，殺害百姓，鬧得沿海居民不得安寧。歷史上把這種海盜叫做「倭寇」。

倭寇的侵略越來越嚴重，使得明世宗相當煩惱，此時戚繼光被調到浙江戍守，他發現那裡的軍隊紀律鬆散，根本無法打仗，就決心另外招募新軍，把他們訓練成驍勇善戰的「戚家軍」。

戚繼光率領新軍趕到臺州，倭寇在哪裡騷擾，他們就打到哪裡。戚家軍跟倭寇交鋒九次，每次都把他們打得落花流水，倭寇逃的逃、投降的投降，不敢再犯；甚至還出現過殲敵上千，而戚家軍卻一個都沒有陣亡的罕見事蹟。從此戚繼光和戚家軍的威名遠播，不只讓倭寇聞風喪膽，竟也令他們十分尊敬。

戚繼光管理軍隊相當嚴明，視百姓如父母，所以他的軍隊所到之處，絕對不會傷害當地的人民或是搶奪財產。因此，戚家軍每到一個地方，當地百姓都會攜家帶眷的歡迎他們。

戚繼光為官清廉，退休後生活清苦，最後病逝於故鄉蓬萊。但他掃蕩倭寇，解除外患，提振東南地區經濟的功蹟，卻永遠流傳在歷史中。而他不僅戰功卓著，在軍事理論上也頗多建樹，所著的兵書，如《紀效新書》、《練兵實紀》等，皆為後世兵家所推崇，無不將他的著作奉為經典。

編著本草綱目

李時珍

明朝湖北蘄春人（西元 1518 — 1593 年），字東璧，著名的醫藥學家，著有《本草綱目》，被奉為中醫藥學最寶貴的經典。

李時珍生於醫學世家，他的父親李言聞是一位醫生。但是，在當時醫生的社會地位不高，所以，李言聞一直希望李時珍能通過正規的科舉考試，獲得功名，光宗耀祖。

李時珍小時候常生病，卻天生好動、喜讀書，尤其對於大人們講的各種傳奇故事、珍奇事物以及父親收藏的有圖畫的醫藥書等，更是格外有興趣。在他的心中，做一個像父親一樣醫術高明的大夫，遠比考試作官來的有趣多了。

不過，父命難違，李時珍開始一次又一次參加科舉考試，十四歲那年，考取了秀才，但是之後的鄉試一直不如意；直到二十二歲以後，他堅決不再應試，而父親也看出他的才能與興趣都在醫學上，終於同意讓他踏上學醫之路。

李時珍家境並不富裕，再加上經常為貧窮患者義診，所以經常沒錢買書。為了進一步研究醫道，曾多次向隔壁有錢的庸醫借書讀，可是都被拒於門外。

有一年夏天，梅雨季節剛過，庸醫命傭人將書房內的藏書搬到院子裡晾晒。各種古典醫書攤曬滿院子，庸醫自己洋洋得意的在院子裡踱著方步。

這時李時珍正巧路過，看到滿院子晾曬的書，便一時興起，走進院子裡，只見他解開衣襟，躺在曬書的架子旁，袒胸露腹。庸醫一見，莫名其妙的驚問：「李先生，您這是幹什麼呀？」李時珍笑道：「我也在曬書啊！」庸醫不解的問：「先生的書在哪裡呀？」李時珍拍著自己的肚皮說：「我的書，全裝在這裡面。」庸醫聽後，知道李時珍是在挖苦他，慚愧的滿臉通紅，無言以對。

在長期的行醫過程中，李時珍發現以往的本草書籍有不少錯誤，而且有些用藥經驗已不符合實際，於是立下了重修一本完備藥書的宏願。

他傾畢生的精力和心血，足跡踏遍了大江南北，並以嚴謹的科學態度和實事求是的精神，完成巨著《本草綱目》，被外國人稱作「中國的百科全書」，令後世受用無窮。

讀後心得與感想

「三百六十行，行行出狀元。」李時珍雖然沒有應試當官，但選擇了自己熱愛的醫學之路，果然開創出一片天地，成為造福後世學者、救人無數的偉大醫藥學家。他著重活用與實用的讀書方法，更值得我們學習和效法！

模範清官

海瑞

明朝海南瓊山人（西元 1514 － 1587 年），回族，字汝賢、國開，自號剛峰，著名的清官。

海瑞出生於官宦家庭，但童年時期的家境並不富裕，在他四歲時，父親就病逝了。他和母親相依為命，生活十分清苦。

母親個性剛強，勤儉持家，也很會教育小孩。海瑞自幼即誦讀《大學》、《中庸》等書，加上母親為他所聘請的良師指點及嚴格要求，海瑞得到了良好的家教與文化薰陶，這使他很早就有了報國愛民的思想。

海瑞後來當了巡撫，治理長江下游兩岸，包括南京、蘇州、常州等地，那兒原本是非常富庶的地區，但是海瑞到任後卻發現，人民在重稅制度和貪官的壓迫下，生活極為困苦。加上當年發生水災，直到冬至時，還有一半的田地被淹沒在水裡。糧價飛漲，百姓苦不堪言，飢民遍野。

於是，海瑞決定將治水與救災一起解決。他先召集飢民，進行疏浚吳淞江及其支流工程，並上書請求，將應該上繳的糧食留下一些給災民。這項工程很快就完成了，災民不但有飯吃，也及時完成治水工作，當地百姓都很感激海瑞。

為了維護農民的利益，海瑞進一步懲

罰惡霸，要求歸還強奪的土地。當時，有一位退休官員名叫徐階，他在當地所占的土地最多；雖然他是海瑞的恩人，但是海瑞並沒有對他特別寬容，反而寫信勸他應該作為表率，多退還一些田地。

許多官員紛紛為徐階說情，但海瑞還是迫使徐階還了二分之一的田地，並依法將徐階兩個違法的兒子判處充軍。其他地主們看到這種情形，連忙主動將多占的田地退還給朝廷。他勇於打擊權貴，一心為人民謀福利的作風，最後卻被當權者抵制，連皇帝也下令辭了他的官。

海瑞愛民，為民除害，但他自己卻過著非常儉樸的生活。死時，遺物只有八兩銀子，和幾套舊衣服，還是靠了同僚的幫助，他的靈柩才能運回故鄉。

他的靈柩在遷移回鄉的過程中，長江兩岸的百姓自動穿孝服來哭送他，連店鋪也暫停營業，送行的隊伍竟長達百里，可見海瑞多麼受百姓的愛戴啊！

中國航海家

鄭和

明朝雲南晉寧人（西元 1371 — 1435 年），回族；本姓馬，小字三保，曾七次帶領船隊下西洋，開創中國輝煌的航海史蹟。

鄭和是回族人，家族信奉伊斯蘭教，他的祖父和父親都曾到過伊斯蘭教聖地麥加朝聖，因此，鄭和自幼就對海外的情況有些了解，也希望長大後能出海遠航。

鄭和出生在兵荒馬亂的年代裡，共有兄弟姊妹六人，生活相當困苦。十二歲時，父親病故，生活更加艱難，於是他被送到燕王朱棣府中做一名小太監。

在當時，宦官是卑賤的行業，常被人瞧不起。但是鄭和因為刻苦學習，加上本身聰明伶俐、才智過人，又勤勞謹慎，為燕王平反內亂，建立不少功蹟，因而獲得燕王的信任。當燕王登基成為明成祖以後，對鄭和越加信任，賜他姓「鄭」，並提任為內宮太監。因鄭和小字三保，所以人們也稱他「三保太監」或「三寶太監」。

雖然鄭和在宮中已有不小的地位，但是，航海的願望卻一直埋在他心中。當時，明成祖為了拓展海外貿易，並利用海外的活動宣揚國威，建立聲望，因此命鄭和率領船隊出海遠征，完成這一光榮又艱巨的任務。

鄭和下西洋是一項偉大的創舉，在世界航海史上占有重要地位。鄭和船隊的規模空前龐大，有水手、軍卒、醫官等約兩萬人，分乘巨船百餘艘。在當時的航海技術條件下，龐大的船隊途經遼闊的海域，與洶湧的波濤、明島暗礁及千變萬化的惡劣氣候長時間搏鬥，卻未發生重大的海難事故，實在很了不起！

在漫長的二十八年間，鄭和曾七次遠航，每次所需時間約兩年；他的船隊歷經南洋、印度、波斯、非洲等三十餘國，跋涉十萬餘里，與各國進行了政治、經濟和文化的交流。

在世界航海史上，鄭和是最先創下環繞地球紀錄的人。他發現新大陸，比哥倫布早了八十七年，比達·伽馬早了九十三年，也比麥哲倫早了一百一十六年。

但是，長年的海上生活，使這位偉大的航海家積勞成疾，在西元1435年不幸與世長辭，而他所留下的功蹟，卻讓後人永難忘懷！

觀天測象輔君王

劉伯溫

元末明初浙江青田人，（西元 1311－1375 年），名基，人稱「誠意伯」；上知天文下通地理，足智多謀、神機妙算，幾可媲美諸葛亮。

劉伯溫祖上世代為官，他自幼便十分好學，凡經史百家、天文地理、兵法、陰陽等，幾乎無所不讀，為他以後事業上的成功，奠定了良好的基礎。

劉伯溫本來是元朝的官員。元朝末年，國家敗壞，農民四處暴動。對政府失望透頂的劉伯溫十分痛苦，氣得憤然辭官，歸隱於山中。後來朱元璋請他當謀士，他便發揮自己在政治和軍事上的聰明才智，替朱元璋打敗群雄，統一天下。

朱元璋當吳王的時候，江南發生了一場旱災。朱元璋問他為什麼發生大旱，怎樣才能祈求上天下雨。劉伯溫說：「天一直不下雨，是因為牢獄裡關押的人有冤情的緣故。」

朱元璋聽了，隨即派他去調查。劉伯溫一查，果然有不少冤案。冤案平反後，不出幾天，果然天空烏雲密布，接著就下了一場大雨。他又趁機勸朱元璋修改法律，防止錯殺無辜的人。

朱元璋登基為明太祖後，命劉伯溫負責司法工作，劉伯溫執法非常嚴格。有一次，丞相李善長的一個親信犯了法，李善長官大勢大，但是劉伯溫不顧阻撓，依然把那個親信給判了刑，於是招來李善長的怨恨。

正巧這一年，京城又遭逢大旱，明太祖十分著急。劉伯溫上奏說：「戰爭中殉國將士的妻子們需要撫恤；在築城中死亡的工匠，屍骨還暴露在田野上沒人收埋。把這些事辦了，說不定老天就會下雨了。」

明太祖一心求雨，立刻照辦。劉伯溫雖然成全了這些好事，但是一直用這種辦法勸諫，畢竟靠不住。這一次，他的預測失靈了，旱象依然沒有解除。

這事惹惱了明太祖，再加上李善長公報私仇，屢次上奏批評劉伯溫。後來劉伯溫趁著妻子過世的機會，請假返鄉。從此，過著隱居的生活，不再過問朝事。

讀後心得與感想

無論是作為謀略家，還是文學家，劉伯溫都有卓著的成就。古今大多數的英雄偉人，都是從小就喜愛讀書，廣泛吸收知識，為前途奠下堅實的基礎。由此可見，把書當成朋友，絕對是好處多多的！

牛背上的畫家

王冕

元朝浙江諸暨人（西元 1287 － 1359 年），字元章，號煮石山農，是著名的詩人、畫家，尤其擅長畫梅花。

王冕年幼時家裡十分貧窮，父親只好讓他去放牛，貼補家計。

在一個夏天的傍晚，王冕在湖邊放牛，忽然烏雲密布，下了一陣大雨。大雨過後，一片陽光照得滿湖通紅。湖裡有十來枝荷花，花瓣上清露欲滴，荷葉上水珠滾動，晶瑩剔透，美極了！

王冕看得出神，心裡想，要是能把它們畫下來，該有多好啊！

於是他利用平時節省下來的錢買了畫筆、顏料，又找來紙張，開始學畫荷花。一開始他畫得不像，但是他並不灰心，每天持續不斷的練習。畫了幾個月後，他所畫的荷花就像剛從湖裡採來的一樣，嬌豔欲滴。

鄰居們看了他的畫，覺得畫得很好，有人便出錢來買。漸漸的，王冕的名氣越來越大，許多人都想買他的畫。

但即使如此，王冕還是對讀書很有興趣。有一次，他偷偷溜進學堂聽學生讀書，到了傍晚才發現，牛竟然不見了！父親很生氣，狠狠的打了他一頓。

王冕的母親勸父親說：「既然兒子如此酷愛讀書，為何不讓他去念書呢？」王冕因此才有機會到寺廟去借燈讀書認字。他年紀雖小，但是卻敢在半夜坐在泥塑佛像的膝上，對著佛前徹夜不熄的長明燈讀書，不斷複誦書中內容，直到天亮。

王冕也曾參加科舉考試，但一直沒有考中。他感慨的說：「我真糊塗，這是連一個懂事的孩子都不屑去做的事，我怎麼還去應考呢！」從此他放棄爭取功名的念頭，把自己做的應舉文章都燒掉了。

同鄉的王艮很欽佩他，特地去拜訪。這時王冕的父親已死，王艮專誠登堂拜見王冕的母親，盡子侄之禮。

王冕很感動，便去回訪王艮。當時王艮正任職江浙檢校官，看見王冕穿了一雙破鞋，便送他一雙新鞋，並勸他出來做官。王冕只是笑一笑，二話不說，扔下那雙新鞋，揚長而去，繼續過著愜意自在的日子。

讀後心得與感想

王冕不僅有繪畫天分，而且懂得認真學習，才能成為一個有名的畫家。所以說，天分並不可靠，努力才是最重要。

留取丹心照汗青

文天祥

南宋江西吉安人（西元 1236 － 1283 年），原名雲孫，字天祥，號文山，官至左丞相，封信國公，著《正氣歌》、《文山詩集》等。

文天祥是一位永垂青史的愛國大臣。他在元軍大舉進攻時，立刻捐出家中所有資產充當軍費，並招募當地豪傑，組織義軍加入抗戰。

但是由於元軍攻勢猛烈，義軍雖英勇抵抗，但終究寡不敵眾而節節敗退。西元 1278 年，為擺脫艱難處境，文天祥要求率軍前往與南宋朝廷會合。但是由於南宋當權者張世傑堅決反對，文天祥只好作罷。

同年冬天，元軍又再一次大舉進攻，文天祥在撤退途中不幸被俘。眼見大勢已去，他想服毒自殺了結生命，但卻沒有成功。元軍逼文天祥寫信給張世傑勸他投降元朝，文天祥說：「我不能保護父母，難道還能教別人背叛父母嗎？」

元將張弘範不肯罷休，一再強迫文天祥寫招降信。文天祥於是將自己日前所寫的《過零丁洋》詩抄錄給張弘範。張弘範讀到「人生自古誰無死，留取丹心照汗青」詩句時，深受感動，便不再為難他了。

南宋滅亡後，張弘範向元世祖請示如何處置文天祥，元世祖說：「誰家無忠臣？」命令以禮相待文天祥，送他到大都，派專人勸降。

但是，不管他人如何勸說，文天祥依然不改其志。元世祖大怒，下令將文天祥的雙手綑綁，戴上木枷，關進牢房。獄中文天祥強忍痛苦，寫出了氣壯山河的不朽名作《正氣歌》。

元世祖知道文天祥是一位不可多得的良才，所以又打算授予高官來招降。有些投降元朝的舊友立即向文天祥通報，並力勸他投降，文天祥斷然拒絕。

最後，連元世祖親自勸降，也徒勞無功。元世祖氣不過，下令處死文天祥。第二天，文天祥被押解到刑場。監斬官問道：「丞相還有什麼話要說？」文天祥喝道：「死就死，還有什麼可說的？」於是伸出脖子，慷慨受刑，死時年僅四十七歲。

讀後心得與感想

身為國家的官員，更應該要愛國，作為人民效法的模範，才會產生團結一致的力量，國家才會安定。文天祥不僅知識淵博，在遇到外侮百般勸降的時候，對國家的忠誠仍然不變，真是偉大的忠臣！

蒙古帝國開創者

鐵木真

鐵木真（西元 1162 － 1227 年），蒙古族人，生於鄂嫩河旁的部落；著名軍事統帥，為蒙古帝國（元朝）的開國君主，史稱「元太祖」。

鐵木真生於蒙古貴族世家，在他還很小的時候，父親也速該被塔塔兒族毒死，母親帶著鐵木真和他的弟弟們度過很多年逃亡的艱難生活。而少年時期的艱險經歷，鍛鍊出他堅毅勇敢的性格。

鐵木真為了恢復祖業，投靠控制著大多數蒙古部眾的札木合。鐵木真在札木合的庇護下，聚集離散部眾，力量逐漸強大。西元 1189 年，鐵木真被推舉為眾部落的聯合酋長 —— 合汗。

西元 1195 年起，鐵木真聯合王罕兩次出兵，幫助金朝打敗塔塔兒族，獲得金朝的封賞，又消滅了完顏氏中的長支貴族，名聲大振。鐵木真的實力迅速增強，引起貴族們的敵視。弘吉剌、朵兒邊、塔塔兒等十一部眾結盟，宣誓與鐵木真為敵。鐵木真得到密告，與王罕聯手打敗十一部落聯軍。第二年，被打敗的貴族們再次聚集起來，推薦札木合為「古兒罕」，進攻鐵木真。鐵木真積極備戰，在海剌兒河（今海拉爾河）附近再次打敗貴族聯軍。為鞏固後方，鐵木真趁勢消滅了察罕塔塔兒、按赤塔塔兒等部，占領了呼倫貝爾大草原。

後來，王罕率領大軍突襲鐵木真的大本營，鐵木真兵力不足，只好退到哈勒哈河以北。不久，鐵木真趁王罕疏於防範，帶領一支精悍的騎兵，悄悄的包圍王罕的營地。雙方激戰了三天三夜，鐵木真終於打敗王罕。為準備和最後一個對手乃蠻部的決戰，鐵木真按千戶制組編軍隊，由扯兒必那顏統率；又組建護衛軍，下設八十宿衛，七十散班，軍隊得以更加強大。

西元 1204 年，鐵木真率軍消滅乃蠻部，統一蒙古各部。西元 1206 年，蒙古各部落首領在斡難河（今鄂嫩河）邊，舉行盛大集會，公推鐵木真為全蒙古的大可汗（至高無上的君主），尊稱為「成吉思汗」，蒙古帝國於是誕生。

讀後心得與感想

成吉思汗的一生充滿傳奇色彩，他卓越的政治謀略和軍事才能，是創造蒙古帝國的關鍵人物。蒙古帝國的大業對於中國各民族的融合和中國現今版圖格局的形成，仍具有重要意義。

愛國詩人

陸游

南宋浙江紹興人（西元 1125 － 1210 年），字務觀，自號放翁，才氣出眾，為著名的愛國詩人。

陸游的愛國情操，應該歸功於他的家庭教育！他的父親陸宰原本在地方當官，後來因為被彈劾，加上國家被金人滅亡，只好帶著全家大小往南邊逃亡。沿路兵荒馬亂，這時陸游才兩歲，正在學步階段，只要聽到「敵軍來了！」眾人都爭先恐後的躲入草堆中，往往一躲就是十天半月，如此的童年給陸游留下深刻的印象。

陸宰一家回到江南暫時安頓；但看到秦檜等陰險奸臣，為了個人利益出賣國家民族，十分痛心，時常跟朋友們聊起國家局勢，越聊越激憤，最後眾人總是抱頭痛哭。

陸游逐漸長大了，經歷患難的孩子總是比較早熟，一切都看在他眼裡，幼小心靈中也是又氣又恨又怒，同時滋生了強烈的愛國意識，便也立志抗金，誓言收復中原。

陸宰把全副精力放在教育兒子的課業上，陸游十二歲時就看得懂艱深的詩文了，而且他對讀書特別有興趣，經常讀到廢寢忘食。

長大後，滿腹經綸的陸游赴京參加科舉考試。主考官審閱陸游的試卷之後，讚不絕口，立刻錄取為第一名。不料，秦檜的孫子也參加了這次的大考，秦檜曾經暗示主考官，應該讓他的孫子取得第一，誰知道主考官不給面子，氣得秦檜差點將他砍頭。

隔年複試時，陸游仍然名列前茅，卻遭秦檜嫉妒而被除名。

陸游運氣不佳，仕途之路難行，於是他安貧守拙的回鄉自耕自讀；一直到孝宗即位，有意北上討伐金人，他非常欣賞陸游的才華，於是賜他為進士。愛國的陸游為了感激孝宗的賞識，遂全力以赴，並直言進諫，結果卻數次觸怒皇帝，先後五次被貶官，但他絲毫不改報效國家的心意。

困頓的現實生活迫使陸游一頭栽入書堆之中，退居深山後依然心繫國事，始終保持昂揚的愛國熱情，創作了許多慷慨激昂的詩作；臨終前，猶念念不忘祖國的統一大業。他的愛國情操與橫溢的詩才，為他贏得了「愛國詩人」的尊榮。

精忠報國的名將

岳飛

南宋河南湯陰人，（西元 1103 － 1142 年），字鵬舉，南宋抗金愛國名將。

西元 1103 年，岳飛生於相州湯陰的貧農家庭。傳說他出生時，有大鳥飛過屋頂，故取名飛，字鵬舉。岳飛小時候，白天跟隨大人耕田割草，晚上則借爐火之光讀書習字，尤其喜歡讀兵書。他體魄強健，十幾歲時已能拉動三百斤硬弓、九百多斤腰弩，左右開弓射箭，槍法「一縣無敵」。

岳飛十九歲時參軍入伍。不久後，父親去世，岳飛退伍回鄉為父親守孝。西元 1126 年，金兵大舉入侵中原，岳飛再次參軍，開始他一生抗擊金軍、保家衛國的戎馬生涯。傳說岳飛臨走時，母親在他背上刺了「精忠報國」四個大字，這成為岳飛終生遵奉的信條。

岳飛勇敢作戰，很快就被提升為秉義郎。這時宋都開封被金軍圍困，岳飛隨副元帥宗

澤前去救援，多次打敗金軍，受到宗澤的賞識，稱讚他「智勇才藝，古良將不能過」。隔年，金軍攻陷開封城，北宋王朝滅亡。康王趙構登基，史稱高宗，遷都臨安，建立南宋。岳飛上書高宗，要求收復失地，被革職。之後投奔河北都統張所，任中軍統領，在太行山一帶抗擊金軍，屢建戰功。後來，岳飛重新投奔東京留守宗澤，被提升為武功郎。宗澤死後，跟隨宗澤的繼任者杜充繼續守衛開封。

西元 1129 年，金軍再次進攻開封，杜充率軍棄城逃跑，岳飛率孤軍堅持敵後作戰。他先在廣德攻擊金軍後衛，六戰六捷。隔年，在牛頭山設伏，大破金軍，金軍被迫北撤。從此，岳飛及他所領導的岳家軍，威名傳遍大江南北。

後來，奸臣秦檜誣陷岳飛意圖謀反，宋高宗聽信讒言，將岳飛關進大牢。西元 1142 年，秦檜以「莫須有」的罪名，將岳飛毒死於臨安風波亭，那年岳飛僅三十九歲。

讀後心得與感想

岳飛一輩子為國奉獻，憂國憂民，當有人問他天下何時會太平，他的回答是：「文臣不愛錢，武臣不怕死，天下太平矣。」這句話顯示了岳飛心中多少無奈！救國不能只靠一個人，當時朝廷敗壞，皇帝無能，奸臣當道，導致岳飛枉死的悲劇，實可作為後世君民的殷鑑啊！

才華橫溢女詞人

李清照

南宋山東濟南人（西元 1084 －約 1151 年），號易安居士，傑出的女詞人，與李白、李後主並稱為「詞家三李」。

李清照是南、北宋之交著名的女詞人，出生於愛好文學藝術的家庭。父親李格非，是北宋著名的文人，官拜禮部侍郎，是一位很風雅的官員；母親也系出名門。從小家中出入的都是文人名流，李清照耳濡目染之下，也培養出雄厚的文學底子。

李清照天資聰穎，不到十一歲，詩文作品已獲得父執輩晁補之等人的稱許。她熱愛閱讀，記憶力很強，曾自己描述說，每每在飯後品茶時，能對著堆積如山的書籍，指出某件事是記載在某書的第幾卷、第幾頁第幾行。

李清照十八歲時，與太學士趙明誠完婚。趙明誠是當時的丞相趙挺之之子，博學多才，與李清照志趣相投，夫婦感情很好。

有一年的重九，李清照填了一篇《醉花陰》詞寄給丈夫；趙明誠接到妻子的詞後，花了三天三夜，自己也填了十五篇詞，而且把妻子的那篇夾雜在其中，故意不標明作者，拿給朋友們看，希望他們評選出最好的一篇。

不知內情的朋友們，仔細研讀後，唯獨選出這篇認為最優秀：「薄霧濃雲愁永晝，瑞腦消金獸。佳節又重陽，玉枕紗櫥，半夜涼初透。東籬把酒黃昏後，有暗香盈袖。莫道不消魂，簾卷西風，人比黃花瘦。」

朋友們還說，裡面尤其以「莫道不消魂，簾卷西風，人比黃花瘦。」這三句更是經典名句。

朋友們從十五篇作品中選出這篇，正好是李清照的作品，趙明誠從此對妻子的文筆甘拜下風，更為折服。

李清照夫婦曾在故鄉青州度過一段怡然自得的鄉居生活。後來，發生「靖康之難」，兩人因戰火輾轉南下，在顛沛流離中，趙明誠不幸病逝。李清照隨著南宋移居江南，最後在孤寂中度過晚年。

讀後心得與感想

李清照能成為一代詞人，除得力於家學淵源外，擁有一個好丈夫也是很重要的助力；尤其，趙明誠證明妻子填詞實力遠在自己之上時，除了佩服外，並不惱羞成怒，這分雅量使李清照的才華更得以伸展。兩人鶼鰈情深，互相唱和，可謂是文壇的最佳典範。

懷才不遇大詩人

黃庭堅

北宋江西修水人（西元 1045 － 1105 年），字魯直，自號山谷道人，又號涪翁，重要的文學家，善長詩、詞、書法，創立「江西詩派」。

北宋詩人黃庭堅，侍奉母親非常孝順，名列「二十四孝」之一。

黃庭堅的母親有潔癖，受不了馬桶的異味，因此黃庭堅從小開始，每天都把母親的馬桶洗得非常乾淨，儘管馬桶臭不可聞，他也不以為意。後來他做了高官，家裡僕人甚多，大可不必親自動手，但是他依然堅持親自清洗母親的馬桶，直到他四十多歲母親去世，數十年如一日，從未間斷。

當母親病危時，黃庭堅更是日夜侍奉在病床邊，連衣服都不肯脫換。母親過世之後，黃庭堅由於過度哀傷，自己也病倒了。

黃庭堅幼年即喜好讀書，由於他做任何事都非常專注，因此養成過目不忘的本領。他的舅舅常到他家來玩，時常順手拿起書架上的書本考他，結果發現這個小外甥對答如流，高興的摸著黃庭堅的小腦袋說：「你真行！」

黃庭堅曾經說過：「吾三日不讀書，便覺得面目可憎，言語可厭。」

黃庭堅在文學造詣上的成就，受到當

朝的賞識，奉命撰修國家史錄，修好之後卻遭到當權奸臣章惇的刁難，被貶到落後的貴州；他的朋友們知道後，都替他大抱不平，黃庭堅卻處之泰然，表現出絕佳的修養。他認為自己的立場是對的，不能討好小人，即使到了荒涼的貴州，他依舊安之若素。

當時，有些仰慕他的人，還特地跑到貴州找他講學，經他指點調教過的學生，寫起文章來皆進步神速。

後來，黃庭堅又得罪趙挺之，趙挺之公報私仇，將黃庭堅再貶到更落後的宜州。他到了宜州之後，生活更為淒慘，居住的地方不但窄小，人聲嘈雜，四周還都是屠宰場，不時傳來屠牛的哀嚎與磨刀聲。而黃庭堅最後就病死在這個連毛筆都沒有的宜州城樓上，享年六十一歲。

讀後心得與感想

黃庭堅的一生雖然很不如意，屢遭奸人所害，但他卻不因此而消極頹喪，反而創立江西詩派，對南宋詩壇影響很大；而他的孝行，尤使後人更加的敬佩。

安貧樂道

蘇東坡

蘇軾，北宋四川眉山人（西元 1037－1101 年），字子瞻，號東坡居士，著名的文學家，詞風豪放；亦長於古文，名列「唐宋八大家」之一。

北宋大文豪蘇東坡二十歲時，跟著父親和弟弟進京趕考。當時主考官歐陽修看到蘇東坡的文章大為驚喜，想要拔擢此人為狀元，然而因為試卷是密封匿名的，歐陽修反覆閱讀，懷疑是自己學生曾鞏的文筆，於是評為第二。

後來他知道這是出自於蘇東坡的手筆後，便感慨的說：「以後我如果想出人頭地，就必須避開這個人，另外找尋其他的出路了！」可見他有多麼賞識蘇東坡。

蘇東坡年紀輕輕就才華橫溢，在以文章選士的宋朝，他似乎可以得到一個很好的官職。但是蘇東坡個性耿直，經常得罪人而不自知，所以仕途並不順利，一再的被貶謫。

雖然蘇東坡一生過得很坎坷，但是，他依然自得其樂，不改耿直的天性。

他被貶到黃州時，沒有俸祿，又帶著一家老小十多口，因此生活非常儉樸。他把錢藏在卷軸中，每天只取出一百五十文，然後立刻將卷軸收在天花板上；另外他還準備了一個大竹筒，存放剩餘的零錢，以備招待意外的訪客。

即使被貶到偏遠的海南島時，他依然不改其樂，每天可以吃下高達三百顆的荔枝；閒來沒事時，在三岔路口數著來往的行人；出門不怕迷路，因為家住牛欄邊，只要循著牛大便就能找到歸路。如此怡然自在的生活，可見他是多麼豁達啊！

蘇東坡不僅寫下許多不朽名作，也專精於書法與繪畫等，是個多才多藝的人。他不僅有安貧樂道的修養、四海一家的寬闊胸襟，也有著對世事的深刻體悟。想起蘇東坡，人們總是親切而溫暖的會心一笑，「幽默大師」林語堂先生稱他是「一個快樂的天才」。或許就是這樣樂天、幽默的性格，使他成為無可替代的蘇東坡吧！

著書編史

司馬光

北宋陝州夏縣（今山西）人（西元 1019－1086 年），字君實，世稱「涑水先生」，著名的歷史學家，著有《資治通鑑》。

司馬光幼年聰穎好學，經常手不離卷，讀到廢寢忘食。他對歷史有著十分濃厚的興趣，不僅能夠熟練的背誦《左傳》，而且可以把兩百多年的歷史大事講述的一清二楚。

二十歲的時候，他考中進士，不久即當上了宰相。

司馬光在當上宰相後，大膽晉用優秀人才；他生性光明磊落，清廉正直，他曾經說過：「我這一生的所作所為，沒有一件是不能對別人講的！」

在政治上，他是保守派領袖，堅持使用原本的法規，並竭力反對、阻撓好友王安石推動的變法新制。雖然在政治理念上，他與王安石不合，但仍然維持與王安石的情誼，並常以好友的身分，寫信批評新法，兩人展開一連串的辯論。

不過，最後司馬光看到新法的執行已經勢在必行，便自請離京，到外地任職。

司馬光在中國歷史上最偉大的貢獻，是他主持編寫了不朽的歷史巨著《資治通鑑》，他的名字和這部著作，一起永遠留在中華民族的文化史上。

司馬光在編修《資治通鑑》的十九年中，幾乎付出了全部的精力和心血。為了編書，他經常廢寢忘食，有時家人實在等不到他回家吃飯，便將飯菜送到書房，還要幾次催促、提醒，他才會記得吃飯。

他每天修改的稿子有一丈多長，而且沒有一個草字。他的房子低矮窄小，夏天悶熱難受，他身上落下的汗珠，都把書稿潤溼了。後來，他請工匠在書房裡挖了一個大坑，砌上磚塊，修成一間地下室，他就在這個冬暖夏涼的地方，專心致力的埋頭編書。

《資治通鑑》編成後，洛陽存放的未用殘稿堆滿了兩間大房子，可見他為這本書付出了多少心力！

讀後心得與感想

人皆會犯錯，不過，司馬光卻敢言自己所做的每一件事，都沒有不可對別人說的；這分自信，顯示他對自己的操守要求有多麼嚴格，同時也證明了他光明磊落的胸襟。

司馬光求真的精神，在遇到好友也不稍加改變，對於新法，他不認同，但仍很有風度的讓好友去執行，自己退居幕後，這也是他尊重別人的表現呀！

活版印刷發明者

畢昇

北宋杭州人，生於西元十一世紀（約 1051 年）。宋仁宗慶曆年間發明「活字版印刷術」，被列為中國古代四大發明之一。

宋朝有個貧民百姓畢昇，是從事雕版印刷的工匠。

有一回，他在清明節時和孩子回鄉祭祖。畢昇帶著兩個兒子匆匆走在鄉間村道上，想起自己為了工作，居然已經離開家鄉一年，心中滿是感慨。

畢昇和兒子因為不斷的趕路，已經精疲力盡了。畢昇在走到一個村莊口後，跟兒子說道：「我們先休息一會兒吧！」

他十四歲的大兒子和十一歲的小兒子聽到父親這樣說，便跑到村裡的一片空地上，看村裡的孩子們捏泥巴、扮家家酒。

不知什麼時候，畢昇已經站到兒子的身後，認真的看著村童用泥巴做的鍋碗器具以及小人偶。他看到後，靈機一動，便想著：「如果把一個個方塊單字用泥巴刻成印章的形式，又會怎樣呢？」

於是畢昇馬上拿起一塊泥巴，試著在上面刻字。一試成功後，畢昇忍不住高聲歡呼起來：「如果能夠把單字刻成印章，然後按照文稿的意思排列起來，不就形成句子和文章了嗎？」

「現在的雕版印刷作為雕版的木頭堅

硬難刻，且雕版只能使用一次，如果要印其他書，又必須另外再刻，實在太浪費時間與力氣。如果事先將排版的字一個個刻好，輪流重覆使用，不是很方便嗎？」

想到這裡，畢昇再也按捺不住內心的激動，他忘記清明祭祖，連忙帶著兒子們連夜返回城裡，進行實驗。

實驗之後，他認為膠泥是最好用的原料，便拿來當作活字印刷的印章。同時也設計一整套包含造字、排版和拆版的完備流程，讓這個方法可以被廣泛應用。

在當時，畢昇的發明並沒有獲得太大的注目。之後，隨著社會的發展，活字印刷才被越來越多的人所接受，並不斷的加以改進，終於成為印刷術的主流。

畢昇的印刷術不僅帶給我們便利，並且也對我國與外國的文化交流有重大貢獻，這也難怪「活字印刷術」能夠成為中國古代的四大發明之一了。

英雄不怕出身低

狄青

北宋山西汾陽人（西元 1008 － 1057 年），字漢臣，抗西夏名將，精通兵法。

狄青出生在貧寒的家庭。十六歲時，因為哥哥打傷了村裡的人，狄青代他受罰充軍，開始了他的軍旅生涯。

當時宋朝重文輕武，軍人普遍被視為下等職業。當兵的人大多數都是罪犯與俘虜，臉上也必須刺字作為識別。雖然狄青當了眾人避之唯恐不及的士兵，但是他卻沒有因此而自棄，反而努力練武，獲得當時名將范仲淹與韓琦的賞識，並被推選為禁軍的指揮官。

由於狄青是習武之人，所以他並沒有讀過什麼書。范仲淹認為，一位指揮官不能只憑武力，必須多閱讀兵書，才能擔任要職，於是推薦了幾本書給狄青，狄青也很快的就將兵書讀熟了。

在宋仁宗時期，外患西夏的首領李元昊在西北稱帝，建立夏國。宋朝挑選士兵攻打西夏，而狄青則被任命為職位不高的

指揮使。但他勇敢善戰，率領士兵一路過關斬將，屢戰屢勝。

他每次作戰時都披頭散髮，戴著銅面具，只露出兩隻炯炯有神的眼睛，奮勇殺敵，十分威武，讓敵軍看了心生畏懼。四年中，他參加了大小二十五次戰役，身中八箭，但從不畏怯。

在一次攻打安遠的戰鬥中，狄青身負重傷，但是，他只要知道敵軍來犯，不管傷勢多重，一定會躍馬衝入敵陣。他在北宋與西夏的戰爭中，立下了豐厚戰功，聲名也隨之大振。

十多年後，狄青當了大將，但是他在當小兵時臉上的刺青，卻依然清晰如昔。有一次，宋仁宗召見他，認為當大將臉上留著刺青字跡，很不體面，就叫狄青回家敷藥把黑字除掉。

狄青說：「陛下不嫌我出身低微，按照戰功把我提升到這個地位，我非常感激。至於這些黑字，我寧願留著，作為縱使出身卑微，亦可力爭上游的標誌。」

宋仁宗聽了狄青這番話以後，更加的器重他。

讀後心得與感想

狄青從低賤的兵卒，變成讓敵軍聞風喪膽的大將，不僅是因為他奮勇殺敵，立下無數戰功，更因他能及時努力，掌握貴人相助的機會，才成就了日後的大業。而他不卑不亢的氣節，又使他更受到器重呢！

苦學成名

歐陽修

北宋江西吉安人（西元 1007 － 1073 年），字永叔，號醉翁，又號六一居士，著名的文學家，擅長古文與詩作，名列「唐宋八大家」之一。

歐陽修四歲時，父親就去世了。歐陽修的母親希望他能夠讀書識字，但是家中貧窮，連紙和筆都買不起，更別說是到私塾上課。於是，她拿蘆荻的莖當作筆，在沙地上一筆一畫的教歐陽修認字和寫字，並且背誦古人的詩詞和文章。這就是歷史上有名的「畫荻教子」。

就因為歐陽修小時候有這樣的一段經歷，所以他深受母親的鼓舞，更加發憤用功讀書。

十二歲那年，他背著書囊，匆匆行至襄陽城下，見城門已關，抬頭望見有個老兵守門，便拱手行禮道：「老伯伯，麻煩您開門，讓學生進城好嗎？」

老兵本來不敢違例開城門，但是聽出歐陽修是個懂禮貌、口才好的學生，所以想考驗他的才華。老兵說道：「既然你是讀書人，那麼我就出對聯讓你對，對得出，放你進城；對不出，明天早上再進城。」歐陽修馬上答應了。

老兵念道：「開關早，關關遲，放過客過關。」歐陽修一聽這上聯，便想了一下，馬上說：「出對子容易，對對子難啊！請先生先對吧！」老兵大聲道：「我要你先對，你怎麼反而先叫我對了？」歐陽修笑道：「學生已經對過了。」老兵一想，恍然大悟，知道原來他對的是「出對易，對對難，請先生先對。」便立即下城樓開了城門。

歐陽修進入朝廷當官時，當時皇帝特別喜歡一種「小龍團茶」。但是，這種茶產量稀少，製作精細，所以只有高官才有機會獲得賞賜。歐陽修是愛茶的人，他一直希望皇帝賜茶給他。但是，歷經二十多年，歐陽修好不容易當上了宰相之後，才得到一份御賜茶餅。

他看到這茶，想到自己的經歷，不禁激動的落下淚來。這茶對他而言，絕非只是口腹之事，而是他一生忠君愛國、任勞任怨所獲得的代價。

讀後心得與感想

歐陽修能成為著名的文學家、史學家，最大功臣，莫過於他的母親了。

在沙子上寫字，還要把它記下來，是多不容易呀！歐陽修不負母親所託，發憤努力，終於完成志業，他成功的故事，是我們最佳的典範。

鐵面無私

包拯

包拯，北宋安徽合肥人（西元 999 － 1062 年），字希仁，出任開封知府，以清廉公正著稱，人稱「包青天」。

包拯是大家熟悉的歷史人物。他性直敦厚，當上江西永修知縣時，因為父母年紀大，身體虛弱，無法承受長途的顛簸，不願隨他到外鄉赴任；包拯因而立即辭官，回家陪伴年邁的父母，他的這分孝心紛紛受到傳頌。

幾年後，父母相繼辭世了，包拯才在鄉親們的苦勸之下，重新踏入仕途。

包拯為人清廉方正又剛毅，不怕得罪別人，有些享有特權的親戚或宦官都畏懼他三分。包拯最後官任開封知府，執法公正，即使是皇親國戚犯了罪，也一律和老百姓平等看待，絕不縱容。在他無數知名的審案中，有一樁「鍘美案」，最為讓人稱道。

當時，有一位讀書人陳世美，進京應試，中了狀元，太后見他儀表不凡，有意把公主嫁給他。可是陳世美在家鄉已經有妻室秦香蓮，且育有兩名子女。但陳世美為求富貴，撒謊尚未娶妻，因而娶了公主，成為尊貴的駙馬爺。

秦香蓮苦守家鄉，久久得不到丈夫的音訊，加上年年災荒，只好帶著子女上京尋夫，豈知陳世美不但不與她相認，還擔心自己已有妻室的祕密暴露，竟派殺手追殺親骨肉，秦香蓮母子跪地哀求，殺手心軟放走他們，但是因為無法向駙馬爺陳世美交差，就自殺了。

秦香蓮來到開封府向包拯求救，包拯設法把陳世美找來對質，陳世美依然辯稱無妻，公主和太后聽到消息後，便運用權勢，力救陳世美。包拯左右為難，最後決定即使丟了烏紗帽，也要把無人性的陳世美送上虎頭鍘，為悲苦的秦香蓮伸冤。

這件案子，包拯冒的不僅是丟官的風險，甚至也可能賠上性命。然而，他依然秉持鐵面無私的精神，向皇室權貴挑戰，終於還給秦香蓮公道，大快人心。

包拯不講情面、公正無私的作風，深得全國百姓的愛戴，他的廉潔猶比蔚藍的青天，因此博得「包青天」的美名，在人們心目中，包拯就是「活閻羅」的化身，任何為非作歹的事，都逃不過他的法眼。

汲引賢才

晏殊

北宋江西臨川人（西元 991－1055 年），字同叔，著名的宰相文學家，以詞見長，有詞集《珠玉詞》。

晏殊是北宋偉大的文學家。他七歲就會寫字，才學超乎常人，大家稱他為「小神童」。

十四歲那年，他進京應考，恰好碰上皇帝親自主試。晏殊雖然年少，但是神色自若，揮筆疾書，立即成章，深得皇帝的讚賞。

兩天後，複試詩、賦、論，晏殊見了試題後卻說：「我十天前已作過這篇賦，還是換一個題目吧！」晏殊坦率的性格和出眾的才華受到大家的肯定，所以立刻被授與官職，最後還做到了宰相。

晏殊不但文筆好，識人的眼光也很高明。他引用一批才子，提拔賢能之士，例如：范仲淹、孔道輔、韓琦、歐陽修等人，都出於他的門下。他同時致力於文教事務，使五代以來荒廢許久的教育事業，很快的復興起來。

有一次，晏殊到維揚考察，借住在大明寺，發現寺中的牆壁上有一首詩寫的很好，不過作詩的人並未留下姓名。晏殊跑進跑出問個不停，終於打聽到這首詩的作者名叫王綺，人就住在大明寺附近。由於晏殊從詩句中發現王綺文學修養甚高，立即決定要把他請來共同探討詩文。

兩人見面，相談甚歡。飯後，又一起到池邊遊賞。晏殊望著晚春的落花，隨口說道：「無可奈何花落去。」

王綺不慌不忙的對道：「似曾相識燕歸來。」對完，兩人相互會心一笑，此一對句不但在詞面上對得切合時宜，而且在含義上，兩人的默契猶如摯友重逢，這怎不使人分外高興？

後來，晏殊把這一對句用到《浣溪沙》詞和一首七律詩中，得到人們一致的好評。

讀後心得與感想

一個人有才能並不可貴，可貴的是，不僅有才能，還懂得欣賞別人的才華。

晏殊不但才氣出眾，也懂得識人、用人，讓許多人才能夠發揮所長，得到重用；同時，他也促使教育興盛，讓許多莘莘學子有更多學習的管道。北宋文學的興起，晏殊的功勞可不小呢！

先天下之憂而憂

范仲淹

北宋蘇州吳縣人（今屬江蘇）（西元 989－1052 年），字希文，為著名的政治家、軍事家和文學家。

范仲淹兩歲時父親就去世，只能與母親相依為命，生活十分清苦。但是，他很有志氣，每天雖然只靠著冷粥和鹹菜度日，依然發憤苦讀。這樣堅持了許多年，不僅獲得淵博的知識，而且培養出堅強的意志和勤儉認真的良好習性，對他日後的生活有著重大的影響。

范仲淹考中進士後，被調往泰州西溪做官。職位雖然不高，但他始終積極走訪當地，並投入海堤重修的重大工程中，經過極其艱苦的努力，這座保障百姓生活和國家財富的大堤終於建成，為了感念他的努力，百姓稱海堤為「范公堤」。而當他在鎮守邊疆時，英勇禦敵，號令嚴明，使邊疆西夏外族一直不敢侵犯中原，保障百姓的生命安全。

宋仁宗時，他官至參知政事，相當於副宰相。仁宗慶曆三年，范仲淹對當時朝政的弊病極為痛心，提出「十事疏」，主張建立嚴密的仕官制度、注意農桑、整頓武備、推行法制、減輕傜役等。仁宗採納他的建議，陸續推行，史稱「慶曆新政」。由於權貴官僚的竭力阻撓，他的許多抱

負始終未能實現，「慶曆新政」僅維持一年多就被廢除；他也因而多次被貶，後來在赴潁州途中病死，諡號文正。

范仲淹喜好彈琴，擅長詩詞散文，所作的文章富政治內容，文辭秀美，氣度豁達。他的《岳陽樓記》其中有一段話：「先天下之憂而憂，後天下之樂而樂。」意思是說，為政者在天下人民還沒有開始憂慮未來的災難時，就要事先替他們憂慮；等到全天下人民都過著幸福快樂的日子以後，為政者才能開始享受安樂。

這兩句話，代表著范仲淹憂國憂民的心懷，無論他身在何處，無時無刻不掛念著腐敗的朝政與百姓的疾苦；後來也成為千古傳頌的佳句，更代表著他一生愛國的寫照。

直言急諫

寇準

北宋華州下邽人（今陝西渭南東北）（西元961－1023年），字平仲，宋真宗時為宰相，著名的政治家。

寇準出生於名門望族，年僅十九歲即中進士。性格剛強正直，勇於直諫。有一次，宋太宗召他上殿議事，由於他的語言坦率，激怒了太宗，太宗拂袖而起，寇準卻拉住他的衣襟，請他回坐，並堅持把自己的話講完才讓他離開。太宗被寇準的忠直精神和膽識所感動，感慨的說：「寇準簡直就像是唐朝的魏徵一樣難得啊！」此後更加賞識他。

宋真宗時，外患遼軍大舉來犯，很快打到黃河北岸，使得朝廷上下為之震驚。當時，有許多的大臣因為畏懼戰爭，不斷勸真宗放棄首都，將國都遷往南部。

真宗不知該怎麼辦，寇準趕回朝廷，勸諫真宗取消南遷的計畫，並希望他能夠親自率軍，以振奮保家衛國的信心。真宗深表贊同，大膽接受寇準的主張。當宋軍官兵見到皇帝親臨前線，士氣果然大振，真宗便把作戰指揮權交給寇準。寇準重用愛國將領，並沉著指揮，一開戰便獲得勝利，使遼軍的攻勢迅速減弱下來。

有一天，遼軍主帥到陣前觀察地形，被宋軍亂箭射死，造成遼軍軍心不穩，加上補給困難，遼國遂提出議和。宋真宗本來就缺乏作戰勇氣，一聽到遼國願意議和，便立刻下令停戰。寇準卻強烈反對議和，主張乘勝收復被遼國侵占的燕雲十六州國土，但是主和派大臣群起攻擊寇準，寇準在形勢不可挽回的情況下，同意派使臣去議和。議和的結果宋朝每年要給遼國白銀十萬兩、絹二十萬匹，以維持和平。這個屈辱的和約史稱「澶淵之盟」。

「澶淵之盟」簽訂後，宋、遼兩國維持一百多年的平和局勢，然而朝廷內部權力鬥爭卻越來越激烈。寇準遭奸臣誣陷，被貶到偏遠的雷州當小官，最後身死異地。等宋仁宗去世，宋明宗即位後，知道寇準有功，便准許他的遺體移回，安葬在自己的故鄉。

唐宋八大家之首

韓愈

唐朝河南河陽人（西元 768 － 824 年），字退之，世稱韓昌黎，著名文學家，名列「唐宋八大家」之首，與柳宗元同倡古文運動，並稱「韓柳」。

韓愈從小父母雙亡，由大嫂撫養長大。家境貧窮的韓愈很喜歡讀書，但是沒錢上學，全靠自修讀完自家的書籍。

韓愈二十五歲考中進士，入朝為官。當時城內發生大旱災，人民生活陷入水深火熱之中。韓愈不忍心看到人民兩面受苦，便上書直諫，希望皇帝能夠免除百姓的賦稅，沒想到因而觸怒皇帝而被貶官。

之後，韓愈又因為上書唐憲宗，直諫迎接佛骨過於鋪張，耗費過多人力與物力，不僅勞民傷財，還荒廢朝政；皇帝惱羞成怒，又把他從京城貶到潮州當刺史。

潮州地處偏遠，人民素質低落，守法觀念有待提升。

當時，潮州的江河有很多鱷魚，經常咬死渡江的人。因此，大多數的人都不敢經過這條江，深怕成為鱷魚的大餐。

這天，又傳出有百姓被鱷魚吃掉了。韓愈獲報後，思索了一陣，終於想出一個一石二鳥的解決辦法。

隔天，韓愈即在江河渡口旁邊的土墩上，擺上祭品，點上香燭，對著大江嚴厲

的宣布道：「鱷魚！鱷魚！我韓愈奉大唐天子之命到這裡做刺史，為的是保衛土地，庇護民眾，而你們卻不斷的為百姓帶來禍害！我念在你們因為不懂大唐律法，所以不加懲處。但是，限你們在三天之內，要帶同族出海；如果三天後，仍然再犯錯的話，我就要嚴加處罰了！」

說也奇怪，韓愈祭江後，再也沒有發生過鱷魚咬人的事件；原來，所有的鱷魚都被韓愈暗中派人捕捉光了。於是，人們為了紀念他的功勞，就把韓愈祭鱷魚的地方叫做「韓埔」，渡口叫「韓渡」，還把大江叫做「韓江」，江對面的山取名為「韓山」。從此，韓愈於當地頒布政令，深得民心，很快的就把潮州地區治理得井井有條，人民都安居樂業。

不幸的是，韓愈在任內去世，年僅五十七歲。事實上，他的功勞不僅是在政治上，在文學上也貢獻良多。他的散文論理精闢，《韓昌黎集》更是影響後世深遠的創作。

寫實詩人

杜甫

唐朝河南鞏縣人，祖籍湖北襄陽（西元 712 － 770 年），字子美，號少陵野老，有中國的「詩聖」美譽。

杜甫生長在具有濃厚文學傳統的家庭中，是著名詩人杜審言的孫子。七歲開始學詩，年僅十五歲就以詩作聞名。

杜甫年輕時，過著放蕩輕狂的浪漫生活，沉浸於遊山玩水中。這段期間，他曾到洛陽應考，雖然失敗，不過卻在洛陽認識了李白，並成為好朋友。

第二年秋天，他與李白分手後，倆人就再也沒有見過面了。

之後，杜甫被困在長安城內，過著窮困潦倒的生活。這時他寫出許多奉承權貴的詩作，希望能獲得一官半職，解決生活上的困境。直到「安史之亂」前一個月，他才獲得一個參軍的小官位。

由於親自體會過飢寒交迫的日子，加上官場上的失意，使得他能客觀的看出統治者的腐敗和老百姓的苦難，因此，他逐漸成為一位憂國憂民的社會詩人。這樣的思想轉變，首先呈現在他的創作上。他的詩作反映現實，並產生憂慮民間疾苦的情緒。

在「安史之亂」最紊亂的時期，杜甫飽嘗困苦，但是其創作成就卻也跟著變大。長安淪陷後，他北上投奔肅宗，不幸半路被抓，陷在賊人手中長達半年；後來，他冒死逃出長安，擔任了左拾遺。不久後又被貶官，從此永別了長安。

這段時期的杜甫，對現實有了更清醒的認識。西元 759 年，他對政治已徹底失望，辭官返鄉。這期間流傳下來的詩歌有兩百多首，大部分都是傑作。他在世最後兩年，居無定所，大部分日子是在船上漂泊，最後也死在船上，享年五十九歲。

杜甫留存下來的詩作多達一千四百多首，深刻反映唐朝「安史之亂」前後二十多年的社會全貌，也生動記載杜甫一生的歷程。他的詩除能深刻、廣泛的反映現實之外，同時也用獨特的藝術手法，適時表達出他的感情，代表唐朝現實主義詩歌的最高境界，後人尊稱他為「詩史」，又稱「詩聖」，與「詩仙」李白齊名。

忠烈悲壯的書法家

顏真卿

唐朝山東臨沂人（西元 709 － 785 年），字清臣，著名大書法家。

有上過書法課的人，想必都知道顏真卿，也或多或少曾臨摹過他的碑帖！顏真卿出身於文人世家，祖先顏師古、顏之推都是相當有名的文學家。唐玄宗時考中進士，開啟了他的政治生涯。

顏真卿的個性正直，在處理國事時以清廉著稱。但是，他的作風卻引起許多奸臣的不滿，因而遭受掌權大臣楊國忠的陷害，被貶為太守。

在「安史之亂」時，他聯合哥哥顏杲卿起兵抵抗，並策動附近十七個郡一起響應這次的行動，顏真卿被推為盟主。他們的部隊，加起來共有二十多萬，勢力龐大，迫使安祿山不敢貿然出

兵。後來，顏真卿也因抗賊有功，再度回京任職。

然而顏真卿的仕途並未因此而順遂。在安史之亂結束後，積弱多年的大唐瀕臨崩潰，朝廷盡是奸臣宦官當道，忠貞剛烈的顏真卿不時遭受小人陷害，政治生涯十分坎坷不幸。

當時，許多地方官員因為擁有勢力，開始興兵叛亂。有一次，顏真卿再度直言進奏朝廷，得罪奸相盧杞，當時正逢叛臣李希烈作亂，盧杞便暗中用計，讓朝廷派顏真卿去勸降李希烈。朝中公卿聽到勸降一事，個個嚇得臉色蒼白。唯獨顏真卿英雄本色，一肩扛下此一重任。

顏真卿見到李希烈後，嚴正宣旨。李希烈卻以數千人拔刀威逼，反要顏真卿投降，顏真卿毫不畏懼的當眾曉以大義。李希烈見強逼無效，就勸他上書皇帝為自己表白，顏真卿仍予嚴正拒絕。李希烈眼看軟硬策略對顏真卿都無效，乃下令將顏真卿吊死。

顏真卿的一生忠烈悲壯，死後三軍慟哭，皇帝廢朝五日，追封他為「司徒」，並賜諡號「文忠」。

堅守睢陽精神可泣

張巡

唐朝蒲州河東人（今山西永濟）（西元 708 － 757 年），愛國名將。

唐玄宗時，正值「安史之亂」，安史部將張通晤攻陷宋、曹等州。譙郡太守楊萬石因為懼怕叛軍的勢力，決定舉兵投降，還逼迫張巡當他的副官，並以此身分迎接叛軍。

張巡接到命令之後，率部屬哭祭皇帝祖祠，誓師討伐叛軍。當時，縣尉也起兵抵抗，擊敗張通晤後，進兵至雍丘，與張巡會合，雙方加起來，共有兵將兩千人。

由於張巡長期守城，糧食所剩不多，到了七月，叛軍再次圍城時，士兵每日只能分到一勺米，餓了只好啃樹皮。守城的軍隊也只剩千餘人，個個瘦弱不堪，而且長期無援軍，使他們陷入孤立無援的境地。叛軍了解情況後，便決定強攻睢陽。

經過不停的纏鬥之後，叛軍見此城難攻，便改為圍城挖壕，壕外再加築柵欄，以做長期圍困的打算。

這時，城中的守軍陸續有人因飢餓死去，留下來的將士不是傷便是殘，並且因為長期抗戰，疲憊不堪。這時，張巡為了提振士氣，不惜把他的愛妾殺了，熟煮犒賞將士。和他併肩的戰友許遠看到這情形，也犧牲自己的奴僕，當作士兵的食糧。

雖然如此，張巡還對接近城牆的叛軍將領曉以忠義，勸他們早日歸順朝廷。而被張巡策反的李懷忠等一大批人，也都回過頭來死心塌地的幫助張巡守城。

但是，叛軍仍加緊攻城。到了十月叛軍再次攻城時，守城的士兵已無戰鬥能力，睢陽城終於被攻破，張巡、許遠都成了叛軍的俘虜。叛軍主帥尹子琦勸張巡投降。他大義凜然，寧死不屈。於是，尹子琦將張巡及他的部將三十六人全部殺害。

張巡、許遠死守睢陽，有力的阻止了叛軍南下。雖然最後還是戰敗，但是，他們的堅守，使得唐朝有機會充實國力，並成為戰爭的最後勝利者，這都要歸功於張巡與他的部將堅守不屈的精神。

浪漫詩人

李白

祖籍隴西成紀人（今甘肅靜甯西南）（西元 701 － 762 年），字太白，號青蓮居士。盛唐詩人，世人稱之為「詩仙」或「謫仙」。

李白從小就立志要成為一個大學問家，建功立業，報效國家。

他少年時已博覽群書，善作詩賦、好劍術、觀奇書。他的一生幾乎是在漫遊中度過，其間經歷武后、中宗、睿宗、玄宗、肅宗等皇帝。天寶元年，因為道士吳筠的推薦，李白被召到長安，供奉翰林。其文章風采，名躁一時，頗為玄宗所賞識，但卻因酒醉不小心得罪朝中權貴高力士等人，逐漸被排擠，最後只好離開都城長安，這時他在詩壇已享有盛名。當年四月，他在東都洛陽認識當時三十三歲，在詩壇上初露頭角的杜甫，從此兩人建立深厚的友誼。

「安史之亂」發生的第二年，李白投奔永王李璘。但是，永王與肅宗發生爭奪帝位的鬥爭，永王兵敗後，李白也受到牽累，被流放到夜郎（今貴州境內），幸好在去的途中又被赦免。後來，李白流浪到當塗（安徽馬鞍山），不久，因病去世。

李白熱愛祖國大好山河，一生大部分時間生活在唐朝國勢強盛的時期，因而他的作品大多慷慨激昂、昂揚向上。詩作以抒情為主，他是第一個真正能夠廣泛吸取當時的民間藝術和秦、漢、魏以來樂府民歌的豐富養分，融鑄提升而形成他的獨特風貌。他具有超乎尋常的藝術天才和磅礡雄偉的藝術力量，一切可驚可喜、令人興奮、發人深思的現象，無不盡歸筆底。杜甫曾經評論李白道：「筆落驚風雨，詩成泣鬼神」！

李白是屈原之後，中國最為傑出的浪漫主義詩人，有「詩仙」之稱，與杜甫齊名，世稱「李杜」。韓愈評價他們：「李杜文章在，光焰萬丈長。」他遺留給後世這麼多美好的詩歌，真可謂是亙古傳唱的寶貴文化遺產啊！

詩中之佛

王維

唐朝山西太原人（西元 701 － 761 年），字摩詰，著名的詩、畫、書法家，被尊稱為「詩佛」，蘇東坡稱他「詩中有畫，畫中有詩」。

王維自幼聰穎，九歲時便能作詩寫文章，而且對書法很內行，熟悉音樂，擅長繪畫，在青年時代便相當出名，並得到皇族的敬重。

據說，王維在應舉的時候，當時有一個叫張九皋的人，派人賄賂公主，而聽說公主也已交代主試官，務必提拔張九皋為狀元。

王維於是晉見岐王，希望得到岐王的推薦。但是岐王權勢比不上公主，無法與公主相提並論，岐王只好想辦法以王維的真才實學去爭取公主的認同，讓公主改變心意。

過了幾天後，岐王讓王維穿上錦繡衣服，帶著琵琶，一起參加公主的設宴。

宴會中，岐王命王維為公主彈奏琵琶助興，王維高超的彈奏技巧加上優美的曲調，聽得在場賓客如痴如醉，喝采之聲不絕於耳。

公主非常的高興，岐王便趁機對公主說：「此人不但精通音樂，他的文筆更棒，幾乎是少有的奇才。」

公主聽後很好奇，問王維是否將作品

帶來。王維立刻從懷中拿出數卷詩作獻上，公主看過之後，驚喜不已的說：「這些詩，都是我以前讀過的。我原本以為這些都是古人的作品，沒想到竟然就是你寫的！」

於是公主下令讓王維更衣，並以對待貴賓的方式招呼他。王維風流倜儻，而且說話風趣，在場的貴客也都十分賞識他。

岐王眼見時機成熟了，便說：「如果今年的狀元有他這等才華的話，那可真是國家的光榮啊！」公主立刻回答說：「既然這樣，為什麼不讓他去應舉呢？」岐王說：「公主不是已經決定要把狀元之位授給張九皋了嗎？」公主笑著說：「才沒有這回事！如果我要推舉狀元，一定非王維莫屬。」

就這樣，公主改薦王維當狀元，王維也就如願一舉登第了。

單騎訪回紇

郭子儀

唐朝華州鄭縣人（今陝西華縣）（西元 671 – 781 年），為唐代著名的將領。

郭子儀出身於中層官吏之家，他是通過武術科舉考試而走上仕途的。

西元 765 年，回紇和吐蕃大軍進攻長安，唐軍抵抗不住，回紇、吐蕃聯軍一直攻打到長安北邊的涇陽。朝廷為此大驚，並全都指望郭子儀能打退回紇和吐蕃。郭子儀正在涇陽駐守，但兵力不多。他一面建立防禦戰事，一面偵察敵情。

探子回報後，顯示回紇和吐蕃雖是聯軍卻常有爭執。郭子儀知道後，決定分化敵人。當時回紇的將領曾跟郭子儀一起打過安史叛軍，所以，郭子儀決定先拉攏回紇將領，再與他一起攻打吐蕃。

當天晚上，郭子儀派部將李光瓚偷偷的到回紇大營，去見都督藥葛羅。李光瓚告訴藥葛羅，郭令公現在就在涇陽。但是回紇將領說什麼也不相信。他們一直以為郭子儀已經被人殺死，不可能活到現在。

李光瓚回到唐營，回報回紇將領的懷疑。於是郭子儀當機立斷的說：「既然這樣，我就親自走一趟，也許能夠勸說回紇退兵。」

郭子儀便帶著幾個隨從士兵，騎馬出城，向回紇軍營疾馳而去。到了陣前，摘下頭盔，卸掉鐵甲，把長槍扔在地上，拉緊馬韁，緩緩向回紇營地靠近。

藥葛羅和將領看見郭子儀一行人，異口同聲說：「啊，果真是郭令公呀！」說著便下馬向郭子儀下拜行禮。

藥葛羅說道：「我們受了別人的蒙騙，以為皇帝和令公都已經死去，中原沒有主人，才跟著他們來這裡的。現在知道令公還在，當然不可能跟您打仗了！」

郭子儀則說：「吐蕃和唐朝是親戚關係，現在也來侵犯，掠奪我們百姓財物，實在太不應該！我們決心要回擊他們。如果你們能幫我們打退吐蕃，對你們也有好處。」藥葛羅聽了郭子儀的話，連連點頭說：「我們一定替令公出力，將功折罪。」

郭子儀單騎訪回紇營的消息，傳到吐蕃營，吐蕃的將領害怕唐軍和回紇聯合起來襲擊他們，便連夜帶著大軍撤走了。

執法公正

狄仁傑

唐朝山西太原人（西元 630 － 700 年），字懷英，武則天當政時的宰相，是傑出的政治家。

唐高宗時，狄仁傑擔任大理丞（等於現在的最高法院院長），一接手就有十七萬多件積案等候處理。他用了一年的時間一一做了妥善處理，竟沒有一樁案件上訴，證明他執法公平，沒有冤案。

在這些案件中，有一樁最難處理。有位叫權善才的高級軍官，不小心砍了先皇唐太宗陵園中的柏樹，狄仁傑依法判他免職罪。但是，唐高宗認為這是大逆不道的事，要他改判死刑。

狄仁傑不答應，且理直氣壯的說：「國家大法，公布於天下，犯下什麼罪行就判什麼罪，清清楚楚。法律要是隨意更改，天下百姓便不知道什麼是犯法，什麼是合法了。皇上您如果非要改變法律不可，那就請先將我給殺了吧！因為不慎砍了墓地的一棵樹而殺死一名將軍，這樣的事，後代會怎樣評價皇上呢？卑臣所以堅決不殺權善才，就是為了不陷皇上於不義不仁之地啊！」唐高宗被說得無言以對，便決定免除權善才死罪。

之後，狄仁傑到邊境當刺史。那是個漢族和吐蕃等少數民族雜居的地方，衝突相當多，在這裡做官比在內地做官還要艱難好幾倍。可是狄仁傑以仁愛之心，公正處理所有糾紛，擴大民族團結措施，使漢族和吐蕃親愛和諧相處，人人歡欣。當地各族人民感念他的作為，還幫他立了一塊德政碑。

狄仁傑當豫州刺史時，正趕上李貞起兵反武則天稱帝失敗，其中有兩千多人因而受到牽連，必須判死罪。狄仁傑認為這些人只是受到誅連，並沒有犯罪意圖，於是密奏武則天，希望可以從寬處理。武則天同意狄仁傑的密奏，把這些人流放到豐州。被免除死罪的人，心中萬分高興。後來當他們知道事情的真相後，就在寧州百姓為狄仁傑所立的碑石下大哭失聲。到了豐州，這些人也為狄仁傑立了一塊頌德碑，以茲感恩。

吐番和親

文成公主

唐朝貞觀年間皇室公主，唐太宗之女，與吐番王松贊干布和親。

文成公主聰慧美麗，知書達禮，賢慧之名遠播。當時正逢唐朝盛世，鄰近國家都很佩服唐太宗的威名，希望能迎娶文成公主，促進兩國的關係。其中吐番國王松贊干布，是一位英明的君主，十分仰慕唐朝文化，但是國事繁忙，無法親自前往求婚，就派了大臣祿東贊代表。唐太宗看到這麼多國王都想娶文成公主，便出了三道難題來決定公主要嫁給誰。

第一題是拿出一根木頭，要大家分辨出木頭的上下端。由於木頭上下粗細都一樣，各國代表都答不出，只有祿東贊將木頭放入水中，看到較沉入水中的一端就判斷出是根部，而獲得太宗的稱讚。

第二題則是要幫一群小馬找出牠們的媽媽。但是母馬每隻都一樣，誰也分不出哪隻是哪隻的媽媽？不過，祿東贊先讓母馬吃飽，然後放出小馬，這時吃飽的母馬紛紛呼喚牠的孩子去吃奶，於是一下子就把牠們的關係弄清楚了。

最後一題是要把絲線穿過珍珠孔，由於珍珠孔窄小曲折，絲線又十分柔軟，穿梭起來並不容易，各國代表紛紛告失敗。祿東贊卻在一隻螞蟻身上綁絲線，然後在珍珠孔的另一端塗上蜂蜜，螞蟻聞到甜味，循味道前進，很快的就讓身上的絲線穿過珍珠孔了。

唐太宗看到祿東贊如此聰明，就很高興的將文成公主許配給吐番國王。

唐太宗問文成公主要什麼嫁粧，文成公主不要金銀財寶，卻要五穀種子和各種藥材、農具及工匠等，同時還要求一尊佛像。唐太宗問她為什麼？文成公主說：「信佛能讓人更加善良，愛好和平，吐番就不會想打仗；而農具、種子等能實際改善百姓的生活，比起金銀財寶更有價值。」

文成公主千里迢迢嫁到吐番後，果然充分利用帶去的種子、農具、藥材等，教導吐番百姓耕種，改善生活；她又廣傳佛教，引進中原文化，讓吐番王朝文明進步，當地人民十分愛戴她，在她過世後，還蓋廟、塑雕像紀念她呢！

一代女皇

武則天

唐朝山西文水人，（西元 624—705 年），名曌，唐高宗李治的皇后，同時也是中國第一位女皇帝。

武則天出生在都城長安，自幼聰明伶俐，膽識過人。據史書記載，武則天十三、四歲時，已是博覽群書，詩詞歌賦也都有了良好的基礎，而且長於書法。十三歲時，唐太宗召武則天入宮，賜號「武媚」。唐太宗發現她很有學識，又懂禮儀，便把她調入御書房侍候文墨。就這樣，武則天開始接觸皇家公文，逐漸了解宮廷大事，並能讀到許多平時不易見到的書籍典章，使她日漸通曉官場政治和權術。

唐高宗即位，封武則天為「昭儀」。武則天開始玩弄權術，巧妙利用王皇后和蕭淑妃間的矛盾，爭取唐高宗的寵愛，迫害王皇后，鞏固自己的地位。永徽六年，高宗正式下詔書廢王皇后、蕭淑妃為庶人，立武則天為皇后。

武則天成為皇后後，開始參與朝政，與高宗並稱「二聖」。弘道元年，高宗去世，中宗李顯繼位，尊武則天為皇太后。第二年，武則天廢李顯為廬陵王，立李旦為睿宗，自己掌實權。載初元年，廢睿宗，自立為「聖神皇帝」，改國號為「周」

，改元天授，史稱「武周」。

武則天稱帝後，非常重視人才的選拔和採用，下令全國：舉凡能「安邦國」、「定邊疆」的人才，不計門第、不拘資格，一律量才使用。為此，她發展和完善了自隋以來的「科舉制度」，大開科舉，破格用人。此外，她還首創「殿試」和「武舉制度」，為更廣闊的搜羅人才，創造有利的條件。

在軍事和外交上，武則天主張堅決的抵禦和反擊外族入侵，保護邊境安寧，改善相鄰各國的關係，堅持邊軍屯田的政策。這些政策對邊疆地區的開發、減輕人民轉輸之勞苦，以及鞏固邊防等，都有著積極的作用。

讀後心得與感想

武則天為爭權奪利而不擇手段，令人無法苟同，但是她治國的謀略與才華卻相當出色。武則天在稱帝其間，提出非常多治國方針和用人唯才的方法，她的登基，並沒有危害唐朝的國本，反而為唐朝建立良好的制度，讓唐朝順利的進入第二個黃金時期。

知禮明義

長孫皇后

唐朝長安人，（西元 601 － 636 年），祖先為北魏拓跋氏，十三歲時嫁給唐太宗李世民為妻。

長孫皇后為人端正明理，而且很有見地，唐太宗十分器重她，經常和她討論朝中政務；不過，長孫皇后認為女人不該干預政事，因此不願多表示意見，但是唐太宗堅持要她提出看法，於是她經過深思熟慮後，才說：「治國之道在於居安思危及任賢納諫。」

當時，唐太宗手下有一名忠諫之臣魏徵，經常對皇上逾越規矩的事提出建言。有一次，唐太宗遊興大發，帶著一大群護衛近臣準備去郊外狩獵；才出宮門就遇到魏徵；魏徵問清狀況後，急忙勸唐太宗說：「現在是春天，萬物方才重生，禽獸正忙著哺育幼獸，並不適合打獵，還請陛下返宮吧！」

唐太宗心想自己是堂堂天子，連去打獵都要被約束，實在很不是滋味；於是不肯聽勸，堅持前往，但是魏徵也不讓步，站在路中央，阻擋車隊前進；唐太宗

拗不過魏徵，只好氣沖沖返回宮中並大聲罵道：「明日早朝一定要好好教訓這個目中無人的魏徵，否則難消我心頭之恨！」

長孫皇后得知原因後，立刻笑嘻嘻的向唐太宗叩首說道：「恭喜陛下！」唐太宗一頭霧水，長孫皇后一本正經的說：「妾聽說，明主才會出忠臣，今天魏徵如此忠直，可見是陛下英明所致，妾才特別恭賀！」

唐太宗心中一怔，深思後，覺得皇后說的有理，於是怒氣全消，魏徵也保住了他的地位和性命。

長孫皇后的哥哥和唐太宗私交甚深，又曾立下大功，唐太宗有意升他為宰相，但是長孫皇后卻說：「妾已被立為尊貴的皇后，不願再有兄弟子侄在朝為官，昔日漢朝呂后就是不斷提拔自己人，釀下禍事，我們不應步上後塵，請陛下千萬不可任用家兄為相啊！」

長孫皇后的生性節儉，使用的物品都以夠用就好，從不鋪張。她在陪皇上出巡後，不幸染風寒病逝，死時才三十六歲，臨終前還交代喪禮一切從簡。

讀後心得與感想

有人說權力使人腐化，但在長孫皇后身上，卻一點也看不到。她的賢淑品性和無私的行為，不僅贏得唐太宗及滿朝文武百官的敬重，更為後世樹立賢妻良后的典範。

印度取經

玄奘

唐朝河南人（西元 600 － 664 年），姓陳，名褘，太宗貞觀年間西行至印度取經，名震諸國。

看過《西遊記》的人，都知道唐三藏去西方取經；在史實中，是真的有「唐三藏取經」，不過孫悟空、豬八戒等角色，卻是後代小說家編撰出來的。

玄奘幼年家境貧困，跟隨哥哥住在寺院，學習佛經，希望能被選為僧人，幫助家庭減輕負擔。

玄奘刻苦研讀佛經，在十三歲時，如願進入了佛門。之後他遊歷各地，參見名師，並廣泛的閱覽各家佛經。

他在研究佛經時，發現許多中國佛經翻譯錯誤，而且內容不完整，造成佛家的各宗派對佛經的解釋也各有不同。對此，他感到十分憂心，於是起了西行取經的念頭。

唐太宗時，玄奘從長安出發，跋山涉水，越過酷熱的沙漠，歷盡艱險，終於到達西域佛教的發源地，也就是現在的印度地區。

玄奘造訪了那爛陀寺。那爛陀寺是印度當時成千上萬寺院中最為壯麗崇高的一所，是戒日王（統一印度的國王）治下一所巨大的佛學院。

玄奘在其門下學習時，深受尊重，並當上了地位崇高的三藏法師。貞觀十年，玄奘周遊印度，足跡踏遍各佛教聖地，訪問有名學者，考察印度風俗。

貞觀十九年，玄奘回到長安，受到國人熱烈的歡迎，並慶祝他取經成功。玄奘回到長安的第二天，就在朱雀街之南，陳列他從印度帶回來的佛經和佛像，而他所帶回來的佛教經典共有五百二十夾六百五十七部，總共用了二十四馬才運回來。

二月，唐太宗接見玄奘，勸他還俗當官，玄奘婉言辭謝。玄奘要求組織譯場，翻譯佛經；並奉唐太宗之命，由他口述，弟子辯機執筆撰寫《大唐西域記》，記載玄奘在西域親身經歷及所見所聞。

不久，唐太宗又再次勸玄奘還俗入朝為官，仍然遭玄奘婉拒。唐太宗寫了一篇《大唐三藏聖教序》，讚揚玄奘西遊成功。而藉由這次玄奘取經的行動，中國的佛學也才開始發揚光大。

知人善任貞觀盛世

唐太宗

李世民（西元 598 － 649 年），唐高祖李淵次子，為唐朝第二位君主唐太宗，開創「貞觀之治」的盛世。

十八歲時，李世民已鋒芒畢露，展現雄才大略。當時，隋朝的國力衰微，天下大亂，他廣交英雄豪傑，招兵買馬，準備舉兵反隋，奪取天下。他擊敗隋朝後，為了奪取王位，殺死親哥哥李建成。

李世民二十九歲繼位，即唐太宗，第二年則改年號為「貞觀」。將曾與他一起策畫起義的謀士房玄齡、杜如晦的功勞列為第一，任命為宰相，執掌朝政。他的叔父李神通和尉遲敬德知道後，甚感不平。為了表達不滿，就在房玄齡與杜如晦的慶功宴上，擾亂秩序，揮拳打傷前來勸解的人。經他倆這一鬧，其他的將領也都起而效行，紛紛為了爭功，大吵大鬧起來。

唐太宗看到慶功宴竟變得如此不堪，十分憤怒，嚴正斥責李神通說：「叔父雖然有首倡起義的功勞，但後來卻在兩次戰役中，一次全軍覆沒，一次趁機逃逸。你雖然是我的叔父，但是，我既然是位國君，就應該公平、公正的以功論賞，絕不偏袒誰！」

接著，他又對尉遲敬德說：「國家大

事只有賞罰兩種。不可以要求非分之恩，不能居功自傲，以致觸犯法律。你們應該好好修養自己的品德，如果操守不佳，必定會招致殺身之禍。」

李神通和尉遲敬德聽了，才了解唐太宗用心良苦，馬上表達悔過之意，這場風波很快得到平息。

唐太宗鑑於隋亡的教訓，勤於政事，留心吏治，賞罰分明，心胸開闊，同時廣納諫言，勇於改正自己的缺失，並知人善用，任用原太子的屬官王珪和魏徵，還以一視同仁的態度對待邊疆民族。在位期間，政治清明，社會富裕安定，開創唐朝第一個盛世——貞觀之治。

人鏡明得失

魏徵

唐朝河北人（西元 580 — 643 年），字玄成，是唐太宗得力的諫臣。

魏徵從小父母雙亡，家境貧寒，喜愛讀書，曾經出家當過道士。

魏徵原本是唐太宗兄長李建成的屬下，當李建成和唐太宗爭奪王位的情況逐漸惡化時，他曾勸李建成先下手為強，早日除掉唐太宗。然而，李建成沒有聽他的勸告，最後終於慘遭親弟弟暗殺，他的部屬也全成了俘虜。

唐太宗原本就很欣賞魏徵的膽識和才能，雖然他是對手的人馬，可是唐太宗不但沒有判他罪，反而還讓他做了諫官。

唐太宗對自己和別人的要求都很高。他一直希望能夠成為聖明的君王，並且同時要求臣子也要秉持操守，做一個賢臣。最難得的是，唐太宗與魏徵，一個從善如流，一個直言敢諫，君臣之間，在歷史上留下千古的佳話。

在唐太宗眾多臣子當中，最敢於直言批評君王的就是魏徵了。不管是公事還是私事，只要魏徵認為不恰當之處，都會立刻提出糾正。唐太宗曾多次請魏徵直接到寢宮，商量政事，請教得失。魏徵有見識才略，個性忠直，又碰到明君，所以更加知無不言。而唐太宗也十分信任魏徵，對於他的意見無不欣然採納。

有一次，唐太宗退朝後，十分生氣的對長孫皇后說遲早要殺掉魏徵，因為魏徵總是在群臣面前給他難堪！皇后聽完後，換上盛裝向他道賀，說：「只有賢君才有忠諫之臣，魏徵不怕得罪皇上勇於提出諫言，可見您正是一位明君呀！」唐太宗聽完後，怒氣才消。

魏徵看到該說的就說，從不畏懼。他的膽識和卓見，是唐太宗貞觀盛世的重要功臣。魏徵病逝時，唐太宗痛哭，親撰碑文，且有五日不上朝。後來唐太宗臨朝時流著淚對群臣說：「拿銅當鏡子，可以整理衣帽。以古人當鏡子，可以看到治國方法。若以人當鏡子，卻可以看到自己的得失。我常保有這三面鏡子，來防止犯錯。如今，魏徵一死，我等於少了一面鏡子了！」

不為米折腰

陶淵明

陶潛，東晉潯陽柴桑人（西元 365 — 427 年），字元亮，號靖節先生，自號「五柳先生」，為著名的田園詩人。

陶淵明出生於沒落士族之家，曾祖父陶侃是東晉的開國元祖之一，祖父、父親都做過太守。到了他這一代，家裡已沒有什麼財產了，經常三餐不得溫飽；尤其年輕時的體弱多病，讓他的生活更加慘淡。

儘管如此，他還是對未來抱持很大的期望，希望有一天能夠建功立業，拯救水深火熱中的老百姓。但是，在他那個時代，權貴擁有相當大的財富與勢力，貧富階級制度也十分嚴格。如果要當大官，就必須是名門望族；在這樣的環境中，陶淵明苦於無法施展自己的才能與抱負。

陶淵明二十九歲時，擔任江州祭酒，是一個薪水微薄的小官。在官場上，陶淵明看到其他官員們為了保住官位，到處逢迎諂媚；又常為了爭名奪利，不惜做出許多傷天害理的事情。不久，他因受不了官場的這種風氣而辭官回家。此後，他還有幾次擔任官職的機會，但後來他都選擇棄官為民。

四十一歲時，陶淵明在親友勸說下，又出任彭澤令。他上任八十多天，便傳來妹妹的死訊；這時又正逢郡府派人來縣裡巡視，縣吏告訴他：「看到郡府派來的人，要將衣服穿戴整齊，恭敬的迎接。」

陶淵明想到至親的妹妹剛去世，自己卻為了迎合官場的拍馬屁風氣，必須暫時收起悲傷的心情，感到一陣辛酸，激憤的說：「我怎麼能為了五斗米，折損自己的氣節！」

於是，他又斷然辭掉官職，返回自己的家鄉，並且發誓絕不再任官。從此，他和官場徹底決裂，拋棄揚名立萬的機會，歸隱田園。

四十四歲後，家中不幸遭遇大火，使他原本就很艱困的生活更為雪上加霜。即使如此，陶淵明仍然過得陶然自在，因為，他已經真正的擺脫了世俗的功名利祿，並且追尋到內心深處所渴求的精神生活，與自然田園為伍，陶然自樂。

磨缸練字有成

王獻之

東晉山東臨沂人（西元 344 − 386 年），字子敬，小字官奴，大書法家王羲之的兒子，也是著名的書法家。

王獻之從小跟著父親王羲之學寫字，十二歲時就能夠寫得一手好字。

有一次，他自認寫了幾個和父親程度差不多的字，得意的拿給父親看。想不到，父親看過後，一句話也沒說，只在他寫的「大」字下邊多添一點，成了一個「太」字，然後說：「拿去給你的母親看吧！」看到父親沒有誇獎自己，王獻之很不是滋味。但仍然依照吩咐，把作品拿給母親看。母親看了說：「除了『太』字裡的一點還像你父親，其他的字都不夠標準，你還要好好練習。」聽到母親的評點後，王獻之十分灰心，此後只顧著玩樂，無心再練字。

有一天，他在散步時，看見一間小房子裡有個瞎眼的老婆婆正在織布。王獻之覺得很奇怪，就問：「老婆婆，您的眼睛看不見，怎能織布呢？」

老婆婆說：「我的眼睛雖然瞎了，但憑著多年經驗，仍可以像往常一樣織布，就和你父親寫字一樣，完全靠一個『熟』字罷了！」

聽了老婆婆的話，王獻之恍然大悟。

回家後，立刻將一口大水缸裝滿水，並說：「從今起，我要天天用這一缸水來磨墨練字；這缸水不用完，絕不停止！」此後，他每天刻苦練習，果然練出一手好字，還創造出與父親不同的風格。

由於王羲之相當喜歡鵝，而「鵝池」也是他寫作的靈感來源。有一天，他一時興起，請了刻匠來為鵝池立碑。當他凝神靜氣注視鵝後，靈感大發，提起筆就書了一個「鵝」字，相當暢快淋漓。當他準備再寫「池」時，突然書僮喊了一聲「刻匠大人到」，王羲之顧不得寫字，便離席去迎接。站在一旁的王獻之看到父親離開，一時手癢，拿起大毛筆，就在「鵝」字下面添了個「池」字。

不一會兒，王羲之回來了，看到兒子的字，先是一愣，然後哈哈大笑的說：「好！好！」就這樣，王獻之的努力，終於獲得父親的肯定了。

讀後心得與感想

王獻之能夠成名，在於他的家人能夠看清他的不足，並委婉勸勉他繼續努力，使他有更多進步空間，若是一味誇獎與奉承，就無法造就日後的成功。

囊螢照書

車胤

晉朝人（西元 333 － 401 年），字武子，自學有成的忠臣。

車胤生長在貧窮的家庭，但是，他從小就立定志向，希望有一天能夠功成名就。由於家裡沒有良好的閱讀環境，因此他的學習歷程相當艱辛，但是他運用巧思，一一克服難關。

車胤很喜歡讀書，卻買不起油燈的燃料，為了不想浪費晚上看書的機會，於是他想到變通的方法。

在夏天的夜晚，車胤捕捉螢火蟲，裝進布袋裡，利用螢火蟲身上微弱的光來讀書，一直到天亮。冬天時，沒有螢火蟲可以抓，他不畏寒冷的將身體緊靠在雪堆中，利用皚皚的白雪反射出的亮光來讀書。當他沒有筆寫字時，就將身邊隨手可得的石頭當作筆，在地上寫字。他就是這樣一點一滴，想盡辦法刻苦自學。

長大後，車胤擔任許多官職，一生為國為民盡心盡力，實事求是，公正嚴明，不畏強權，深受朝廷上下推崇。但是，車胤因為經常直言批評朝廷中的奸臣，也為自己惹來殺身之禍。

他臨死前正義凜然的說：「我豈會是個怕死的人？我只希望自己能夠以死亡來

揭發為害國家的奸臣啊！」

車胤的犧牲，朝廷上下悲痛不已，一致認為國家失去了一位難得的大忠臣。朝中百官聯合請求皇上，追諡車胤為「忠烈王」，以表彰他的優良政績與氣節。

讀後心得與感想

車胤不畏懼艱苦的環境，利用巧思，一一克服困難；也因為環境的困苦，他比一般人還珍惜自學機會，這種努力向學的精神值得學習與嘉勉。長大後的車胤，雖然為官多年，卻不因從小貧困，而沉溺於權力與財富之中，反而為國為民，不畏權貴，敢於直諫，更是值得敬佩。

東床快婿

王羲之

東晉山東臨沂人（西元 321 － 379 年或 303 年－ 361 年），字逸少，號澹齋，東晉偉大的書法家，後人尊為「書聖」。

王羲之出身書法世家，從小對書法有濃厚的興趣。他臨摹《衛書》一直到十二歲，表現雖已不錯，但仍不滿意。因常聽老師講述歷代書法家勤學苦練的故事，使他對東漢「草聖」張芝的書法產生欽羨之情，並決心以張芝的「臨池」故事來激勵自己。為了學習張芝的精神，他經常到屋外的小池塘洗毛筆，結果池裡的水被他洗得都變黑了。

為了練好書法，王羲之每到一個地方，必定四處尋探碑刻，作為他學習書法的資料。在家中，不管是房間或是廁所，也都一定會擺滿紙筆墨硯，以便隨時學習。

王羲之最著名的書法作品，則屬《蘭亭集序》。那時候，王羲之邀請四十一位親戚朋友、書法家、詩人，在蘭亭舉行野外盛會。他們分立在溪水兩旁，把酒杯放在水上，順水而下，每人依照順序拿取酒杯，並飲酒作詩。寫不出詩的人，都要被罰酒。當時王羲之帶著醉意，即席揮毫，為這些詩集作序，寫成《蘭亭集序》。據說，事後他重寫近百次，但是總是沒有當天即興完成的作品好。

王羲之二十歲時，當時的太尉郗鑒聽說王家的子弟都很俊雅，便派遣門生前往王家，表達想要挑選女婿的意願。王家子弟一聽說郗太尉家來選女婿，都趕緊整理儀容，希望自己能夠雀屏中選。但是，在他們之中，只有王羲之一個人露出肚子，躺臥在床上，神色自若。門生回去稟告郗太尉說：「王家每個子弟，聽說有人來挑選女婿，都表現得有些拘謹。只有一個年輕人，袒露肚腹，躺臥在床上，好像若無其事般。」

郗鑒聽後點頭說：「嗯！夠瀟灑，我喜歡。」後來，郗太尉親自登門拜訪，才知道那個年輕人原來就是王羲之，於是將女兒嫁給了他，這也就是成語「東床坦腹」的由來。可見王羲之是一個多麼不拘小節、瀟灑自在的人。

聞雞起舞

祖逖

東晉範陽遒縣人（今河北淶水）（西元266－321年），字士稚，一生以收復中原為志業。

東晉初年，匈奴人占領中原後，皇室貴族只知苟且偷安。當時，北方許多人避難到南方，祖逖也帶了幾百口鄉親來到淮河流域一帶。祖逖是北方的士族，年輕時就一直有著北伐的宏大志願，希望收復中原，趕走匈奴人。

在逃難的行列中，祖逖主動出來指揮情況，把自己的車馬讓給老弱婦孺坐，自己的糧食、衣服也分給大家一起共用，大家都十分敬重他，推舉他做首領。

他每次和好友劉琨談論時局，總是慷慨激昂，滿懷義憤。為了收復河山，他刻苦鍛鍊自己的體力，每當半夜一聽到雞鳴聲，便立即起床，披上衣服，拔起劍練武，這也就是成語「聞雞起舞」的由來。

「永嘉之亂」後，東晉建國前，他向司馬睿請求北伐。到了泗口，祖逖帶著隨同他的幾百位鄉親，組成一支隊伍，橫渡長江。船到江心的時候，祖逖拿著船槳，在船舷邊拍打，向大家發誓說：「我祖逖如果不能掃平占領中原的敵人，絕不再過這條大江。」他激昂的聲調和豪壯的氣概，使隨行的壯士個個感動，人人激奮。這也就是成語「渡江擊楫」的由來。

祖逖領導晉兵奮力反攻，很快的收復黃河以南的土地。司馬睿即位為晉元帝之後，封他為「鎮西將軍」。

祖逖在艱難環境中和將士同甘共苦，日子過得很節儉，把省下的錢盡量幫助部下。他還獎勵耕作，招納新歸附的人，即使是跟自己關係疏遠和地位低下的人，他也同樣熱情的對待。

當祖逖為進取河北做準備時，晉元帝擔心祖逖的發展對他不利，便任戴淵為「征西將軍」，都督北方六州軍事，以牽制祖逖。祖逖眼看北伐無望，憂憤成疾，死於軍中。

祖逖雖然沒有完成恢復中原的志業，但是他的英雄氣概，卻一直被後人所傳誦著。

知恥除害

周處

生於西晉初年，約西元三世紀，字子隱，幼時父母雙亡，因無人教管，橫行鄉里，被當地人們視為禍害，後來痛改前非，受人稱頌。

周處在縣內是惡名昭彰的人物。他的脾氣火爆，常惹事生非，所以，只要一提起周處的名字，大家就咬牙切齒，恨不得他立刻消失。

當時，大河出現一條蛟龍，在山裡也有一隻兇惡的猛虎，時常分別在河裡、山上傷害老百姓。於是，當地人把周處及蛟龍、猛虎看作是「三個禍害」；「三害」中，又以周處讓人最畏懼。

為了除掉三害，有人想到一個妙計，先勸說周處：「您是村子裡最強壯威武的人，如果您能幫忙除掉大河裡的蛟龍和山中的猛虎的話，大家會把您當英雄看待！」周處聽完後很得意，就爽快的說：「沒問題，包在我身上！」

周處立刻動身前往山中，沒一會兒就殺死了猛虎。接著他又下山，趕到蛟龍出沒的大河邊。當蛟龍露出水面準備向他撲過來的剎那間，身手敏捷的周處，翻身跳下河去，舉起鋒利的砍刀，向作惡多端的蛟龍頭上砍去。但是，周處這一下水，久久沒有浮出水面。三天三夜過去了，周處還是沒現身，大家因此認為他已經身亡；

人們看到「三個禍害」都除掉了，十分高興的奔相走告，互相慶賀。

然而，周處並沒有死，他和蛟龍奮戰三天三夜後，終於成功殺死蛟龍，而在月黑風高的深夜，身疲力盡的游回岸邊。不料，他卻看到民眾歡欣鼓舞的在慶祝他的死亡，這時，他才明白，原來大家早把他當成像蛟龍、猛虎一樣的禍害。

周處閉目沉思，想起以前各種惡行，決定改過自新；但是他怕年紀已大，恐怕不能成功，於是請教當時有名的才子陸家兄弟。

陸家兄弟中的陸雲聽了，開導他說：「一個人若能在早晨懂的真理，那麼即使是在晚上死去也不足懼。人只怕沒有好的志向，有了好志向，何須擔心美名不傳呢？」

周處由此了解改過自新永不嫌遲，於是痛下決心求上進。經過一番艱苦的努力，他終於成了名揚四方的忠臣善人。

惜福愛物

陶侃

東晉潯陽人（今江西九江）（西元 259 － 334 年），字士行，名詩人陶淵明的曾祖父，是一位清官。

陶侃從小家境貧寒，父親生病後，全家只靠母親一人紡線織布維持生活。為了教育他，母親付出了全部的心血，只為了讓他長大後能夠有所作為。

陶侃十六歲時，在縣裡謀求到一個小吏的職位。剛上任不久，他看到官府內有許多的鹹魚，因為母親愛食鹹魚，就私下用陶罐裝了一些，託人送回去孝敬母親。沒想到，母親不但沒有吃，除了原樣退回外，還寫信責備他不該公器私用。陶侃接到信後，心有所愧的說：「我娘真是一位公私分明的人啊！」從此之後，陶侃隨時勉勵自己要成為一位公私分明的好官員。

陶侃後來遭小人毀謗，被調到當時的不毛之地廣州。到廣州後，陶侃並沒有灰心喪氣。他每天早晨把一百塊磚頭從書房裡搬到房外；到了晚上，又把磚頭一疊疊的搬進屋內。人們看到他每天不厭其煩的搬磚頭，感到很奇怪，便問他為什麼這麼做。陶侃嚴肅的說：「現在的政局混亂，我心裡一直希望能夠收復中原。如果因為身居卑職就懶散下來，將來國家需要我的時候，我怎能擔當重任呢？所以，我每天藉著搬磚塊來鍛鍊體魄。」後來朝廷果然把陶侃調回京城，還升了官職。荊州的百姓聽到賢明的陶侃升官，都高興的慶賀起來。

有一年，陶侃因戰備需要，要建造一批戰船。他常去現場視察督導，發現剩下的大量竹頭和木屑扔得到處都是，覺得很可惜，就下令將所有的木屑和竹頭都收起來，不准丟棄，以備他用。某年春節前，突然天降大雪，到了第二天，雪融化了，使得衙門前積滿雪水，官員們怕到時候車水馬龍，來來往往，會弄得髒亂不堪。

陶侃指示說：「去把先前保存的木屑拿出來，鋪在地上就行了。」大家對陶侃的細心非常佩服，新春盛會也如期圓滿的舉行了。

陶侃去世後，東晉的大將桓溫準備出征時，發現缺少許多裝船用的竹釘，於是想到陶侃生前下令保存的竹頭，便適時派上用場，讓出征順利進行。

智秤大象

曹沖

生於西元三世紀，字倉舒，是曹操的第七個兒子，以「曹沖秤象」故事聞名。

曹沖從小才識過人，深受父親曹操的喜愛。

有一次，孫權送曹操一隻大象。在當時，大象是很少見的動物，曹操對牠相當好奇，很想知道這隻大象有多重，下令要手下官員秤出大象的重量。

官員們聽到了，手足無措，都認為這是不可能的事，不知道該如何是好。大家圍著大象發愁，誰也想不出秤象的辦法。

這個時候，跑出來一個小孩子，他說：「我有辦法，讓我來試一試！」官員一看，原來是曹操的小兒子曹沖。

官員看曹沖年紀還小，認為他是來鬧場的，想把曹沖趕走。但是曹操知道了，卻說：「你真的有辦法嗎？快說出來聽聽看。」曹沖說：「我秤給你們看，你們就明白了。」

曹沖叫人牽來大象，跟著他到河邊，河邊正好有艘空著的大船，曹沖便把大象牽上船，船就往下沉了一些。曹沖沿著船與水面的記號，用劍劃下一道痕跡，又叫人把大象牽上岸來。這時候大船空了，就往上浮了起來。

接下來曹沖叫人挑了很多的小石塊，裝到大船上，挑了一擔又一擔，大船又慢慢的往下沉。「行了，行了！」曹沖看見剛剛在船身上劃下的記號跟水面平行了，就叫人把石塊又一擔一擔的挑下船來。

曹沖說：「現在你們看看，這些石塊是不是跟大象的重量一樣重呢？」

大家看到了曹沖想出如此妙計，都相當的驚訝，不僅誇獎曹沖，也紛紛恭賀曹操能有一位如此聰明的孩子。

曹沖不但聰明，更難得的是他心地善良。據說，每當他見到那些勤奮而能幹的官吏，因小過錯或失誤而觸犯法律時，他都親自向曹操說情，請求曹操寬恕他們。曹操本來準備把王位傳給他，但不幸的是，曹沖竟在十三歲時，感染重病身亡。

許多年後，曹丕當上了皇帝，想起他的弟弟，曾感慨的向眾人說：「如果曹沖還在世的話，王位根本輪不到我啊！」

七步成詩

曹植

三國時代魏國人（西元 192 － 232 年），字子建，人謂「才高八斗」，與父親曹操、哥哥曹丕，合稱「三曹」。

曹植，是三國時代曹操的兒子，自幼聰穎過人，十多歲就誦讀詩、文、辭賦，加起來將近有好幾十萬字。文思敏捷的他，只要一開口說話，就像是一篇論文；只要一下筆，就不加思索的寫成一篇又一篇的文章。所以曹操特別喜歡他，有好幾次都想從幾個兒子中選他為太子。曹操相信以曹植的聰明才智，必能延續魏國的大業。

曹植十七歲時，曹操建銅雀臺，叫兒子們登臺作賦。曹植一登上銅雀臺立刻提筆，寫了一篇《登臺賦》。當時他不但是第一個交卷，而且也是寫得最好的一篇。曹操因此對他更加寵愛。

但是曹植性格狂放不拘，喝酒也不加節制，經常觸犯法令，所以漸漸失寵，最後，在爭名當太子的鬥爭中，敗給了哥哥曹丕。

曹操病逝後，曹丕繼位，對曹植仍深懷猜忌。使曹植從生活富裕優越的貴公子，轉變成處處受到攻擊的眼中釘。曹丕無時無刻為難曹植，有一次，他命令曹植，走完七步之內，必須作出一首詩，否則就要砍下他的頭。

　　曹植一步一步的走，一面不加思索的開口吟出：「煮豆燃豆萁，漉豉以為汁。萁在釜下燃，豆在釜中泣。本是同根生，相煎何太急！」意思是說，在煮豆子的時候，使用的燃料是豆子的根。豆子知道，將自己慢慢煮熟的，竟是自己的一部分，就像他現在被自己的親哥哥逼上絕路一樣，是多麼令人不堪啊！

　　曹丕聽到後，明白弟弟的感嘆，內心重燃手足之情，便免曹植一死；而這首詩便是有名的「七步詩」。此後，曹植被遷封多次，最後封於陳郡，四十一歲病死於當地，因此後人又稱他為「陳王」或「陳思王」。

鞠躬盡瘁死而後已

諸葛亮

三國蜀漢琅邪人（今山東沂南）（西元 181 － 234 年），字孔明，三國時期傑出的政治家、思想家、軍事家。

諸葛亮小時候父母就雙亡了，由叔父諸葛玄撫養長大，避亂於荊州，隱居在隆中。十九歲時，與好友徐庶拜司馬徽為師。諸葛亮志向遠大，以天下為己任。經過潛心鑽研，他不僅熟練掌握豐富的天文地理知識，還精通戰術兵法。他特別注意觀察和分析當時的情勢，累積豐富的治國用兵知識。他的智謀為大家所公認，人稱「臥龍」。

劉備屯兵新野時，徐庶為幕僚，向劉備推薦諸葛亮。二十七歲那一年，劉備三次親自到諸葛亮家中誠懇的邀請他出山輔佐自己，諸葛亮被劉備的真誠所感動，答應了他的邀請，這也就是「三顧茅廬」典故的由來。諸葛亮立刻提出著名的《隆中對》，闡發占據荊、益二州，聯合孫權、對抗曹操，統一天下的建議，深獲劉備讚賞，自此成了劉備主要的得力助手。

不久，曹操率軍進攻江南，孫劉聯軍在赤壁大敗曹操。西元 221 年，劉備在成都建立蜀漢政權後，形成魏、蜀、吳三國鼎立的局勢，並任命諸葛亮為丞相，掌管軍政大權。西元 223 年，劉備病危，將國家大事託付給諸葛亮。

劉備死後，兒子劉禪即位，諸葛亮繼續輔佐劉禪。那時，國家政事不論大小，諸葛亮必定親自處理；對待部下，賞罰分明。在諸葛亮的主導下，蜀國與吳國結成聯盟，改善與西南各民族的關係。同時，諸葛亮也注重發展生產，加強軍隊建設。

西元 227 年，諸葛亮向劉禪呈交《出師表》一文，率領蜀國大軍開始進攻魏國。諸葛亮統帥大軍，先後六次北伐中原，卻都沒有成功。西元 234 年，諸葛亮因病死於五丈原（今陝西岐山縣南）軍中。敵將司馬仲達在蜀軍撤退後巡視蜀軍陣營，曾經感嘆說：「孔明實在是一個軍事奇才。」

千百年來，諸葛亮被視為智慧的化身。民間傳說中，他改造了可同時發射十箭的「連弩」，研製出便於山地軍事運輸的「木牛」和「流馬」，還創製出「八陣圖」。

曾經有人說：「讀《出師表》而不泣者，非人也。」諸葛亮為蜀漢「鞠躬盡瘁，死而後已」的忠誠精神，更為後人所景仰。

因智遭禍

楊修

三國陝西華陰人（西元 175 － 219 年），字德祖；學識廣博，善於言辭，擁有過人的見解，死時僅四十四歲。

楊修是曹操的手下，因為他愛出風頭，個性放蕩不羈，所以常觸犯到曹操的忌諱。

有一次，曹操請人蓋一座花園，蓋好後他不甚滿意，便拿起筆在門上寫了一個很大的「活」字就走了。在場人士不懂曹操這樣的舉止究竟是什麼意思。楊修知道此事後表示：「門內添個『活』字不就是個『闊』字嗎？丞相嫌花園的門太寬了！」於是監造的人趕緊把門改窄，再請曹操去看。曹操看了大喜，問身邊的人：「是誰猜透我的心意？」左右的人立即答稱是楊修。曹操表面上雖然很高興，心裡卻非常嫉妒楊修的才智。

又一次，曹操想要測驗他兩個兒子曹丕、曹植的才能，便叫他們先後出城去，同時又命令守城門的士兵，無論如何不要放兩人出城。曹丕到城門口，守城門的士兵就是不讓他過去，曹丕無計可施，只好掉頭而回。曹植知道哥哥出不了城，為了怕重蹈覆轍，跑去請教楊修計策。楊修說道：「既然丞相命令你出城，那麼，只要誰攔住你，你就殺了他。」曹植照辦，且

如願出了城。當曹操知道曹植成功後，心裡很高興，以為曹植的才能勝過曹丕。不久之後，有人向曹操打小報告說：「曹植出城的方法是楊修教的。」曹操聽了對楊修更加反感。

後來，曹操率軍與劉備交鋒時，一連幾次都吃敗仗，將士傷亡慘重，曹軍士氣大受挫折。用餐時，士兵送上一碗雞湯，曹操在湯中夾起一根雞肋。正好，夏侯惇將軍進來請示當夜的口令，曹操順口說：「雞肋！雞肋！」

楊修得知當夜的口令是「雞肋」後，馬上悟出其中道理，說：「雞肋嘛！吃起來沒有味道，丟了又覺得可惜。既然丞相的作戰意志如此不堅定，乾脆撤兵算了！」沒想到，他卻因此惹上了殺身之禍，被原本就對他相當不滿的曹操以「製造謠言，擾亂軍心」的罪名，就地殺了。

智取勝敵

孫策

三國吳郡富春人（今浙江富陽）（西元175 － 200 年），字伯符，孫堅的兒子、孫權的哥哥，是一位優秀的軍事家和政治家。

孫策的父親孫堅與袁術一起攻打董卓時，被人害死，孫策想投靠袁術，並接收父親留在袁術那兒的部隊。孫策在當地廣交英雄豪傑，壯大名氣，並靜待時機，準備報殺父之仇。但是當孫策含淚向袁術提出此一要求時，遭袁術拒絕，他只好轉而投靠舅父，重新招兵買馬。

藉著舅父的力量，沒多久，孫策便招募到數百名士兵。但是，在徵兵過程中，不幸遭到襲擊，差一點丟了性命。之後，袁術答應將孫堅的部隊一千多人交還給孫策統領。至此，孫策才漸漸展露出英雄本色，引人注意。

有一次，孫策去見袁術，並自願申請征伐橫江。一路上，孫策的隊伍不斷擴大，到曆陽時，已達五、六千人。

孫策首先攻打笮融，重創對方，使笮融不敢輕舉妄動。孫策接著攻打薛禮，薛禮突圍逃走。戰鬥中，孫策腿部中箭落馬，部下抬他回營療傷。這時，孫策想到一個妙計。他派一名奸細對笮融說：「孫策中箭身亡了！」笮融聽到孫策陣亡的消息後，萬分高興，立刻出兵去攻打孫策的部隊。孫策則是派出幾百名精兵出面迎戰誘敵，卻在後方另外設好伏兵。等敵兵一出擊，孫策部隊則假裝被打敗，誘敵進入包圍圈中，然後一聲令下，伏兵立即行動，打得對方落荒而逃。

孫策乘勝進攻笮融營地，並命手下將士高聲喊話：「孫郎如何？」宏亮的聲音震撼敵營，嚇得敵兵連夜奔逃。笮融看見孫策並沒死，心生警惕，就按兵不動。孫策眼看計謀得逞，決定先攻打別處，再找時機攻打笮融。不久，孫策平定江東，歸附者由四面八方雲集風湧而來，剎那間，招得士兵兩萬多，徵集馬匹一千多。

袁術在壽春得知孫策大勝，上表奏請孫策「當殄寇將軍」，孫策從此威震江東。

蜀漢開國君主

劉備

東漢末年河北人（西元 161 － 223 年），字玄德，漢景帝之子中山靖王劉勝的後代，為三國時期蜀國的開國君王。

劉備出生於沒落的漢族皇室世家。少年時期，以販鞋織草席維生，家境貧窮。

劉備與關羽、張飛結拜的故事在歷史上相當著名。據說，張飛和關羽兩人因誤會而當街爭論不休的時候，剛好被兜售草鞋而路過的劉備撞見了。兩人越吵越激烈，扭打成一團，旁觀的人看他們雄壯魁梧，都不敢上前勸說。唯獨劉備，看起來像個文弱書生，卻輕易的將他們拉開了，他們誰也打不著誰。過了一會兒，他們氣消了，反倒佩服起對方來。在經過劉備勸解後，他們三個人竟然成為好朋友，並決定結拜為兄弟，一起興兵，準備消滅叛亂的「黃巾軍」；當時正值三月，桃花盛開，因此稱為「桃園三結義」。

當時，劉備勢力小，先後投靠過公孫瓚、曹操、袁紹、劉表等人，幾經波折，卻仍然無法擁有自己的地盤。在赤壁之戰前夕，劉備聽說諸葛亮善使計策，聰明絕頂，便親自三次造訪諸葛亮，終於感動了諸葛亮，這就是歷史上著名的「三顧茅廬」的典故。

劉備在諸葛亮的協助下，聯合孫權打敗曹操，奠定了三分天下的局面。後來，又在諸葛亮的獻策下順利占領荊州，進兵益州，奪取漢中，建立政權。

不久，關羽戰死，荊州被孫權奪取，劉備大怒，稱帝後興兵伐吳，在夷陵之戰中不幸被陸遜用火攻打，大敗而返。劉備受了重創，終日悶悶不樂，最後重病。劉備臨終託孤，他把諸葛亮召到病床前交代說：「你的才能，比現在魏國的君王曹丕還要強十倍，以後一定能完成偉大的志業。我兒子阿斗，如果尚堪大任就輔佐他；如果不能，您就自立為王吧！」

諸葛亮聽到劉備這番話，激動得放聲大哭道：「主公，我會一輩子輔佐您的遺孤，絕對不敢存有任何越權的意念！」劉備去世後，信守諾言的諸葛亮繼續輔佐劉禪。

劉備由一名販鞋的小生意人，成為開國君主，最主要是他能善用人才、以德服人，才能在亂世中和強勢的曹操成為對手，開創三國時期輝煌的歷史。

智退強盜

孫堅

三國時期吳郡富春人（今浙江富陽）（西元 155 － 191 年），字文台，膽識過人，智勇雙全，嫉惡如仇；為吳國君主孫策的父親。

孫堅十七歲時，跟著父親乘船，途中碰到海盜搶奪商人財物，並在岸上分贓。許多商人和行人看到這樣的場面，嚇得止步不前，就連過往的船隻，也不敢繼續行駛。

孫堅路見不平，對父親說：「這些強盜太無法無天了！讓我來收拾他們吧！」

父親回答：「他們人數那麼多，我們只有兩個人，怎能打贏他們？還是趕緊離開吧！」

孫堅不聽勸告，堅持要叫海盜撤退。於是他拿起刀，大步衝向前去，邊跑還邊舉手朝東向西指揮著，好像在分派部隊包圍捕捉要犯般。海盜們遠遠看見有人朝他們衝過來，以為是官兵來緝捕，馬上將手上的財物扔掉，驚慌失措的逃走了。

父親看到孫堅憑著單人的力量就將海盜趕走，正準備好好誇獎他時，沒想到孫堅還不肯善罷甘休，一直追著海盜跑，甚至還殺死其中一人。

這個消息傳到縣城內，也轟動整個朝廷。郡府裡的人非常佩服孫堅，便推舉他為官。孫堅當過三個縣的縣長，任內都很有聲望，縣城百姓無不對他懷念有加。

西元 189 年，漢靈帝駕崩，董卓專權，在京城橫行跋扈，許多州郡紛紛起兵征討。孫堅也參加這次討伐。他起兵不久，便逼死荊州刺史王睿，殺掉南陽太守張咨。董卓懼怕孫堅的勇武威猛，派部將前往勸說，想與孫堅結為親家，並答應保舉孫堅的子弟們出任大官。孫堅義正辭嚴的拒絕道：「你這個荒淫無道的叛賊。我身為漢王室部屬，若不將你殺了昭告世人，如何對得起國人！」說完後立刻躍馬下令，繼續向董卓進軍。孫堅重創董卓的部隊，進攻洛陽，戰勝同樣是叛亂者的呂布。

後來孫堅在征討劉表的戰役時，不幸中了埋伏，被亂箭射死。三國鼎立，孫堅的兒子孫權稱帝後，追封父親為「武烈皇帝」。

一代梟雄

曹操

東漢末年沛國譙縣人（今安徽亳州市）（西元 155 － 220 年），字孟德，小名叫阿瞞，即魏武帝。

曹操從小就很會使詐，喜歡賣弄小聰明，曹操的叔父很討厭他這種個性，經常在曹操父親耳邊數落著說：「你這個寶貝兒子，要好好管教，否則一定會出亂子！」父親聽了把曹操叫到跟前來訓斥一頓。曹操挨了罵，對叔父深為不滿。

有一天，曹操在路上碰見叔父，突然臥倒在地，臉色發青，直翻眼珠，嘴裡還不斷的噴吐白沫。叔父嚇得趕緊問道：「怎麼了？怎麼了？」曹操回答說：「我……我……中風了！」一聽中風，情況非同小可，叔父立刻跑去通知他父親。父親趕來一看，曹操好好的站在那兒，父親急著問：「你中風了，現在好一些沒有？」

「孩兒哪有中風，只是叔父不疼我，故意說我中風！」曹操委屈的說著，父親看曹操沒有一點兒不舒服的樣子，就信以為真。從此以後，叔父每次好心通報曹操的種種敗德壞行，父親也不再相信，把叔父的話當成耳邊風，曹操見自己的詭計得逞，十分得意。

曹操長大以後，博覽群書，特別愛好

兵法，能文能武。有一天，一時興起，跑去找一位有名的算命師看相。算命師看了曹操之後默不作聲，只是微微笑著，曹操不耐煩的問道：「好就是好，不好就是不好，你趕快說呀！」算命師被曹操逼急了，只好回答：「你啊！在天下太平時是個能臣，在世局動亂時就是個奸雄了。」曹操聽了非但沒有生氣，反而哈哈大笑，推了一把算命師回答說：「你算得真準！」

東漢末年發生戰亂，頭腦精明、眼光獨到的曹操很快就掌握大權，但是他生性多疑，寧可誤殺無辜的人，也不願漏殺一個敵人，而且一點也不心軟或後悔，還說：「寧可我對不起別人，不能讓別人對不起我。」如此陰險狡詐，也是曹操最受後世批評的原因！

建安神童

孔融

東漢末年魯國人（今山東曲阜）（西元 153 － 208 年），字文舉，孔子的後代；富文才，為「建安七子」之一。

孔融從小機敏過人，文思敏捷。家中有七個兄弟，他排行第六。每當家裡有梨吃，在分梨的時候，孔融總是挑小的。有人覺得奇怪，問他為什麼要這樣做。孔融說：「因為我的年紀小，所以應該要拿小的；哥哥的年紀比我大，我不能夠和哥哥們爭。」家人在知道這件事情後，直誇孔融年紀雖小，卻懂得禮讓兄長。

孔融十歲時，跟父親到首都洛陽，當時河南府尹李膺名聲極大，不是當世名人與親戚，他都拒不見面。孔融知道後，刻意跑到李府，跟守衛說：「我是李府尹的親戚，請讓我登門拜訪吧！」李膺見了孔融便問道：「請問你跟我們李家有什麼親戚關係呢？」孔融說：「我的先祖孔子與您的先祖老子有師友關係，所以我與您當然也就是世交呀。」在場的人聽到後，都為孔融的機智稱讚不已。

恰巧，當時的太中大夫陳韙來訪。別人對他推介孔融的機智，他卻不屑的說：「小時了了，大未必佳啊！」孔融聽了立刻答說：「那想必您小時候一定是很了不得的吧！」陳韙聽了十分尷尬，好久都答不出話來。

長大後，孔融當過許多官職，也當過曹操的手下。但因他不滿曹操的作風，常寫文章罵曹操，於是遭到罷官。孔融退休後，十分禮遇賢才，家中座席經常客滿，名望反而越來越響亮。多疑的曹操，怕孔融會對他造成威脅，就隨便安個罪名，想要除掉孔融。孔融被定罪後，與孔家有關的人都惶恐不安，深怕被誅連。但是，孔融的兩個孩子，卻依然照樣玩耍著。

孔融對前來捉拿他的侍衛說：「希望你們只定罪於我，不要牽連到我的孩子。」那兩個小孩從容不迫的回答說：「父親，您難道見過打翻了的鳥窩，還能存有完整的鳥蛋嗎？如果父親被抓了，我們又怎麼可能倖免呢？」果然，孔融與他的孩子無一倖免，全遭到殺害。

孔融從小進退得宜，禮讓兄長，不讓長輩煩心；而他的孩子也繼承了這分心思，小小年紀就不怕死，從容安慰父親，令人讚嘆！

外科鼻祖

華佗

東漢沛國譙人（今安徽亳州）（一說西元 110 － 208 年，或說西元 141 － 203 年），字元化，醫術高超，尤其擅長外科手術，有中國「神醫」之稱。

華佗出生在一個普通士族家庭，自幼刻苦攻讀，習誦《尚書》、《詩經》、《周易》、《禮記》、《春秋》等古籍。年輕時，遊學於徐州一帶，通曉各種經書和養生的學問。沛國宰相陳珪和太尉黃琬曾先後舉薦或徵召他出來當官，都被他拒絕了。華佗立志以醫術濟世，為民眾解除病苦。行醫足跡遍及今安徽、江蘇、山東、河南的一些地區，深受群眾的愛戴和推崇。

經過數十年的醫療實踐，華佗的醫術已達到爐火純青的境地。據史書記載，魏國丞相曹操患頭痛病，請了很多當時的名醫治療都沒能治好。曹操聽聞華佗醫術高明，乃派人請華佗來為他治療。華佗仔細診斷曹操的病情，採用針灸療法，很快就治好曹操的頭痛病。由於華佗不願作為曹操的侍醫，託故告假歸鄉，且數次拒絕重返許昌，最後為曹操所殺害。

華佗在婦產科、小兒科、內科雜病和寄生蟲病等方面，也有很高的造詣，但他最大的成就，是在外科方面。尤其是他發明「麻沸散」，成功的使病人在全身麻醉下施行腹部外科手術。「麻沸散」是一種用於全身麻醉的中藥麻醉劑，華佗在西元二、三世紀發明全身麻醉術，比西方要早一千六百多年。因此，華佗不僅是中國第一位，而且也是世界第一位使用麻醉術進行腹腔手術的人。

華佗也很重視體育鍛鍊。他認為適當的運動可以幫助消化、暢通氣血，能預防疾病，延長壽命。據此，他模仿虎、鹿、熊、猿、鳥的動作，創造「五禽戲」。傳說他的弟子吳普照著這個方法堅持鍛鍊，活到九十多歲，仍然耳聰目明、牙齒堅固。

華佗一生有很多醫學著作，例如：《青囊經》、《枕中灸刺經》等，可惜都沒有流傳下來，可說是中國醫學的重大損失。

廉官成仁

范滂

東漢河南人（西元 137 － 169 年），字孟博，他忠心耿直，光明磊落，舉官清廉，為後人所崇敬。

范滂從小為人正直，嫉惡如仇，立志為國家肅清小人，長大後成為非常清廉的官，若是有人貪汙，不論對方多有權勢，一定檢舉到底。

東漢末年，國家大權被宦官玩弄於股掌之中，不但貪汙錢財，還上下相互勾結。當時有許多讀書人，因為不滿宦官把朝政弄得亂七八糟，計畫要誅殺這些宦官。不幸事機外洩，宦官們下令追捕所有不滿宦官的知識分子，范滂就是其中之一。

搜捕詔書下到汝南督郵手中，督郵知道范滂是正人君子，非常景仰他，不禁抱著詔書痛哭不已。范滂聽說此事，心想：「他一定是為了不願意抓我，才會如此為難。」為了不忍心拖累督郵，范滂自動前往投案。縣令郭揖也是個正人君子，范滂自動前來投案，令他嚇了一大跳，感動之餘，決定棄官與范滂一起亡命天涯，卻被他拒絕。

范滂很感激郭揖的心意，他含淚對郭揖說：「謝謝您的好意，但是我豈能連累您呢！再說，我母親年紀老邁，若我這一脫逃，她老人家情何以堪！」

郭揖拗不過他，只好把范滂關進監獄裡，並派人通知他的老母親和兒子來見范滂最後一面。范母帶著孫兒來到監獄，見到愛子，心疼不已，范滂安慰母親說：「這是我自己的決定，請母親不要為我悲傷難過。」范母說：「你能和李膺、杜密兩位清廉的人一樣，留下好名聲，我已經很滿意了，你也不要為我擔心了，娘會照顧自己的。」

范滂激動不已，跪著向母親拜別，並對他的兒子說了一句十分令人哀痛逾恆的名言：「我想要你做壞事，但壞事卻是千萬不能做。而爹我一生不做壞事，卻落得好比做壞事一般的下場。」在場的人聽了禁不住潸然淚下！

東漢的清廉人士最後幾乎被宦官趕盡殺絕，在小人當政下，東漢很快的就滅亡了。

慧眼救琴

蔡邕

東漢河南人（西元 132 － 192 年），字伯喈，通曉音律，是著名的音樂家。

東漢靈帝時，有個大臣名叫蔡邕，為人正直，是非分明，只要看見違背道理的現象，無不向靈帝直言相諫。由於他多次頂撞靈帝，靈帝也就漸漸對他疏遠；加上身邊的宦官對他恨得牙癢癢，因此常在靈帝面前進讒言，使得蔡邕的處境越來越不利。他自知已成為靈帝的眼中釘、肉中刺，隨時有被加害的可能，於是打點行李，逃出京城，到吳地隱居起來。

蔡邕非常愛好音樂，並且通曉音律，凡在彈奏中有任何一點小差錯，都逃不過他敏銳的耳朵。蔡邕也擅長彈琴，對琴很有研究，無論是琴的選材、製作、調音等，都有一套精闢獨到的見解。

當他從京城逃出來的時候，唯一帶在身邊的就是一把心愛的琴。

在隱居的日子裡，蔡邕常以琴聲抒發壯志難酬的悲憤。有一天，蔡邕聽見女房東在隔壁的柴間燒火做飯，她將木柴塞進灶膛裡，火星亂蹦，木柴被燒得劈哩啪啦響。忽然，柴火堆中傳來一陣清脆的爆裂聲，蔡邕不由得心中一驚，側頭豎起耳朵仔細的聽了幾秒鐘，突然大叫一聲「不好」，跳起來就往柴間跑去。

來到爐火邊，蔡邕顧不得火勢，伸手將那塊即將被燒掉的桐木搶救出來，一邊還大聲喊著：「別燒了，別燒了，這可是一塊製琴難得的好材料啊！」

蔡邕的手雖然被燒傷，卻也顧不得疼痛，他驚喜的在桐木上又吹又摸。幸好搶救及時，桐木還很完整，蔡邕便將桐木買了下來，然後精雕細刻將這塊桐木製成了一張琴。

這把琴彈奏起來，音色美妙絕倫，舉世無雙。後來，這把琴流傳下來，成了世間罕有的珍寶，因為它的琴尾被燒焦了，所以人們就叫它「焦尾琴」。

讀後心得與感想

靈帝不識人才，使蔡邕落魄他鄉；而「焦尾琴」何其有幸，遇到蔡邕這樣慧眼專家，真是鮮明的對比啊！這個故事就像「伯樂慧眼識千里馬」一樣，告訴我們：對人才要愛惜、尊重，當發現別人的才能時，要讓他盡情發揮，才是人盡其才的道理呀。

打擊宦官

張儉

東漢山陽高平人（今山東鄒縣西南）（西元 115 － 198 年），字元節，勇於打擊宦官，深得民心。

東漢末年，漢靈帝剛即位時，宦官掌權，人民飽受暴政所害，苦不堪言。

當時有個正直的人名叫張儉，曾經告發過宦官侯覽的惡行，侯覽一心想報復。有一次，張儉正好剛趕走一個行為不檢的僕人，侯覽便利用那個僕人誣告張儉，說他跟同鄉的二十四人結黨，誹謗朝廷，企圖造反。宦官曹節抓住這個機會火上加油，吩咐他的心腹上奏章，要求漢靈帝再一次下令逮捕黨人。

漢靈帝才十四歲，根本不懂得什麼是黨人。他問曹節：「為什麼要殺他們，他們有什麼罪？」曹節把黨人怎樣可怕，怎樣計畫推翻朝廷，圖謀造反，亂編一通。年幼的漢靈帝深信不移，立刻下令逮捕黨人，這就是歷史上有名的「黨錮之禍」。

逮捕令一下，各州各郡都騷動起來。關心人士立刻通知當時也以打擊宦官聞名的李膺，要他趕緊逃走。李膺坦然的說：「我都已經六十歲了，是死是活無所謂，聽天由命吧！」後來李膺也被關進監牢，遭拷打致死。

這次事件受牽連的人甚多，例如：杜

密、范滂等，一共有一百多人；還有全國各地有聲望或跟宦官有過節的六、七百人，都被誣指為黨人，遭到逮捕。他們不是被殺，就是充軍，至少也是終身坐牢。

在這場黨錮之禍中，張儉有幸逃過官府的搜捕。他到處躲藏，許多人甘願冒著生命危險收留他，等到官府得到消息來抓他的時候，他又躲到別處去。不過，凡是收留過他的人家也全都遭殃，輕則被判坐牢，重則被殺，甚至也有整個郡縣都遭到池魚之殃。

經過這場黨錮之禍，朝廷中比較正直的官員遭到沉重打擊，大小官職差不多都由宦官和他們的門徒所占居了。

雖然危機四伏，但是張儉勇於和奸臣對抗的氣節與精神，永遠存留在歷史中為後世所稱道。

中國天文學家

張衡

東漢河南人（西元 78 – 139 年），字平子，東漢傑出的天文數學家、文學藝術家，發明「地動儀」與「渾天儀」。

距離現今一千八百多年前的某一天，張衡所發明的「地動儀」上面龍頭口中的銅珠，突然「噹啷」一聲，掉進蟾蜍的嘴巴裡。根據銅珠掉落的方位，張衡預測洛陽西方正在發生地震。大家對此預測大都十分半信半疑，幾天後，果然傳來甘肅西南發生地震的消息。

從此以後，東漢史官開始記錄國內地震的方位。直到科技高度發展的今日，張衡發明的地動儀仍然被視為是一項偉大的發明，更是人類歷史上的創舉。

張衡從小就很聰明，喜歡閱讀各種書籍，求取新知識，雖然他家中的經濟狀況不太好，然而靠著自己的努力，卻變成一位上知天文、下通地理，博學多聞的大學者；但其實他並不想當官，他認為有時間不如用來做學問，因此有人推薦他做官都被他婉拒，他最大的興趣是研究天文。

古時人們認為天像蛋殼，大地包在殼

裡像蛋黃，日月星辰都生長在殼上方，天殼不停的轉動，日月星辰也跟著不停的運行。張衡認為這個說法不夠正確。

他不斷的觀察天象，探索日月星辰運行的規律，創造出「渾天儀」。在他的天文學說中，已經提到「赤道、黃道、南北極」等名詞，並找出太陽的運行規律，因此能夠解釋為什麼夏天日長夜短、冬天日短夜長的原因。同時，他觀察研究出月亮不會發光，它的光芒是太陽照射到月亮而反射出來的現象。

古代的人們認為，月蝕是月亮被天狗吃掉所導致。張衡對這種說法感到可笑，他認為是太陽走到月亮的前面，把月亮擋住了。雖然他的這種理論並不正確，但在一千八百多年前，既無望遠鏡也無其他能輔助觀察天文的儀器，他僅靠肉眼長久細心的觀察，而提出這種理論，已是難能可貴了。

造紙術發明者

蔡倫

東漢時湖南人，生於西元一世紀，字敬仲。精於工藝製造，發明造紙術，列為「中國四大發明」之一。

蔡倫十二歲的時候，父親因為被人誣陷，他也被迫進宮當宦官。

雖然如此，蔡倫相當好學，受到皇帝寵妃的賞識，被提拔為太子的伴讀。後來又受到章帝的重視，地位更加提升，可以自由進出皇家書庫。

章帝駕崩之後，繼任的和帝又將蔡倫升職，使他成為皇帝的貼身侍從，可以參與國家機密大事和朝廷的決策運作。

蔡倫曾當過尚方令，專門監督製造各種寶劍與兵器。他改進這些武器的製作方法，讓品質更加的優良。他研究出來的方法，相當實用，有些技術還一直沿用到後代。

當時主要的書寫工具是「布帛」，但布帛相當昂貴，不是一般人買得起；而較便宜的「紙」，卻因品質很差，也並不普遍。

於是，蔡倫統合許多造紙技術，以樹皮、破布與魚網混合加工，經過許多次的實驗、改造，終於製造出改良後的紙張。這種改良後的紙，不但成本低廉，人人買得起，而且用起來又方便。

當蔡倫將他的紙張獻給皇帝時，皇帝很高興，十分讚賞他的才華。自此之後，蔡倫發明的紙很快的就通行全國，廣受人們歡迎，為了感謝他的改造，當時也有人稱這種紙叫做「蔡侯紙」。

但是，蔡倫晚年被捲入一場宮廷糾紛中，有人指控他曾經誣陷新皇帝的祖母宋貴人，蔡倫深感人格受辱！便服毒自殺，結束自己的生命。

儘管如此，蔡倫的造紙術使得文化傳承得以蓬勃發展，這項技術並且傳到阿拉伯、歐洲等地，後人不斷的加以改良，才有我們現在所看到的紙張可以使用。

蔡倫發明出方便使用的紙張，不但使當時的人們生活更便利，同時也讓更多歷史資料得以保存下來，後人才能藉著紙張上的記載，明瞭前人的經驗，這正是蔡倫對「文化傳承」最偉大的貢獻。

投筆從戎

班超

東漢扶風平陸人（西元34－100年），字仲升，與父親班彪、哥哥班固合稱「三班」，是著名的外交家、軍事家。

班超出生在書香世家。父親班彪是有名的史學家；哥哥班固則是史學名著《漢書》的作者；妹妹班昭，自小博學多聞，才華洋溢。

班超年輕時，在朝廷擔任書記，生活十分枯燥無趣，待遇也相當微薄。

有一天，班超受不了這樣的工作，憤怒的高聲說道：「男子漢大丈夫，怎麼可以一輩子以筆來討生活呢？我應該效法張騫，遠征西域，立下偉大的功勞來報效國家啊！」於是他辭去工作，馬上從軍去。班超從軍後，在戰場上的表現深得皇帝的器重，不久便派他出使西域。

首度出使西域，班超要求自己一定要成功；他帶了三十六個隨從，首先到達位於西邊的鄯善國。剛到時，鄯善國國王十分熱情的招待他們，可是過沒多久，國王卻對班超一行人越來越冷漠。看到國王態度的轉變，班超認為事出有因，暗中派人探聽，發現原來是匈奴的使者在搞鬼，從中破壞。

班超召集隨從當機立斷的說：「不入虎穴，焉得虎子！如果要破解困境，就必須深入匈奴的陣營，來個反間計，才能改變現狀，使鄯善國回心轉意，歸順漢朝。」於是，班超一行人暗中消滅匈奴使者，並成功的使鄯善王歸附漢朝。

班超第二次出使西域時，來到隸屬於匈奴的于闐國。于闐國國王對他們並不友善，還聽信巫師的話，準備將漢朝使者的黑馬全給殺掉祭神。

班超知道後，十分憤怒，於是在于闐王的面前，將那個神巫給殺了。于闐王親眼目睹班超行事如此果決，心生恐懼！於是下令殺死匈奴使者，決定歸順漢朝。

此後，經過班超不斷的努力，西域的五十幾個國家最後全都歸附漢朝。班超揚名於西域的夢想，至此終告完全實現。

讀後心得與感想

人生可以平凡，也可以很偉大。如果班超甘於做書記，那麼他這輩子將會庸碌平凡。但是，班超勇於突破現狀，走出自己的文人世界，投筆從戎，走入武人世界，這項轉折不僅挑戰自已，也挑戰了當時的局勢，因為他的機智勇猛，終為漢朝立下大功。

隔籬偷學

賈逵

東漢人（西元 30－101 年），著名的經學家和天文學家，因「隔籬偷學」的故事而聞名。

賈逵小時候聰明過人，十五歲時因豐富的學識而名聞整個鄉里，登門求教的人絡繹不絕。

他父親早逝，母親既要操持家務，又要為別人縫補和洗滌衣服，賺取微薄的收入來維持一家的生活開銷，根本沒有時間照料他。

幸好，賈逵有一個聰慧伶俐、深獲鄉民鄰居稱讚的好姐姐。賈逵小時候，姐姐經常講許多有關於古人勤奮好學的故事給他聽，鼓勵他積極向上，賈逵每聽完一個故事，立刻又纏著姐姐再講第二個，有時姐姐被他纏得頭很疼，因為姐姐沒有那麼多故事講給他聽！

有一天，姐姐帶賈逵出去散心時，聽到附近的學堂在講學，講的正好是她上次沒講完的故事。於是，姐姐靈機一動，抱著年紀尚小的賈逵，隔著學校的圍牆，讓弟弟旁聽學堂的老師講故事。

這一聽，賈逵著迷了，每天吵著姐姐抱著他去學堂；漸漸的，賈逵長大了，姐姐再也抱不動他了，於是，賈逵便自己拿著板凳站著旁聽。

夏天，烈日炎炎，賈逵依然頂著酷暑聽講，熱得汗水直流；冬天，大雪紛飛，他冒著嚴寒聽課，凍得手腳發麻。姐姐十分心疼，幾次要拉他回家休息，他卻說什麼也不肯，總是堅持把課聽完才肯罷休。

就這樣一連過了好幾年，賈逵學到的知識越來越豐富。他不僅只是隔籬偷聽學堂老師講課；平時，自己也不斷的閱讀、涉獵各方名著，甚至有些書籍，他已經到了可以倒背如流的程度。

賈逵成年後，有一天姐姐問他：「我們家境貧寒，從來沒有去上過學，你知道你的學問是怎麼得來的嗎？」

賈逵說：「我豈敢忘懷，姐姐抱著我隔著籬笆旁聽學堂老師講學的辛酸歷程，弟弟我沒齒難忘啊！」

和番美人

王昭君

西漢南郡秭歸坪人（今湖北），生於西元前一世紀，名嬙，字昭君，與西施、楊貴妃、貂蟬並列中國古代四大美女。

王昭君出生於書香之家，父親是商人，從小就把她送入宮內當宮女，希望有朝一日能飛上枝頭當鳳凰。不過，當時的宮女如果想見到皇帝，必須透過畫像等候皇帝召喚。宮中有一名畫工名叫毛延壽，宮女們常暗中送禮物收買他，希望他把自己畫得好看些，以增加入選的機率。

但是，王昭君不但沒對毛延壽行賄，還指責他的不當行為，使得毛延壽懷恨在心，故意將王昭君畫得相貌平庸，還在臉上添加一顆大痣。因此，王昭君在宮內待了許多年，都沒有機會面見皇帝。

漢元帝時，匈奴王呼韓邪來到漢朝，要求和親。元帝決定挑個宮女許配給他，又怕沒人願意去，於是吩咐臣子到後宮去傳話：「誰願意出嫁到匈奴，皇上就把她當公主看待！」這時，王昭君因在宮內一直遭受冷落，一知道有機會可出宮，又能夠幫漢朝與匈奴建立友好關係，便自願和親匈奴。

元帝知道後，便擇日讓呼韓邪和王昭君在長安成親。呼韓邪娶了王昭君後，向漢元帝謝恩；這時，漢元帝才看到王昭君的長相，心中感到十分驚訝與不捨。「為什麼宮中有這麼美麗的女人，我卻從來都沒有看過呢？」

漢元帝回到內宮，越想越懊惱，叫人從宮女的畫像中找出王昭君的畫像來看，結果發現與本人實在相差太遠，一氣之下就把負責畫宮女像的毛延壽給殺了！

王昭君在漢朝和匈奴官員的護送下，離開長安。她騎著馬，冒著刺骨的寒風，千里迢迢的來到匈奴國。王昭君力勸呼韓邪不要發動戰爭，還把中原文化帶到匈奴國。此後，匈奴和漢朝維持了六十多年的和平。

讀後心得與感想

王昭君犧牲自己，遠離故國，嫁到當時漢人眼中的蠻荒之國。她不但一肩挑起和平外交責任，維持漢朝與匈奴之間的和平，更令兩地百姓六十多年免於戰爭之苦；同時也將中原文化傳到異國，讓匈奴人領略到中原文化之美。王昭君的美，不只是外表上的美，她的內心，比她的外表更加的美麗。

鑿壁借光

匡衡

漢朝東海人，生於西元前一世紀，字稚圭，西漢著名學者，漢元帝時的丞相。自小勤奮好學，以「鑿壁借光」的故事知名。

漢朝時，有一位著名學者名叫匡衡。他從小就十分好學，因為家境貧困，為了養家糊口，白天勤奮的工作，到晚上才能夠回到家裡靜心讀書。但是，他買不起蠟燭，所以晚上屋內一片漆黑，什麼都看不到。

想到晚上是他唯一能夠好好讀書的時間，卻為了沒有燈火而平白浪費，匡衡好難過。當他看到富有的鄰居，只要一到晚上，屋內就燈火通明，不禁羨慕萬分。

終於有一天，匡衡大膽的向有錢的鄰居說：「我沒錢，買不起蠟燭，不知是否可以借用你們的一小塊地方，讓我讀書呢？」但是小氣的鄰居不但不借，反而還對他大加嘲諷說：「你既然那麼窮，那就去幫人做工就好了！為什麼還要去讀那些沒用的書呢？」

匡衡無可奈何，只好自己想辦法；於是他偷偷的將家中牆壁挖一個小孔，讓鄰

居家的燈光透過小孔，照射到他家來，如此一來，匡衡就輕而易舉的解決了夜間讀書的問題了，足見他的智慧高人一等。

就這樣讀著讀著，他終於將家裡的書一本一本的讀到滾瓜爛熟。

匡衡讀完這些書，認為學到的東西還不夠，希望能博覽群書。他知道附近有個大戶人家，藏書很多。有一天，他捲著鋪蓋出現在大戶人家門前，他對主人說：「請您收留我，我可以在您家裡做工，不求任何的報酬，只要您肯大發慈悲，讓我閱讀你們家中所有的書籍，我就心滿意足了。」

大戶人家的主人對匡衡勤奮好學的精神十分讚賞，便答應他的要求。

從此，匡衡的知識便越來越淵博。他對《詩經》頗有研究，一些儒生在讀詩歌時都盼望他出席，因為他說詩往往見解獨到，使人深受教益。

匡衡後來做了漢元帝的丞相，直言進諫，剛直不阿，贏得滿朝百官的敬重。他的故事被收錄在《漢書》之中，並且對他相當推崇，可見他在當時名氣有多響亮。

讀後心得與感想

燈光與書籍，目前對一般家庭來說，是平常物品，但是，對當時的貧困家庭來說，卻是奢侈品。想想匡衡的境遇，我們應該更珍惜所擁有的事物才對呀！

驍勇善戰

霍去病

西漢河東平陽人（今山西臨汾）西元前 140 – 117 年），征伐匈奴名將。

霍去病小時候，父親在平陽縣衙門當差役，母親是平陽公主的侍女，因此生活在奴婢群中，日子過得十分艱苦。後來，他跟隨舅父衛青學習武術，開始展現軍事長才。

後來，霍去病的姨媽衛子夫受漢武帝寵愛，成為當朝皇后，於是，霍去病十八歲時，就受提拔當上天子侍中（皇帝身邊保衛安全官），並隨衛青出征匈奴，俘獲匈奴的相國，殺死匈奴王單于的祖父，大獲全勝，被封為「冠軍侯」。

西元前 121 年，漢武帝任命霍去病為驃騎將軍，率騎兵一萬名進攻匈奴。他在六天內，連破匈奴五個部落。接著越過焉支山，與匈奴大戰於皋蘭山下，消滅匈奴近九千人，殺盧侯王和折蘭王，俘虜王子及相國、都尉多人。

同年夏天，霍去病再度率騎兵數萬，在祁連山麓與匈奴激戰，又消滅匈奴三萬多人，俘虜匈奴王五人及王母單于閼氏、王子、相國、將軍等一百二十多人，降服渾邪王及部眾四萬人，將河西走廊全部占領。

匈奴看到他們賴以維生的兩座山都被漢軍占領，心中甚感悲傷，便順口唱出：「漢軍奪取了祁連山，讓我們的牲畜無法養；漢軍搶奪了焉支山，使我們的婦女臉上都無光。」

西元前119年，漢武帝命衛青、霍去病各率騎兵五萬，深入漠北，殲滅匈奴主力。霍去病率軍隊北進兩千多里，越過離侯山，渡過弓閭河，與匈奴左賢王部隊大戰，打得對方潰不成軍。

此後，匈奴人四散逃亡，漠南再也沒有他們王朝的存在了。霍去病立下大功，被授予大司馬的職銜，威望超過衛青。

霍去病四次領兵出擊匈奴，均大獲全勝，並消除匈奴對漢朝的威脅。但可惜的是，如此一位軍事奇才卻遭天妒，霍去病在長安病逝時，年僅二十三歲。漢武帝為他舉行國殤禮，並將他的墓建成巍峨的祁連山形狀，墓地前陳列「馬踏匈奴」等大型石刻，用來表彰他遠征匈奴的豐功偉績。

北海牧羊

蘇武

西漢杜陵人（今陝西西安西南）（西元前140－前60年），字子卿，漢武帝時出使匈奴，被拘禁19年始回國。

漢武帝時，北方的匈奴經常侵犯邊關，不斷的與中國打仗，使得兩國人民深受其苦。

有一次，匈奴計畫侵犯中原，漢武帝問眾大臣們該如何應對。大臣公孫賀主張先派遣使者勸匈奴退兵，以減少戰爭所帶來的災害；同時推舉蘇武擔當此次的外交使者。武帝接納公孫賀的建議，下令蘇武出使匈奴，並要求他第二天立刻啟程。

蘇武明知此行凶多吉少，仍然帶隊三十人，持著代表外交身分憑證與國家尊嚴象徵的節杆，浩浩蕩蕩的前往匈奴國。

蘇武跋涉六十幾天後，到達了匈奴國都。誰知匈奴貴族們早已做好充分準備，當蘇武一到下榻之地，便立即派人勸蘇武投降，歸順匈奴。

蘇武十分生氣的說：「住口！我蘇武忠肝義膽，即使粉身碎骨，也絕不做賣國求榮的事，你們還是老實的接受退兵要求吧！」

匈奴人不死心，派人威逼利誘勸降，蘇武一再嚴詞拒絕。匈奴王惱羞成怒，下令將他囚禁冰窟，但蘇武仍然沒有因為受到折磨而屈服。匈奴王沒有辦法，只好將蘇武遣送北海（今貝加爾湖一帶），並對他說：「你在這裡給我乖乖的放牧公羊，直到公羊生了小羊，才放你回國！」

蘇武不顧威脅利誘，不怕艱苦折磨，始終保持著民族氣節。他孤身隻影，被拋在風雪茫茫、毫無人煙的北大荒，日子過得十分艱辛。十九年後，漢昭帝派兵直壓匈奴邊境，聲稱如果不釋放蘇武，就要動武，匈奴王這才被迫釋放了蘇武。

朝廷上，只見一位白髮蒼蒼，歷經無數風霜的老人，握著一支節杆回到漢朝；杆上已光禿，節穗也掉光了；十九年來，這隻象徵使者身分的節杆，始終不離蘇武身旁。在場的文武百官，面對蘇武，無不佩服和感動；而朝廷為表彰他的堅貞不屈，賜給他官位及食祿。蘇武在北國牧羊的事蹟，也因而名留千古，一代代的傳頌至今。

忍辱修史

司馬遷

西漢夏陽人（今陝西韓城）（西元前 145－前 87 年），字子長，西漢著名史學家和文學家，著《史記》，為中國第一部紀傳體的通史。

司馬遷生於史官世家，祖先自周代起就任王室太史，父親司馬談在漢武帝即位後，任太史令達三十年之久。

司馬遷十歲開始誦讀古文，博覽群書，因為家學淵源，深刻影響著司馬遷的一生。

司馬遷少年時曾跟隨父親前往長安，和當時著名學者孔安國、董仲舒學習《古文尚書》和《春秋》。二十歲即伴隨皇帝巡訪天下，開始了他的遊歷生涯，使他開闊視野，增長許多見識。

在繼承父親太史令的職位後，他念念

不忘父親撰寫史書的遺願，於是博覽皇室群書，努力整理史料，以便作為寫作的參考。但是不久後，發生一件可怕的大事，把他的人生徹底改變了。

當時，他的同僚李陵出征匈奴時被圍困，在極度困厄的情況下不得已投降匈奴。消息傳到長安，朝廷的文武百官都大罵李陵可恥。唯有司馬遷勇敢的站出來為李陵辯解，因而惹惱了漢武帝，要將司馬遷判處死罪。當時的死罪，是可以選擇用金錢五十萬來減抵刑罰，或是以宮刑代替。

司馬遷拿不出錢，本想一死了之，但是，想到父親的遺願未了，他只好選擇宮刑，以求苟活。不幸的遭遇，使司馬遷精神受到極大刺激。他痛苦萬分的掙扎著，時時以古人孔子、屈原、左丘明、孫子、韓非等在逆境中不屈不撓，終成就大業的故事來自我勉勵。他忍辱負重，一心想要完成父親遺願的意志感動了漢武帝，於是下詔恢復他的官職，重新任命他為中書令。從此他專心埋首著述，終於完成了歷史巨著——《史記》。

讀後心得與感想

司馬遷在艱困的環境中仍然能堅持他的使命感，他的風骨，令人敬佩；在他的心血結晶《史記》一書中，充分顯露出史學家論事講求客觀，堅持真理的精神，是所有歷史學家的典範，更是我們學習效法的楷模。

出使西域

張騫

西漢成固人（今陝西省城固縣），約生於西元前二世紀，字子文。西漢時擔任外交使節，開通與西北諸國的交通，開創中國強盛的序幕。

漢朝最大的外患是匈奴。匈奴位於中國的北方，勢力相當龐大。因當地資源貧乏，他們經常為了搶奪財物，和中國發生爭戰。

當時，漢朝正準備進行一場抵抗匈奴的戰爭。在一個偶然的機會中，漢武帝知道西邊有個國家叫做大月氏，雖然痛恨匈奴人的作為，卻又無力征伐；於是漢武帝就想聯合大月氏，一起攻打匈奴。張騫知道後，便自願當使者，肩負出使大月氏的任務。

大月氏地處偏遠，張騫的出使團在長途跋涉中，物資接濟困難，經常露宿在野外，忍受飢寒交迫，使得這趟路程十分艱辛。

不料，他們的行蹤被匈奴人發現，一行人全變成俘虜。匈奴王為攏絡張騫，動搖他攻打匈奴的意志，便為他娶了匈奴妻子，還生下一個兒子。

時間飛逝，轉眼之間，張騫的出使團已被扣押十年。儘管如此，張騫依然堅守漢武帝派給他的任務，等待機會完成攻打匈奴的使命。終於，在一個月黑之夜，張騫一行人趁機逃離匈奴國，冒險抵達大月氏。

可惜的是，大月氏在張騫被俘虜的十年間，已經改變心意，不想攻打匈奴了。歷經千辛萬苦的張騫，說服大月氏的任務因而失敗。無奈，張騫只好選擇返國，不料途中又被匈奴攔捕，再被扣押一年多。

歷經十多年，張騫終於回到漢朝，說服大月氏雖然失敗，但他改勸武帝聯合烏孫國攻打匈奴，並又自請出使烏孫；最後張騫不僅說服烏孫王攻打匈奴，還派遣使者到西邊諸國，和他們建立友好關係。從此以後，張騫的聲威遠播，烏孫國也重視與漢朝的關係，兩國長期通婚友好。

張騫是中國歷史上第一位具影響力的外交大使。他遠赴大月氏，出使烏孫國，打通了中國通往西域之路，使中國有接觸外國的管道，對國家興盛具有巨大的貢獻。

英勇飛將軍

李廣

西漢隴西成紀人，約生於西元前二世紀，西漢抗匈奴名將，人稱「飛將軍」。

漢朝一直深受北方匈奴侵略紛擾之苦。而李廣年少時，就加入攻打匈奴的行列。他作戰英勇，屢建奇功。九年後，成為漢景帝身邊的禁衛騎兵將軍，後來他平定國內諸王叛亂有功，漢景帝徵調他到西北國界擔任太守，負責對抗匈奴的入侵。

有一次，漢景帝的親信帶著人馬趕往李廣部隊的途中，遭到匈奴騎士追殺，人員全遭殺害，只剩下親信一人中箭逃出。李廣半途救援，親自率騎兵反擊，殲滅對方。

四年後，李廣率軍出雁門關，卻被匈奴大軍包圍。匈奴王單于久仰李廣威名，下令要活抓他，而李廣因寡不敵眾，受傷被俘。押解的途中，李廣飛身奪得敵兵馬匹，射殺無數匈奴精兵，很快的回到漢營。他的身手令匈奴人大為讚嘆，從此稱他為「飛將軍」。可是，由於他身為將軍卻被俘虜，漢景帝十分不高興，便革除他的軍職，貶為庶人。幾年後，漢武帝才重新起用他為右北平太守。當時匈奴聽到「飛將軍」鎮守右北平，好幾年都不敢侵犯。

李廣六十多歲時，和衛青一起負責對抗匈奴。出塞後，衛青從俘虜口中得知匈奴王單于的駐地。他想甩開李廣，獨得大功，便調走李廣的部隊，親自帶兵追擊單于。李廣力爭無果，就和右將軍趙食其聯合出兵東道。由於東道難走又無嚮導，最後迷了路。而衛青追殺單于不成，反讓單于逃走，只得無功而返。

衛青和李廣商量，想將沒有捉到單于的責任全推給趙食其，正直的李廣一口回絕，衛青惱羞成怒，下令捉拿李廣的幕僚部屬，準備追究部隊迷路一事。李廣獲知後，憤恨難平道：「迷路的責任在我，我自負全責。」他對多年來生死與共的部將感慨的說：「我自少年從軍，與匈奴打了大大小小七十幾仗，想不到如今年過花甲，卻被同僚如此冤整，這種屈辱，情何以堪呢！」說完，拔出配劍，引頸自刎；一代名將，就這樣含冤而亡。

讀後心得與感想

飛將軍李廣雖然慨然殉職，但是他的英勇與大無畏的精神，卻永遠為人們所敬仰！

良計救主

陳平

西漢陽武人（今河南陽武縣東南）（西元前二世紀），先後投靠於魏王、項羽與劉邦陣營，以善出奇謀聞名。

陳平生長在貧困的家庭。由於喜歡讀書，哥哥為了成全他，便承擔所有家計，讓陳平專心讀書。後來，陳平投奔項羽，卻得不到賞識，悶悶不樂。偶然在「鴻門宴」上認識劉邦，他看出劉邦日後必定能成大器。

當時，劉邦與張良被項羽軟禁。劉邦想逃卻想不出法子，於是，張良決定暗中找陳平商量。陳平說：「要從項羽身旁救出劉邦，首先就得用『調虎離山』之計，讓項羽身旁的范增離開幾天，否則毫無機會可言。」

數天之後，陳平抓住項羽想稱帝的心意，建議他不如封楚懷王尊號，再送他去養老，如此一來，項羽便可名正言順的號召天下了。項羽一聽，覺得正符合心意，便傳范增前來，將陳平的意見轉換成自己的想法說給范增聽；范增一聽立即附和說：「這的確是一著好棋，但是送楚懷王去養老一事，得由我親自去辦才妥當。」范增也是謀士，深怕自己離開時，劉邦有機可趁，臨行前再三囑咐項羽絕不能讓劉邦返回漢中。

陳平算準范增已離開京都，便又前去告訴項羽，現在將各諸侯全聚集在咸陽，他們所帶來的人馬，已讓軍糧負擔沉重，如果不趕快讓他們回去，咸陽恐怕就要支撐不下去。項羽大驚，急忙下令各諸侯返國，但依然扣住劉邦不放。

這都在陳平的預料中，他遂使出「聲東擊西」的計策，讓劉邦向項羽請假，表示要回故鄉省親。當項羽猶豫不決時，張良故意說：「陛下絕不能讓劉邦回故鄉沛縣，不然他恐怕會在沛縣自立為王；不如您派他回漢中，再派人將他在沛縣的家眷全抓來咸陽當人質，如此一來，劉邦在漢中也就不敢作亂了。」

陳平也趕緊上奏說：「陛下既封劉邦為漢王，就應讓他去漢中就任，否則陛下一登基就說假話，老百姓將不再信任您了。」

這番話打動項羽，終於使得劉邦保住性命返回漢中，也為日後東山再起奠下良機，這一切都要歸功於陳平的謀略。

圯橋贈兵書

張良

秦末漢初城父人（今安徽亳州市東南），字子房。西漢傑出的謀略家，與蕭何、韓信同稱「漢初三傑」。

張良的祖父和父親都曾擔任過戰國時期韓國的宰相；但是秦國消滅韓國後，張良散盡家財，招募勇士，為的是要刺殺秦始皇，可惜他的謀殺行動未能成功，為了躲避秦始皇的追捕，他隱居到沛國。

有一年冬天，大雪紛飛，路上少有行人，張良突然遊興大起，獨自出門蹓躂。當他經過圯橋時，看見一名老人坐在橋邊，老人的頭髮和鬍子都已雪白，頭上戴著烏巾，身穿黃衣，手裡還拿著一根紅色拐杖，腳上則是穿著一雙暗紅色的鞋子。

老人看到張良走近時，似有意又無意的，將一腳的鞋子抖落掉到橋下去，這時候，老人十分不客氣的喊著：「喂！年輕人，下去幫我把鞋子撿起來呀！」

張良聽到老人出言如此無禮，一開始並不想理他，但是想到他是個老人家，可能行動不便，於是，就走下橋去撿鞋；撿回之後，恭敬的交給老人。不料，老人卻說：「趕快幫我穿上呀！」張良再度忍住脾氣，彎下腰來，小心翼翼的幫老人穿好鞋子，老人滿意的說：「嗯，孺子可教，明天清晨，你來這裡，我把學問全部傳授給你。」

第二天早上，雞剛啼，張良就趕緊出門赴約，誰知老人已經在那裡等他了，看到張良來，老人說：「約好時間，你卻遲到，今天不教了，明天你再來！」第三天早上，張良不等雞啼，就趕到圯橋，誰知道老人還是比他早到，老人又叫張良隔日再來。

這一晚，張良不敢睡覺，三更時，摸黑來到圯橋等候。這次老人果然比他晚到，老人十分欣喜，從懷中拿出一本書交給張良，並說：「回去後好好做功課，研習書中的奧秘，對你日後輔助國君將大有幫助。」說完後，老人飄然離去。

老人所送的書原來是一本兵書，張良日夜研讀，反覆揣摩，培養出洞燭先機的能力，後來在協助劉邦奪取天下的先機上，貢獻良多，成為劉邦的開國功臣。

讀後心得與感想

「小不忍則亂大謀」，張良因為謙虛敬老，因而獲得圯橋上老人的協助，因此成就了日後的功業，著實值得後人深思啊！

胯下忍辱

韓信

秦末江蘇淮陰人，平民出身，驍勇善戰，是劉邦的得力助手，西漢開國名將。

韓信出生在貧困的家庭，性格放縱而不拘禮節。他沒有商業頭腦，無法自立更生，吃住都得倚靠他人，很多人都討厭他。儘管如此窩囊，韓信卻一直懷抱著成大器的夢想，這在他許多的言行中都可以看得出來。

有一次，韓信遭到一位年輕的屠夫欺負，屠夫攔住他的去路說：「看你一副身強體壯的樣子，竟然還隨身佩帶著刀劍，真是個懦夫！這樣好了，如果你能將我殺掉的話，就放馬過來；如果你不能，就從我的胯下鑽過去！」韓信瞪了對方很長一段時間，結果，竟然慢慢低下身子從他的胯襠下爬過去。街上的人都恥笑韓信，認為他是一位膽小沒用的懦夫。

之後，韓信投靠項羽，未得到重視，後來因為觸犯法律，被判死罪。他的共犯有十三人都已被處刑，輪到韓信時，韓信舉目仰天長嘯：「難道你們不想統一天下嗎？為什麼要斬殺壯士？」現場的大臣覺得此人看來與眾不同，相貌威武，就偷偷把他放了。

韓信後來結識蕭何，蕭何十分的賞識

他，並在劉邦面前大力推薦，韓信終於當上大將軍。

他當了大將軍後，運用「置之死地而後生」的策略，打了一場大勝仗。韓信因此聲名顯赫，和以前的無賴身分有了天壤之別。他還特別任用曾經侮辱他、讓他承受胯下之辱的屠夫為中尉，並告訴將士們說：「當他侮辱我時，我難道不能殺死他嗎？但是殺他並無意義，所以我忍受了一時的侮辱，而成就今天的功業。」

韓信能屈能伸的氣度，使他在變化多端的環境中，創下一番大事業。

讀後心得與感想

韓信胸懷大志，不因貧窮而自我貶低，他忍「一時之辱」，為的是「未來的功業」，可見他的眼光深遠，並不被眼前困境所阻礙。而他立大業後，又能提拔昔日侮辱他的人，可見韓信胸襟的廣闊；他的能屈能伸的氣度，也使他在變化多端環境中，創下一番大事業。

匕首刺秦王

荊軻

戰國末年齊國人，人稱「慶卿」，後遷居衛國，始改姓荊，刺秦王未成功，慷慨成仁。

相傳荊軻本來是齊國人，遷居衛國，在秦王政六年時，衛國被秦國占領，於是，他匆忙的逃出衛國，展開遊歷四方的生活。

他到燕國時，時常和一群朋友飲酒論政，席間朋友彈琴，荊軻唱和，其中想到國破家亡，激昂處，荊軻總是唱著便忍不住哽咽起來。

許多人看到荊軻整天飲酒作樂，無所事事，認為他只是個小混混，心中十分看不起他。但是知己田光了解荊軻心中的鬱悶，知道他是藉著飲酒唱歌來抒發內心的國仇家恨。

這時，由於燕國也面臨秦國的威脅，田光十分憂心燕國的未來，力勸荊軻投靠燕國太子，一起抵抗秦國。

他無奈的對荊軻說：「燕國就快被秦國吞併了。殘暴的秦王，將使燕國百姓過著生不如死的生活！請你救救燕國吧！」

說完，田光竟然當著荊軻的面，拿起刀子往脖子一劃，就此身亡了。

荊軻大受感動。為完成田光的遺願，荊軻立刻投靠燕國太子；燕太子卻向他提出一項機密任務：要他當刺客，去秦國刺殺暴虐的秦王。禁不起太子的苦苦哀求，荊軻終於扛起這個艱鉅又危險的任務。

出發時，燕太子特地為荊軻準備華美的衣裳和馬車，還賜給他一把鋒利的匕首；燕國的官員們也都穿上白衣服，為荊軻送行。

「風蕭蕭兮，易水寒；壯士一去兮，不復還！」臨走時，荊軻淒厲的唱著，歌聲越來越嘹亮、悲壯，送行的人聽得熱血沸騰，對荊軻的壯舉佩服得五體投地。

荊軻到秦國後，假藉代表燕國前來獻上城池，而獲得秦王的召見；他預先將匕首藏在地圖內，在打開地圖時，突然抽出匕首，刺向秦王。

秦王來不及反擊，情急下只好在宮內奔跑躲避，大聲求救；這時，一名御醫急忙扔出手中的藥箱，及時擋住荊軻，秦王趁機抽出刀來，反身一刺，荊軻從容就義。

讀後心得與感想

荊軻雖然沒完成任務，且命喪秦王手中，但他為救天下百姓，犧牲自己的英勇行為，為世人稱頌。

擲筑刺秦王

高漸離

戰國末年人，是一位擊筑高手，利用演奏機會刺殺秦始皇。

高漸離是荊軻的好朋友，擅長擊筑（古代的一種樂器，頸細肩圓，中空，有十三弦）。當荊軻前往秦國刺殺秦始皇時，他在易水河畔，擊筑為荊軻送行。伴隨著高漸離悲愴錚鳴的擊筑聲，荊軻引吭高歌，悲壯之情，令在場人士動容，連燕太子丹也淚流滿面；敬上酒後，荊軻一飲而盡，擲杯於地，回身對大家抱一抱拳，旋即轉身躍上駿馬，絕塵而去。

荊軻刺殺秦始皇的計畫失敗後，高漸離隱姓埋名，躲進宋子縣一個富人家中幫傭。

有一次，主人宴客，酒酣時有客人擊筑助興。高漸離聽到熟悉的筑樂聲，不禁勾起思念，也和其他僕人一樣，開始評論演奏者技藝的長短。他的評語被主人聽到了，主人在好奇心驅使下，便令他表演一番。沒想到，高漸離一擊起筑來，果然不同凡響，在場人士都對這位僕人十分佩服；漸漸的，高漸離精湛的琴藝就傳開了，遠近的人都知道宋子縣有這麼一位音樂大師。消息傳到秦始皇耳裡，便傳他進宮擔任樂師。

但是秦始皇獲報高漸離是荊軻的好朋友後，非常不放心，為了安全起見，乃下令弄瞎他的雙眼；為了幫朋友報仇，完成好友的心願，高漸離明白進宮是他唯一的機會，於是他忍受失明的痛苦，答應進宮擔任樂師。

進宮後，高漸離一直想著如何報仇；後來，他發現自己能接近秦始皇時，手中只有「筑」這項東西，於是便悄悄在自己的筑中灌入鉛，增加重量，準備作為武器使用。

在一次宮廷的演奏會中，高漸離超凡的演出，讓秦始皇十分入迷，高漸離趁機將手中的筑，猛然砸向秦始皇！可惜雙眼失明的他，抓不準方向，因此失敗，步上荊軻後塵，壯烈犧牲！

讀後心得與感想

其實高漸離以琴藝獲得秦王欣賞後，如果他不刺殺秦王，後半輩子將可過著飽食無憂的日子。但他放棄了，只為了完成亡友未竟的志業，而義無反顧的犧牲了，這種高貴的情操一點也不輸荊軻啊！

破釜沉舟

項羽

秦末楚國江蘇人（西元前 233 －前 202 年），名籍，字羽。秦末各路爭霸英雄中兵力最強者，人稱「西楚霸王」；後來兵敗自刎於烏江。

項羽從小就是個孤兒，跟著叔父項梁過日子。項梁教項羽讀書，讀了好幾年卻沒有一點成績；項梁改教他劍術，項羽還是一竅不通。項梁很生氣，狠狠的把他罵了一頓。項羽生氣的說：「念書沒有什麼大用處，不過會寫字罷了；學劍也只能保護自己，對付一個人而已。我要學，就要學能對付一萬人的本領！」

項梁說：「好！既然你有這種志氣，我就教你兵法。」項羽從此學得很認真。

秦始皇東巡的時候，項梁帶著項羽去看熱鬧，大家都嘖嘖稱讚天子的威風，只有項羽指著轎子罵道：「我看我可以取代他的地位。」

項羽二十歲時，人高馬大，目光炯炯有神，力氣大得可以扛起鼎來。後來楚國跟秦國發生戰爭，項梁不幸身亡，悲痛的項羽要為叔父報仇。他不顧眾人反對，領著軍隊到了河對岸，命令把船沉掉，飯鍋敲爛，只准帶三天乾糧，表示此去是要決一死戰，絕不後退！他這一番果斷明智的決定，不但為自己帶來光榮的勝利，更開創了光明的前途！

當敵軍逐漸接近時，只見秦軍陣容整齊，人馬精壯，像泰山般矗立在眼前。而項羽帶的楚兵卻是衣服破爛、三三兩兩，凌亂沒有陣式，也看不出紀律。哪裡曉得項羽像是殺星下凡，率領軍隊就往前方猛衝，根本不理會什麼陣法，見人就砍。因為楚兵少，秦兵多，所以楚兵都是以一當十，奮勇上前衝殺，像是一頭頭掙脫出柵欄的野獸，發出憤怒的吼聲，把秦兵嚇傻了，紛紛夾著尾巴落荒而逃。

楚兵士氣大振，屢戰屢勝，項羽名聲頓時如雷貫耳，各將領紛紛陸續拜見項羽，自願接受他的指揮，他也就因此搖身一變，成為秦末兵力最強的一霸，後人稱項羽為「西楚霸王」。

知人善任

劉邦

劉邦，秦末江蘇沛縣人（西元前 256 年－前 195 年），是中國第一個平民皇帝，即為漢高祖。

劉邦出身農家，家中排行老三，喜好結交朋友，長大後不務正業，讓父母十分擔心，後來在朋友推薦下出任亭長職務。

有一次，他奉命帶領民伕去協助修築秦始皇的驪山陵，由於當時秦國對民伕十分嚴苛，大多數的人都在半路逃走了，劉邦眼見阻止不了，乾脆將剩下的十多人也放走，這些人見劉邦有義氣，紛紛表示願意支持他來反秦。

後來，劉邦加入反秦抗暴行列，並打入關中，當時他和關中父老約法三章，明定：「殺人者死，傷人及盜抵罪。」由於賞罰分明，大獲人心。

與秦軍對抗的群雄中，以項羽實力最強。項羽大敗秦軍，威震天下，他為了怕劉邦竄起，設下歷史上有名的「鴻門宴」要刺殺劉邦，不料卻被劉邦用計脫困；此後，楚、漢之間展開長期拉鋸戰，劉邦雖常戰敗，但總能在他的智囊團相助之下，東山再起，不斷威脅著項羽。

項羽性情暴烈，時常處罰將士，又中了劉邦的反間計，對身旁重要謀士范增也產生懷疑，終使得身旁的人逐一離去。當他和劉邦在垓下最後一戰時，劉邦陣營以心戰相攻，士兵們以楚調高聲歌唱，哀怨的歌聲，使得楚兵心酸無心戀戰；項羽眼見大勢已去，在烏江邊自刎身亡，終於使劉邦得以統一天下。

劉邦統一天下後，曾問群臣：「項羽明明兵多將廣，為何敗在我手下呢？」臣子們紛紛歌功頌德，吹捧劉邦，然而劉邦卻說：「其實真正的問題出在信任上，我有張良、蕭何和韓信三名大將，論才謀我不如張良；論穩定國家，又不如蕭何；而指揮士兵作戰，也不如韓信。但是我充分信任他們，獲得他們協助；而項羽只有范增一人相助，卻又不能信任范增，這才使得他一敗塗地，也是我能獲勝的主因呀！」

讀後心得與感想

劉邦從一介平民，能夠成為中國歷史上第一個平民皇帝，主因在於他有自知之明，他知道自己還不擅長治國、帶兵，於是就任用賢才來幫他安撫民心、建立名聲、打造下天下。這知人善任、唯才是用的本領，造就了他的成功路。

十二歲宰相

甘羅

戰國時代秦國人，生於西元前三世紀，憑著機智及口才，十二歲就獲得秦王封相。

甘羅從小聰明機智，能言善辯；十二歲時即擔任秦國宰相呂不韋的才客，相當於現在的「智囊團」成員。

有一次，呂不韋悶悶不樂的返家，甘羅看到了，問丞相是不是遇到難題，他願意代為解勞。呂不韋看他小小年紀，口氣卻不小，就說：「走開啦！小孩子知道什麼呢？」甘羅不但沒有走開，還大聲的說：「丞相，您收養我們，不就是要幫您排憂解難嗎？如今，您有心事不說出來，我怎麼幫您呢！」

呂不韋看他十分有自信，就說：「唉，是這樣的，我想派張唐去燕國當宰相，為秦國鋪路，想不到張唐因為害怕要經過對他十分敵視的趙國，因此堅持不肯去。」甘羅聽完後，拍胸脯保證，他一定可以說服張唐，呂不韋半信半疑的同意讓他去試一試。

甘羅到了張府，張唐看他是小孩子，就很不客氣的問：「你來幹什麼？」甘羅也不客氣的回答：「我是來幫你辦喪事的！」張唐很生氣的說：「你胡說什麼！」甘羅笑著說：「我一點都不胡說，不信，你聽聽看：你和武安君比起來，誰的功勞大呢？」張唐回答：「武安君功勞大。」甘羅再問：「以前的宰相應侯，和現在的宰相呂不韋比較起來，誰比較專權呢？」張唐說：「呂不韋比較專權。」甘羅笑了笑，繼續說：「武安君功勞比你大，當年他反對應侯的政策，一離開京城就被應侯派人殺了；如今，呂不韋宰相比應侯還專權，你想他會如何對待反對他的人呢？」

聽了甘羅的分析，張唐才想到他拒絕呂不韋派給他的任務，依呂不韋專權的程度，一定不能容忍他，可能很快就會派人來除掉他！想到這裡，張唐不禁冒出一身冷汗，急忙對甘羅說：「麻煩請你轉告宰相，我願意去燕國了。」

讀後心得與感想

若在當今社會裡，甘羅就屬於「天才兒童」！但天才畢竟是少數，我們除了佩服他的才能外，不必為自己不是天才而喪氣，俗話說：天生我才必有用！人人都有自己的優點，是別人無法取代，要自己去發掘的。

中國始皇帝

嬴政

秦始皇，戰國時秦國莊襄王之子（西元前259 － 210 年），姓嬴，名政，併吞六國，建立中國第一個大一統的帝國。

西元前215年，秦昭王（秦始皇的曾祖父）死，秦孝文王即位，但是沒幾天就死了，秦莊襄王遂即位；三年後，秦莊襄王又去世，年僅十三歲的嬴政繼位，因年幼，大權落入相國呂不韋和母親趙太后的手中。

西元前239年，秦始皇親自掌權，處理國事，同時免除呂不韋的相國之職、軟禁趙太后，任用謀士李斯為丞相。這時，秦國國力已經非常強大，開始對東方六國進行侵略。先後滅掉韓、魏、楚、燕、趙和齊六國，建立中國歷史上第一個統一的、多民族的、專制的中央集權秦王朝。

秦始皇自認為比遠古傳說的三皇、五帝都厲害，因而創立「皇帝」的尊號，自稱「始皇帝」，宣布子孫稱二世、三世，以至萬世，代代承襲。隨後，他廢除分封制，設立郡縣制，在皇帝的直接控制下，行使中央集權；並以秦國原有的律令為基礎，吸收六國法律的某些條文，制定和頒行統一的法律。將原六國中的貴族豪富遷至關中、巴蜀（今四川一帶），以防止他們的分裂和反攻活動；又明令禁止民間收藏武器，銷毀沒收得來的武器，鑄造成十二個銅人。

在經濟上推行重農抑商政策，扶植封建土地私有制的發展。秦始皇三十一年，下令占有土地的地主和自耕農只要向政府申報土地數額，交納賦稅，其土地所有權就得到政府的承認和保護；並以商鞅所制定的度量衡為標準，又統一全國的文字和貨幣，促進經濟和文化的繁榮。為發展全國水陸交通，又實行「車同軌」，修建由咸陽通向燕、齊和吳、楚地區的馳道，以及由咸陽經雲陽（今陝西淳化西北）直達九原（今內蒙古包頭西）的直道；在西南地區修築「五尺道」，開鑿一條溝通湘江和灕江的靈渠，並修築萬里長城，以鞏固國防。

苛捐雜稅，嚴酷的法律，加上焚書坑儒的暴行、大興土木蓋阿房宮、修建自己的驪山墓，終於導致民怨沸騰。西元前210年，秦始皇死於巡遊途中。

能言善道

孟嘗君

戰國時代齊國人，生於西元前三世紀，姓田，名文，諡號孟嘗君，以養士聞名。

孟嘗君的父親名叫田嬰，他的小妾在五月間生下孟嘗君。田嬰交代小妾說：「別讓他活著。」但這位小妾還是偷偷的把孟嘗君撫養長大。

孟嘗君長大後，母親把他引薦給田嬰。田嬰見了很憤怒的責問，孟嘗君立即叩頭大拜，並反問說：「您不養育五月生的孩子，是何緣故？」田嬰說：「五月出生的孩子，長大了身長跟門戶一樣高，會危害父母。」

孟嘗君回答：「人的命運是由上天授予呢？還是由門戶授予呢？」田嬰不知如何回答，沉默不語。孟嘗君接著說：「如果是由上天授予的，您何必憂慮呢？如果是由門戶授予的，那麼只要把門戶加高就可以了，誰還能長到那麼高呢！」這番話更讓田嬰無言以對。

不久，孟嘗君又問他父親：「兒子的兒子叫什麼？」田嬰：「叫孫子。」孟嘗君又問：「孫子的孫子叫什麼？」田嬰：「叫玄孫。」孟嘗君再問：「玄孫的孫子叫什麼？」田嬰說：「我就不知道了。」

孟嘗君於是說：「父親擔任齊國宰相

已歷經三代君王了，可是齊國的領土卻沒有擴增；您累積萬貫的財富，門下卻看不到一位賢能之士。我聽說，將軍的門庭必出將軍，宰相的門庭必出宰相。現在您的姬妾綾羅綢緞多得可以拿來踐踏，而賢士卻連粗麻布衣也沒得穿；您的奴僕有吃剩餘的飯菜，而賢士卻連糠菜也沒得吃。現在您仍持續在積存財富，想把財富留給那些連稱呼都叫不上來的子孫，卻忽視國家已在諸侯中一天天失勢。這種做法豈不令人奇怪。」

聽了這番話後，田嬰從此改變了對孟嘗君的態度，開始器重他，並讓他主持家政，接待賓客。孟嘗君禮遇賢士，飽攬人才，讓賓客來往不斷，聲名遠播。後來，孟嘗君繼承父親爵位，由於延攬人才有成，齊國在他的治理下，國強民富，獨霸一方。

禮遇賢才，知人善用，處事果斷、心細、有遠見，是孟嘗君功成名就的主要原因，至今仍為人們所稱頌。

路見不平

魯仲連

戰國時代齊國人（西元前 305 －前 245 年），善策畫，周遊各國，替人出主意解決困難，而不接受任何回報，又稱魯連。

魯仲連在齊國的時候，孟嘗君不喜歡某位門客，所以想把他趕走。

魯仲連一知道這件事，便馬上對孟嘗君說：「古代有個人叫做曹沫，他只要一揮舞三尺之箭，連一個軍隊都擋不了他，但是，如果讓曹沫拿著鋤頭和草具跟農夫一起耕作的話，他就比不上農夫了。照這樣說的話，如果拋棄別人的長處而只取短處，就連堯這樣的聖人，也不能將國事辦好啊！如果您因為教他做的事沒有辦好，便認為他無能，教他做的事他不會，就認為他笨拙，就要將他趕走，這樣做是對的嗎？」

孟嘗君被魯仲連說得無言以對，於是改變主意，不再想趕走這位門人。

當時，秦國大將王陵攻打邯鄲，趙王派平原君向楚國求救，楚王派春申君率兵援助趙國，而魏王也準備派軍加入救趙行列。

秦王為了讓魏國能夠臣服於秦，揚言道：「秦國現在正攻打趙國，如果魏國敢出兵援趙，秦國必定派兵伐魏！」魏國大將新垣衍非常緊張，希望平原君能改勸趙王以和為貴，尊秦為帝，避免因戰爭而橫生災禍。

魯仲連在邯鄲聽到消息後，對新垣衍說：「秦國，是一個拋棄禮義、只問利益的國家。像這樣的國家，大多數人都不願意當他的臣民。現在，秦國雖是擁有萬輛戰車的強盛國家，魏國也是擁有相等實力的強盛國家，且彼此各有名號，為什麼魏國要屈服於秦國呢？如果哪一天秦王果真稱帝了，那麼，你們所服侍的魏王會有好日子過嗎？而您還能繼續成為得寵的將軍嗎？」

新垣衍聽到這些叩人心弦的警言，不禁對魯仲連產生敬意，馬上說：「我今天才知道先生是一位通曉天下大事的名士啊！從今以後，我再也不敢說要讓秦國稱帝了！」魯仲連並說服趙、魏兩國，聯合燕、齊、楚等國共同抗秦，才使得邯鄲能夠解危。這就是歷史上有名的「魯仲連義不帝秦」事蹟。

魯仲連路見不平、拔刀相助的精神，以及他的膽識和口才，無不令人折服。

完璧歸趙

藺相如

戰國時代趙國人，約生於西元前四世紀，外交手腕高明，廣受後人稱頌，最有名的事件就是「完璧歸趙」。

戰國末年，貪婪霸道的秦國想用十五座城池交換趙國的傳世之寶「和氏璧」，趙王因為害怕秦國的強大勢力，不想得罪秦國，可是又捨不得將鎮國之寶和氏璧交出去。正當大家絞盡腦汁拿不定主意時，宦官繆賢便推薦他的門客藺相如幫忙想辦法。

藺相如對趙王說，他願意擔任獻璧大使，如果秦王沒有依約拿十五座城池來交換，他將誓死帶回這塊和氏璧。趙王在無法可想的情況下，只好答應了。

藺相如到達秦國，將和氏璧獻給秦王後，秦王卻絕口不提將十五座城池交換一事，只顧著將和氏璧拿在手中把玩。

藺相如看出秦王似乎有意違背諾言，便以和氏璧有瑕疵為由，將和氏璧騙回手中，然後大聲的說道：「既然大王不守約定，那麼我們就要收回璧玉。如果大王您硬要搶，我就把這塊璧玉和我的頭一起撞碎在這根柱子上！」

秦王與大臣們看到藺相如態度堅決，都不敢輕舉妄動，深怕這個無價之寶受到傷害。於是，秦王便假意拿出城池的地圖來，還說一定會依約給趙國十五座城池。

不過警覺心很高的藺相如仍覺得其中有詐，便採取拖延戰術，和秦王約定，齋戒五日後再來交換；私底下，卻悄悄派出手下，找機會將和氏璧運回趙國。

五天後，秦王發現和氏璧已經被偷偷送回趙國，十分生氣，準備殺了藺相如。而藺相如卻面色不改的說：「我知道欺騙大王是有罪的，所以早就準備以生命來承擔這次的過失。」

秦王想到，如果把藺相如殺了，不但和氏璧拿不回來，還會破壞未來的計畫，於是決定放了藺相如，並賞賜他大筆財富，讓他十分光采的返回趙國。

趙王看到藺相如將和氏璧安全送回趙國，龍心大悅，便封給他上大夫的官位。從此藺相如就從一個沒沒無名的門客，成為家喻戶曉的愛國英雄了。

讀後心得與感想

藺相如靠著過人的機智與勇氣，周旋於秦王之間，並巧妙的將和氏璧安全送回趙國，完成這項「不可能的任務」。由此可見，有時候語言的影響力，甚至勝過武力。

負荊請罪

廉頗

戰國時代晉陽人，約生於西元前四世紀，趙國名將，伐齊有功，以勇氣著稱；與蘭相如之間的深厚情誼，傳為史上佳話。

廉頗是趙國的名將，常常打勝仗，為國家立下許多汗馬功勞。當他知道蘭相如以一介平民，只靠一張嘴，就得到比他還高的官位，內心相當不平。廉頗心想，有朝一日一定要好好修理蘭相如，讓他知道自己的厲害。

蘭相如知道這件事後，便處處躲著廉頗，連進宮上朝時也避免和他一起出現。

有一天，廉頗的車隊經過一條小巷子，湊巧蘭相如的車隊迎面而來；廉頗認為這正是教訓蘭相如的好機會，就下令說：「繼續開過去！誰怕誰！」相反的，當蘭相如知道對方是廉將軍的車隊時，則交代車夫立刻倒退。不一會兒，蘭相如的車隊就退出巷道，遠遠的避開了廉頗的視線。

蘭相如的門

客們聽到這件事後都很不高興。七嘴八舌的抗議說：「大人，如果您再這樣窩囊下去，我們就只好離開您了！」

藺相如聽了，不禁感慨的說：「在我出使秦國時，秦王如虎豹一般凶暴，我都不怕了，為什麼現在反而會怕廉將軍，處處躲著他呢？其實，我這麼做，全是為了國家啊！在趙國，我是文官，他是武官，我們文武合作，使得其他國家不敢任意侵犯。如果我們不和，只怕其他國家就會趁機侵犯，趙國就難保了呀！」

大家聽完藺相如的解釋後，都相當感動。而消息傳到廉頗耳中，廉頗非常慚愧萬分，馬上脫去上衣光著身子，手裡拿著荊條，跪在藺相如的門前請罪。

「我真是一個鄙陋的武夫，不知道大人您如此寬宏大量，處處為國家設想！今天，你就用這根荊條鞭打我，懲罰我的無知吧！」

「快別這樣！有事好商量！」藺相如一見到廉頗，便趕緊扶起他，接到家中善加款待。從此他們便成為感情深厚的好朋友。

讀後心得與感想

故事中，廉頗因為嫉妒藺相如，到處找機會要羞辱他。但是，當他發現藺相如是為國家大局設想，而不跟他計較時，便立刻放下身段，親自向藺相如請罪，他知錯能改的精神，值得我們效法；而藺相如「先國家而後私仇」的寬闊胸襟，更是政治人物應學習的榜樣。

不護子短

趙奢

戰國時趙國人，約生於西元前四世紀，約與廉頗、藺相如同期，趙國名將。

一提到趙奢，想必會聯想到他那「紙上談兵」的兒子趙括吧！趙奢是趙國人，本來擔任趙國的田部吏，也就是治理國賦的負責人。後來，又當上了將軍，在戰場上，發揮了他善於用兵的才能。

趙奢是一位相當具有正義感的人，當他擔任田部吏時，趙王弟弟平原君的九名管家，靠著權勢強行逃稅，還打傷了前往收稅的稅務官。於是，趙奢竟冒著被殺和罷官的危險，果斷的將他們處死。

就因為如此，趙奢對於自己的兒子，也不特意坦護。他的兒子趙括，從小熟讀兵書，總認為戰爭要打垮敵人是件輕而易舉的事。尤其他與父親談論兵法時，連父親也不能將他駁倒，更使得他自以為天下無敵了。

兒子精通兵書，

趙奢卻從來沒有出言稱讚，他的太太覺得很奇怪，便問趙奢原因。

趙奢說：「趙括太驕傲了。戰爭中，不是你死，就是我活，是相當殘酷的一件事。而且，戰爭是瞬息萬變的，如果任意用兵，將會導致整個軍團兵敗如山倒，甚至牽連整個國家的興滅啊！趙括小看戰爭的態度很危險，如果讓他帶兵，將會危害國家！所以，他雖是我兒子，我也不能偏袒說他是好將領。」

趙括的缺點，也讓當時的強國——秦國看出來了。就在趙奢死後，秦國故意派人散布謠言：「秦國最害怕的人，就是趙奢的兒子趙括！」趙王聽到之後，信以為真，便將原來的將領廉頗換下，改派趙括為統帥。

趙括上任後，因實戰經驗不足，加上過於輕敵，屢戰屢敗，他所統領的數十萬大軍沒多久即死傷大半，差點全軍覆沒。而自己亦死於秦軍的亂箭之下。

趙奢生前對兒子趙括小看戰爭危害國家的預言，不幸成真。

讀後心得與感想

一般人對自己的親人，通常只看到優點，看不到缺點，但是身經百戰的趙奢，卻能一針見血看出飽讀兵書的兒子趙括自大自傲，不適合領軍，極力反對他當將領。趙奢不護子短的正義行為，值得推崇。

火牛復國

田單

戰國時代齊國人，約生於西元前四世紀，為齊國當代名將，以「火牛計」收復被燕國占領的城池。

田單才華橫溢，智勇雙全，在即墨戰役中，被推舉成為新的將領。

那時，燕軍已經占領齊國大部分的土地，新上任的田單認為，燕軍的陣容遠比齊國浩大，齊軍若想反敗為勝，應從縮小雙方戰力差距開始。

當時，燕軍派來攻打即墨的將領是樂毅，他是一位威震八方的名將。田單認為如果要守住即墨，就得先除掉樂毅。

田單得知燕國新任太子對樂毅非常不滿，便利用反間計，悄悄派人到燕國散布謠言，說：「樂毅久久一直未向即墨城進攻，是因為他想得到齊國人民的歸附，以便稱王。現在，齊國人最怕的就是燕國將樂毅換下來，這樣即墨立刻就會被攻破了。」燕太子聽到謠言，果然中計，很快的就把樂毅撤換了。

除掉樂毅後，田單為了激勵軍隊士氣，便以身作則，將自己的妻妾都編入守城的隊伍中

，又獻出自己的私人財產，獎勵將士，使得齊國軍隊上下一心，全都願意視死如歸的為國家效命。

田單判斷反攻時機成熟了，即暗中挑選五千名勇士，裝扮成鬼神的模樣；同時又找了一千隻牛，分別在牛角上綁尖刀，牛尾巴上綁蘆葦，牛背披上淋有油脂的五彩披風。

某天夜裡，田單下令將牛尾巴上的蘆葦點燃。牛群被火焰燒得痛不欲生，全都發瘋似的拚命往燕國的營地狂奔。五千名扮成鬼神的勇士，緊跟在「火牛陣」之後衝鋒陷陣，追殺燕軍。而齊國的士兵和老弱婦孺們，這時也都齊聲敲打身邊的銅、鐵器，形成一股駭人的聲浪，傳遍了每一個角落。

燕軍看到此種景況，以為是鬼神來襲，驚慌失措的四處走避，將領也在混亂中被殺身亡，即墨乃一舉而收復了。

此後，齊國被占領的地方軍隊也跟著響應田單的復國行動，將士們越戰越勇。不久，齊國失去的七十餘座城池，也全都一一收復了。

讀後心得與感想

田單以少數兵力打敗燕國的大軍，除了以智謀取勝，最重要的是他能以身作則，派出家眷與百姓共同防守，並且大公無私的捐出家產，使大家心悅誠服，團結一心，終於成功的收復國土。可見，用心、用智慧才是解決問題的好方法。

平民宰相

蘇秦

戰國時代洛陽人，字季子，與張儀同拜鬼谷子為師，以「合縱」策略聞名於世。

蘇秦出身平民，想憑藉自己的才能赴京遊說秦王，以求得一官半職。但是，不管蘇秦如何費盡脣舌，秦王都不肯任用他。他散盡盤纏，最後連吃穿都有問題，只好無奈的返鄉回家。

好不容易回到家中，卻發現妻子、兄嫂及父母、弟妹們都在暗自譏笑他，蘇秦感到十分羞愧，便下定決心發憤用功，期盼未來功成名就，光耀門楣。

後來，蘇秦果真受到重用，當了趙國的宰相，當他衣錦榮歸返家時，妻子不敢正眼看他，嫂子看到他，立刻跪地匍匐而行，連連跪拜四次。蘇秦問嫂子態度為什麼會有這麼大的轉變。嫂子說：「因為你現在是大官，有權有勢啊！」蘇秦聽後，對人心的現實冷漠十分感慨。

有一次，他的好友張儀，因為在楚國被誣偷竊「和氏璧」，遭鞭打釋放後，前往投靠正在趙國當宰相的蘇秦。不料，蘇秦竟以奴僕吃的便餐招待他，令張儀感到十分難堪，因為已經餓了好幾天，所以顧不得顏面，便大口的吃了起來。蘇秦看到他這個樣子，不屑的說：「我一直認為你的能力比我強，可以比我早任官。誰知你竟然落得如此下場，我真是看錯你了！」

遭到蘇秦一番數落後，張儀決定遠走他鄉。於是他便與一位朋友來到秦國。這位朋友幫他在秦王面前說盡好話，才使得秦王破例重用他。

張儀得到官位後，馬上去造訪這位朋友，想向他表達謝意。沒想到，這位朋友卻先向他磕頭說：「其實，我是蘇秦的手下。蘇秦認為你留在楚國沒有出息，於是派我想辦法讓你離開楚國，所以我只好利用偷和氏璧嫁禍於你，好讓你能到秦國發展……。」

張儀這時候才知道，原來蘇秦一直在暗中幫助和激勵他，使他功成名就。於是，他發誓在蘇秦過世前，絕對不與趙國為敵，以作為對蘇秦的回報。

讀後心得與感想

蘇秦用心良苦，以計策激勵張儀，顯示他重視人才，不忍人才遭埋沒，正是所謂「英雄惜英雄」呀！

連橫破六國

張儀

戰國時代魏國貴族的後裔，善遊說，多智謀，以「連橫」策略助秦破六國，可謂策士之雄。

張儀遊走各國期間，曾遭楚國誤會偷走和氏璧，慘遭鞭打逼供。但是，張儀抵死不招供，對方沒證據，只好將他釋放。

被打得遍體鱗傷的張儀回家後，妻子很不忍心的說：「你如果不去遊說君王，哪裡會落得這樣的下場？」張儀問妻子：「妳看我的舌頭還在嗎？」妻子笑著說：「還在啊！」張儀回答：「這樣就夠了！只要我的舌頭存在的一天，我就還有成功的機會！」

身體復元後，張儀到秦國，向秦王說明他的「連橫」理論，也就是讓六國親近秦國，使秦國完成統一的霸業。此理論十分符合秦王的心意，於是就讓他做客卿，負責外交事務；後來又因政績優異，秦王封他為相。

有一次，秦國想討伐齊國，派張儀到齊國的同盟國楚國，想辦法要破壞他們的關係。張儀對楚王說：「只要你們與齊國斷交，我們就把三百里的土地割讓給你們！」

楚王聽了覺得這是好交易，於是跟齊國斷交；沒想到，張儀回國後，卻沒有依約定將城池割給楚王。楚王認為秦國懷疑他與齊國斷交的心意不堅，於是派一名勇士去辱罵齊王。齊王盛怒之下，和楚國斷交，改和秦國建交。事後，楚王才發現上當，於是氣急敗壞的攻打秦國，但是不敵秦軍，反而割地求和。

不久，秦國開出條件，說要還地與楚國結盟。楚王對張儀怨氣未消，說：「我不要地，只要張儀！」沒想到，張儀竟然真的再度來到楚國，楚王立刻將張儀關進死牢。

張儀充分運用他的口才，配合厚禮賄賂，才使得楚臣靳尚願意幫他說動楚夫人，讓楚夫人向楚王求情。於是，張儀順利的從楚王手中脫困而歸。後來，張儀也憑著三寸不爛之舌，使得秦國逐漸強盛，並促使六國分別和秦國建立友好關係，而沒有聯合起來進攻秦國。

讀後心得與感想

張儀擁有絕佳的口才，對自己這項優點，他也十分清楚，因此在生活不得意的時候，依然能對自己的能力有自信，甚至遭到冤枉或危急，也能沉得住氣設法解困。所以我們要效法張儀，努力充實自己，培養自信心，一旦機會來臨，出人頭地便能水到渠成。

舉世皆醉我獨醒

屈原

戰國時代楚國人（西元前 340 －前 278 年），名平，又名正則，字靈均，是中國偉大的愛國詩人，浪漫主義詩人的最佳代表，被聯合國教科文組織列為世界文化名人。

屈原出身貴族，少年得志，深受楚懷王的信任和器重，曾任左徒、三閭大夫，成為當時楚國內政、外交的核心人物。屈原為實現楚國的統一大業，積極輔佐楚懷王變法圖強，且堅決的主張聯齊抗秦，使得楚國一度出現國富兵強、威震諸侯的局面。但是在內政、外交上，屈原招致上官大夫等小人的嫉妒、誣陷和排擠。最終，楚懷王也漸漸疏遠了他。

由於楚懷王的外交舉措失當，使楚國接連遭到秦、齊、韓、魏的圍攻，屈原奉命出使齊國，希望彼此能重修舊好，卻未能成功。楚懷王二十四年，楚國徹底投入秦國的懷抱，屈原亦被逐出郢都（今湖北江陵），到了漢北，這是他第一次被放逐邊疆。

頃襄王七年，屈原反對楚、秦聯姻，並指斥懷王的兒子子蘭對懷王的死負有責任。子蘭又指使上官大夫在頃襄王面前造謠詆毀屈原，屈原再次被流放至江南，輾轉流離於沅、湘二水之間，長達七年。在屈原多年流亡的同時，仍然心繫國事與君王，楚國的形勢愈加危急。

頃襄王二十一年，秦國大將白起率軍攻破楚國都城郢。屈原眼看自己熱愛的國家已經無希望，也曾認真的考慮過出走他國，但最終還是未能離開故土，心情悲憤交加，抑鬱苦悶，傳說於農曆五月五日，跳入汨羅江自盡。

屈原的名言：「舉世皆醉唯我獨醒，舉世皆濁唯我獨清。」他生前著有辭賦二十多篇，其中《離騷》是他的代表作品，也是中國古代文學史上最長的一首浪漫主義抒情詩，充滿了愛國主義和浪漫主義精神，在中國文學史和世界文學史上，都具有廣泛的影響和崇高的地位。

讀後心得與感想

屈原投江自盡時，正是農曆的五月初五，當地百姓紛紛駕船趕往相救，還包糯米飯投入江中，希望餵飽河中魚兒，免得牠們去啃食屈原，這也就是「端午節」划龍舟、包粽子的由來。屈原雖未能如願完成政治理想，但是他的愛國心卻照亮了人們的心，使得他也成為中國歷史上，最受景仰的愛國詩人。

智取龐涓

孫臏

戰國中期人，約生於西元前四世紀，是「武聖」孫子的後代子孫，著名的軍事家。

孫臏是孫子的後代子孫，曾經與龐涓一起拜鬼谷子為師，並且與龐涓稱兄道弟，感情相當深厚。

但是，龐涓因為厭倦了在深山學習的日子，所以想早一步下山，以獲得功名利祿。孫臏則認為自己的學識還不足，因此決定繼續留在山上。

龐涓到魏國後，向魏王展現他對於兵法運用的心得。魏王十分欣賞他的才能，便封他為元帥。龐涓當官後，屢建奇功，國內的百姓都非常的崇拜他，因此他開始驕傲自大。

不久，孫臏因受人推薦，也來到了魏國，並當上客卿。當時，龐涓認為孫臏學識比他高，為鞏固自己的地位，便想將這個「對手」給消滅掉。

於是，龐涓開始搬弄是非，向魏王說了許多孫臏的壞話，魏王信以為真，便下令將孫臏處以「臏刑」，也就是砍掉他的兩片膝蓋骨，讓他終身殘廢。

當孫臏知道自己的好友龐涓居然背叛他，心中受到很大的打擊。他負著殘軀，十分無奈的潛逃到齊國，被當時的賢臣田忌推薦給齊威王。齊威王相當欣賞孫臏的才能，便請他擔任齊國的軍師。

後來，魏國和齊國打仗，龐涓和孫臏這兩名師兄弟終於有正式交手機會了。雙方你來我往，不相上下。有一回，孫臏運用誘兵法，故意逐漸減少軍隊中煮飯的灶，讓隨後追擊的龐涓，誤以為孫臏的兵力已經越來越少。而龐涓果然中計，一路猛追。

某天夜裡，龐涓追到馬陵後，發現竟然是死路一條，心中正訝異時，卻看到前方一棵樹上刻著一行字，他連忙舉起火把，上前查看，才發現上面寫的是「龐涓死此樹下」。

「糟糕！我居然中計了！」當龐涓恍然大悟時，孫臏預先埋伏在附近的五千名弓箭手卻已萬箭齊發，龐涓萬箭穿心的慘死於樹下了。

讀後心得與感想

龐涓和孫臏本來是好朋友，但是，龐涓為了私心，不惜背叛好友，甚至想把他害死。最後，龐涓不但沒有得逞，反而還死在孫臏的計謀當中。

這個故事告訴我們，害人者苦心積慮的結果，自己反而落得悲慘的下場。

道家思想家

莊子

戰國時代蒙人（西元前 369 －前 286 年），名周，字子休，老子之後道家重要的思想家，著《莊子》一書，被奉為道家經典。

莊子生活在戰國時代，國與國之間爭戰不已，暴君不斷的欺壓百姓，官場惡鬥，層出不窮。於是，莊子選擇遠離塵囂，以清淨的心靈去體察生命與世間萬物的道理。

莊子曾經為了謀生當過一個小官，地位不僅卑微，連俸祿也少得可憐。他雖然貧窮，但是卻很快樂，因為他放棄了追逐世俗的名利，以從容的態度過生活。

有一次，楚王久仰他學識淵博，派人請他上朝為官，莊子卻堅決的辭謝了。他說：「我聽說楚國用大禮供奉一隻活了三千歲的大龜，但牠的生活宛如已死亡。而其他的小龜，雖活在爛泥巴中，卻能擺頭甩尾，多快樂啊！我就像那隻小龜，寧願貧困一輩子而活得自由自在，也不要被功名利祿拘束住！」

又有一次，他的好友惠施在魏國當宰相，莊子路過準備去探望他。有人跟惠施打報告說，莊子來的目的是想取代他的官位，惠施心生恐懼，派人在城內搜了三天三夜。莊子知道後，修書傳送給惠施，說道：「南方有一種鳳凰，不是潔白的竹筍就不吃，不是清澈的甘泉牠也不喝。而有隻貓頭鷹，只要能得到一隻腐爛的老鼠，就視同山珍美味。貓頭鷹看見鳳凰來了，以為鳳凰是要搶牠的食物，就恫嚇那隻鳳凰，你覺得貓頭鷹可不可悲。」惠施看完信後羞愧得無地自容，連忙親自登門向莊子道歉。

莊子過了多年的隱居生涯後，知道自己不久人世。他的弟子們都很難過，並討論將如何料理喪事。

莊子說：「天地，就是我的棺木；日月星辰，則是我的陪葬品。天地用萬物來為我送行，我的葬物難道還不足夠嗎？」

弟子們聽了，不禁落淚說：「但是，這樣烏鴉和老鷹會吃掉你的遺體啊！」

莊子笑著說：「可是，如果你們把我埋在地下，螞蟻一樣會吃我呀！你看，你們奪走烏鴉的食物給螞蟻吃，這未免太不公平了吧！」

中國亞聖

孟子

戰國時代鄒人（西元前 372 －前 289 年），姓孟名軻，是孔子的再傳弟子，後世尊稱為「亞聖」。

有一句諺語說：「每個成功的男人背後，一定有個偉大的女性」。依此推斷的話，那麼孟子背後的「偉大女性」，就是孟子的母親了。

孟子的父親在他小時候就過世了，家中生活全靠母親一人負擔。

原先，孟子和母親住在墳場附近。孟子每天見到的，都是一些送喪、埋葬的儀式，於是他也堆起小土丘，手裡拿著樹枝做的香，有樣學樣的跟著祭拜起來。孟母看見之後，心生憂慮，認為此一環境不適合孟子成長。於是，幾天後，孟母就帶著年幼的孟子搬到菜市場附近。然而市場中每天人聲鼎沸，叫賣聲此起彼落，好不熱鬧。孟子覺得十分有趣，就在和小朋友嬉戲時，也模仿著賣豬肉的屠夫，大聲的叫賣。孟母一看，立刻決定再次搬家。

這回，他們搬到

了學校附近。學校的讀書聲莊重而嘹亮，學生們互相禮讓且認真讀書的模樣，使年幼的孟子逐漸受到影響。

於是，孟子也開始模仿起學生，有模有樣的吟誦起詩歌來了。母親看到後，十分欣慰和歡喜，就把孟子送去學校上課，並決定從此就在這裡定居。這就是歷史上相當有名的「孟母三遷」故事。

不過，孟子在上學後不久，認為學習是一件枯燥無趣的事情，經常心不在焉，要不就逃學找玩伴嬉戲。

孟母知道以後，非常的生氣，就把孟子叫到跟前罰跪，並當面把一匹快要織好的布料，用剪刀大力的剪斷後，厲聲道：「學習是需要持續的，一旦半途而廢，就會像你眼前的這塊布料一樣，一點用處也沒有了！」

孟子聽了母親這一番話後，哭著向母親認錯，並下定決心回到學校專心上課，痛改前非，持續不懈的學習，後來終於成為了人人敬仰的儒學專家。

讀後心得與感想

「孟母三遷」的故事告訴我們，環境對人的成長影響深遠，如果孟母當初對居家環境不予選擇的話，孟子也就不可能擁有往後的成就。

「孟母斷杼」的故事也在警惕我們，千萬不能半途而廢，否則將前功盡棄，一事無成。

立木教信

商鞅

戰國時代衛國貴族（西元前 390 －前 338 年），姓公孫，又稱衛鞅或公孫鞅，秦國著名的政治家，法家的代表人物之一。

商鞅從小喜歡研究有關法制、律令的學問，並拜當時有名的學者李悝為師，學成後成為魏國宰相公叔痤的門客。

公叔痤臨死前上奏魏王說：「在我的門客中有一位叫做商鞅，雖然年紀輕，但是有傑出的才能。如果讓他做宰相，對國家一定會大有貢獻；如果不任用的話，就請把他給殺了，不要讓他出境，以絕後患。」魏王以為公叔痤病重胡言亂語，並沒有把他的話當真，就把商鞅給放了。

商鞅聽說秦王是一位有遠見又懂得任用賢才的人，於是馬上飛奔秦國，希望能夠求得一官半職。在秦王召見商鞅時，商鞅滔滔不絕，高談闊論治國方針，一連談了數天數夜，都沒有休息。秦王非常認同商鞅的主張，便決定任用他掌管軍事大權。商鞅一上任後，立即著手制定新法，主要目的是富國強兵，改革舊法。

商鞅編完新法後，怕百姓不願遵守法律，於是就想了一個妙計。他把一根三丈高的木柱豎立在國都的南門外，並召告百姓，如果有人可以把柱子搬到北門，就賞賜他十兩黃金。大家知道這件事後，認為搬木頭只是舉手之勞的一樁小事，怎麼可能會有賞金，所以都沒有人去嘗試。

商鞅看到沒有人願意嘗試，便將獎金調高到五十兩。五十兩黃金在當時可是一筆很大的數目，這次到南門圍觀的人更多了。這時，有一名壯漢擠出人群，毫不猶豫的把木柱拔起來，照著商鞅所規定的搬到了北門。商鞅知道後，果然依照約定將五十兩黃金賞給壯漢。壯漢無意中發了一筆橫財，高興得合不攏嘴！

這件事一傳十，十傳百，最後，大家認為商鞅很守信用，是個說到做到的好官。於是，當商鞅的新法公布時，全國百姓都遵照著做，違背者少之又少。商鞅「立木教信」贏得眾人對法律的服從，秦國也因此越來越富強，最後，甚至擊敗六國，成為統一中原的霸主。

臥薪嘗膽

句踐

春秋時代越國人，又稱菼執，越國國君，經十年生聚教訓，終於滅吳國，復興越國。

西元前 496 年，越王允常去世，句踐繼承王位。吳王闔閭知道越國初立帝王，便趁機興兵攻打越國。但是，句踐雖然沒有統治國家的資歷，也絕不是省油的燈，馬上起兵抵抗，使得吳軍節節敗退，而吳王也臨陣中箭，死於返國途中。

吳王的兒子夫差即位後，時時不忘殺父之仇，用了兩年多的時間練兵。句踐聽說吳王夫差日夜練兵，打算先攻打吳國。當時一位叫做范蠡的大臣，勸阻句踐說，打擊吳國的時機還沒有成熟，不要貿然行事。但是句踐不聽，堅持要攻打吳國。

吳王知道這個消息後，親自率領一批精兵抵抗越國，兩軍大戰後，越軍大敗。句踐非常後悔，對范蠡說：「我們的國家之所以會打敗仗，完全是因為沒有聽從你的勸告啊！我現在該怎麼辦？」

范蠡說道：「現在，我幫您賄賂吳王身邊的人，請求對吳王稱臣納貢。等到復國的機會一來臨時，大王必定可以一舉滅吳。」

吳王夫差的相國伍子胥知道此事後，

堅決要吳王滅掉越國，以絕後患。但是夫差不聽勸告，答應句踐的請求，還要句踐夫婦到吳國當他的僕人。句踐便將國事託付給文種等大臣，帶著夫人和范蠡去吳國當僕人。大臣們見到國君為保國復仇，甘受如此屈辱，都哭著向他保證一定會治理好越國，就連百姓也都哭著為他送行。

句踐忍辱負重，小心伺候夫差，百依百順，甚至勝過夫差的僕役。夫差生病，句踐前去問候，還親嘗他的糞便，體貼他的病情。三年後，夫差認為他已經真心臣服，決定放句踐夫婦和范蠡回國。

句踐回到越國後，為了激勵自己不忘報仇雪恥，睡覺時不但不鋪被子，反而鋪上柴草；在房間裡也掛了一個苦膽，每頓飯前都要嘗一嘗，讓自己不要忘記那段身為俘虜的苦難日子以及亡國的恥辱。所有大臣與民眾因為句踐的勵精圖治，舉國上下一致同心，果然不久之後便滅掉吳國，復仇成功。

墨家創始者

墨子

春秋末期人（約西元前 479 －前 381 年），姓墨名翟，偉大的思想家，墨家學派的創始人。

墨子是春秋時代人，生活在一個非常貧窮的家庭，以手工業為生。

墨子曾經學習過孔子的儒學，但是，他在學習當中，卻逐漸捨棄儒學，發展出一套屬於自己的思想體系，後人稱為「墨家」學說。

這個學說與儒家是相對立的。他主張「兼愛」與「非攻」，認為我們應該以平等的愛對待他人，就不會互相爭伐，也就沒有戰爭。如此世界就會重獲和平，人民就能過著安定的日子。

墨子認為，自己有「為民興利除害」的使命，於是就和弟子們一起穿簡樸的服裝，吃著簡單的食物，過著刻苦的生活來磨練自己，並到各地遊說諸侯，請求停止戰爭，安定社會。

墨子曾經到過楚國，與當時被雇用的機械發明家公輸般討論戰事。當時，公輸般發明了一種新型武器，準備依楚王的計畫，用它來攻打弱小的宋國。

他跟公輸般在楚王面前演練了一場小型的攻防戰。墨子先解下他的腰帶圍成一座城，並以一隻小棍棒當成武器。接著，公輸般使用九種不同的機器模型攻擊，但全都被墨子擊退了。

最後，公輸般的進攻武器全部使用完了，但墨子的防禦招式卻還有很多都沒使出來。

公輸般說：「我知道怎麼打敗你，但是我不願說出來。」墨子也答道：「我知道你的想法，但是我也不願說出來。」

楚王不太懂他們的意思，於是就問墨子：「你們到底在說什麼？」墨子說：「公輸般想要殺我。但是我的弟子三百人，早就拿了我的防禦用具，在宋國城上等待楚國的侵略者。就算你們殺了我，我的弟子，你們殺得完嗎？無論如何，我們都不會被滅絕的！」

楚王知道墨子已有萬全的準備，便放棄了攻打宋國的念頭。

墨子的學說，與他們對學說的實踐，正反映了社會大眾普遍反對戰爭、渴求和平的心理。所以，當時的人都非常尊崇墨家思想，並將它與儒學並列為「顯學」，視它為紛亂時代的救世主。

魚腹藏劍刺吳王

專諸

春秋時代吳國堂邑人，約生於西元前五、六世紀間，事親至孝，為報恩行刺吳王而壯烈犧牲。

專諸是屠夫，身材壯碩，孔武有力。他侍母至孝，是當地有名的孝子及義士。有一次，他和一位大漢打架，許多人來勸架都無效；但是，當他的母親開口喝止，他便馬上收手。

伍子胥非常欣賞專諸，便將專諸推薦給公子光。公子光對專諸母子極為善待，專諸感激不已，暗自決定捨身相報。

公子光對專諸說，自己本來是正統的王位繼承人，但是卻沒有人擁立他。於是他想把吳王殺掉，自立為王。

專諸說：「那我就幫你刺殺吳王吧！我知道吳王喜歡吃烤魚，我就學習烤魚的技藝；學成之後，我準備將寶劍藏在魚肚裡端給吳王吃，伺機抽出寶劍刺殺他。」

公子光感動的以頭叩地說：「我真是不知該如何感激你才好！如果你不幸行刺失敗而犧牲，我一定會替你妥善的照顧你母親及家人，你放心吧！」

於是，公子光便按照計畫設下酒席宴請吳王，並悄悄在四周派兵埋伏。

酒宴中，公子光假裝腳痛暫時離席，其實他是躲進地下室中。專諸接獲指令，便將藏著寶劍的烤魚端去給吳王品嘗。

專諸緩緩走向吳王，吳王身邊的侍衛急忙將他包圍，並且抽出身上的佩劍，架在專諸的脖子上。專諸若無其事，聲稱特來獻上烤魚，吳王一見烤魚，心防鬆懈，就讓侍衛退下，命專諸將烤魚奉上；專諸走近吳王後，將藏在魚肚裡的寶劍立即抽出來，吳王發現時，專諸已將寶劍刺入他的心臟，吳王便身亡了。

兩旁的侍衛看到吳王遇刺，便一擁而上，瞬間將專諸剁成了肉醬。躲在地下室的公子光知道吳王已被刺死，立刻派出伏兵，將吳王的士兵全數撲滅。

公子光在暗殺成功之後，便自立為吳王。他在位期間，施行良政，散發錢財與糧食給窮民。又策封專諸之子為上卿，並厚禮安葬專諸，以慰他在天之靈。

少年英勇救國

汪踦

春秋時代魯國一名英勇的少年，約生於西元前五世紀，奮勇殺敵而光榮殉國，魯人以英雄之禮厚葬。

春秋時代，齊國常憑著武力侵略鄰近的魯國。

當時，齊國最強盛，魯國最弱小，因此魯國受盡了齊國的侵略，總是打敗仗，失去了許多土地，而且所有的士兵都很怕齊國，只要齊兵一來，就嚇得四處逃竄，甚至有人主張乾脆送土地給齊國，省得他們常來侵犯。

這回，齊國又舉兵侵略魯國，魯國國君親自率領軍隊抵抗，但魯軍膽小成了習慣，根本無法抵抗齊兵，魯哀公帶領貪生怕死的士兵迎戰齊國，連戰連敗，魯國上下都爭著逃命，被齊兵殺得一敗塗地。眼看魯國就要滅亡了，突然有個十四、五歲的少年，像一陣旋風般的闖入陣地，順手抓起一件武器，嚷著說：「看我汪踦來殺賊吧！」頹喪的士兵們大吃一驚，看他年紀還這麼小，便紛紛上前阻擋。

汪踦掙扎著說：「現在國家已到了存亡的關頭了，還能只顧自己的生命嗎？我汪踦年紀雖小，也是魯國的國民，為了國家，一定要去拚命，即使死了，也是心甘情願！」說完就高舉武器衝入敵陣，殺了不少敵人。但他畢竟是個小孩子，人小力薄，不久就死在敵人的刀下，光榮的犧牲了。

魯國的士兵受到汪踦的感召，再也沒有人貪生怕死，一時軍心大振，一致向齊兵殺去，不僅轉敗為勝，收復了失土，國勢也因而逐漸轉強。

魯國獲得空前的勝利，大家認為汪踦的功勞最大。在當時，小孩子的葬禮跟成人的葬禮是不一樣的，但由於汪踦乃是為了國家而犧牲，魯國人想破例，便去問孔子這樣做妥不妥當。孔子說：「汪踦雖然只是一個小孩子，卻能毫不畏懼的拿起兵器奮力殺敵，已經超越了一個小孩做得到的事情，當然可以用成人的禮節為他下葬。」於是，魯人就用埋葬成人的英雄式禮節來埋葬汪踦，作為對他的尊崇。

讀後心得與感想

魯國少年汪踦，人小志氣高，英勇愛國，他明知自己無法敗敵，但是卻以自我犧牲來喚醒全民的愛國心，終使全國上下團結一致，反敗為勝。汪踦愛國不落人後，一人立起的奮勇精神，著實令人敬佩！

言出必行

曾子

春秋時人（西元前 505 年－前 436 年），名參，字子輿，孔子七十二門徒之一，誠實、堅毅、孝順的人格，為後世所推崇。

曾子有一次跟父親去種瓜，剛接觸農事的他，一不小心便將瓜根給鋤斷了。父親很生氣，拿起木棒狠狠的打了曾子好幾棍，曾子痛得幾乎昏過去。

事後，父親十分的後悔，便去曾子的房間探望他的傷勢。曾子知道後，怕父親擔憂，便忍著傷痛，連忙起床彈琴唱歌，裝作一點也沒受傷的樣子。

孔子知道這件事後，便下令門徒不可以讓曾子進門來。孔子說：「如果他父親出手不重，接受懲罰是沒關係；但是若父親懲罰過度，如果還默不出聲的讓父親打死，豈不是害父親蒙上殺人罪名？這樣怎能稱得上是孝順呢！」孔子的話傳到了曾子的耳中，他明白自己做錯了，便登門請罪。

還有一次，曾子的妻子準備出門買菜時，兒子哭鬧著要一起去。曾妻為了安撫兒子，哄騙他說：「你乖乖在家裡等著，待會兒我回來，就叫你父親把家裡養的豬宰給你吃。」兒子聽到後，信以為真，馬上停止哭鬧，乖乖等母親回來。

曾妻回家後，看見曾子正在磨刀，準備殺豬，嚇得她趕快奪刀阻止說：「我說要殺豬給兒子吃，只是為了要讓他安靜下來而已，你用不著當真啊！」

曾子回答說：「人不能不守信用，尤其我們做父母的，更得以身作則，為孩子立下好榜樣。」

「但是，家裡的這頭豬是要等過年時當作祭品的呀。如果現在就把牠宰了，過年沒豬祭拜怎麼辦呢？」妻子說。

曾子安慰妻子說：「我了解妳不捨的心情，畢竟豬不是我們可以經常吃到的。但是，小孩子沒有判斷真假的能力，如果我們現在欺騙他，以後他就再也不會相信我們了。而且，對孩子的未來發展，也將會有很大的障礙。」

說完後，曾子不顧妻子的反對，真的把豬殺了，煮出香噴噴的豬肉給孩子吃。他對孩子言出必行的作法，是一種「身教重於言教」的實踐。

仁政報國

晏嬰

晏子，春秋時代齊國人，生於西元前六世紀，名晏嬰，字仲，諡號為平，著名的政治家。

晏子是齊國的重臣，也是少數令人敬佩的清官。有一天，齊景公派晏子去治理東阿國，在晏子主政期間，百姓們豐衣足食，生活和樂。

三年後，晏子被景公召回京都，並挨了一頓罵。景公說：「我還以為你挺有本事的呢！派你去治理東阿。現在，東阿竟被你搞得亂七八糟，你回去好好反省反省吧！」晏子聽完景公的話後，以恭敬的態度表示接受，還請求說：「讓我換個方法治理東阿，如果三年後，還治理不好，我將以死謝罪。」於是，景公同意再給晏子一個機會。

到了第二年，晏子返京彙報稅收時，齊景公親自上前迎接，還祝賀他說：「好極了！你治理東阿很有成效嘛！」

晏子聽了，卻馬上對景公連連磕頭說：「從前我治理東阿，不收賄賂，池塘裡的魚都留給窮人吃，那時老百姓沒人挨餓，但您反而要治我的罪。後來我治理東阿，大開後門，接受賄賂，還加重老百姓的稅收，搜括來的財富不入國庫，全都孝敬您左右的人了；池塘裡的魚，也都送去巴結權貴之家，現在東阿的老百姓民不聊生，有一半的人在挨餓，您卻反而前來迎接祝賀我。豈不令人感慨！懇請大王准許我退休，讓位給賢能的人吧！」

齊景公聽了晏子的話，覺得非常慚愧，急忙從座位上走下來說：「我知道自己的錯了，請你繼續治理東阿，我不再干涉了。」

從此，齊景公對晏子信任有加，並授予他更大的職權。

讀後心得與感想

以晏子的才智，如果和那些貪官一起合作，一定可以為自己爭取到龐大的財富和權力，但是晏子寧可踏實的做官，也不願使民受害以換取私利，這種心意，才是真正的替國家著想。他明知齊景公遭到左右官員矇騙，卻不立刻揭露，反而以實際治理的成績比較來點醒齊景公，這種作法可謂用心良苦。

孔門賢士之首

顏回

春秋時代魯國人（西元前 521 －前 490 年），字子淵，又叫顏淵，是孔子最得意的學生，可惜英年早逝。

有一次，孔子跟子貢一起散步。孔子問：「你跟顏淵，哪一個比較聰明？」子貢說：「我怎麼敢跟顏淵比啊！他在聽到一件事時，便可以領悟到十件事；而我呢，最多只不過悟到兩件罷了。」

孔子也贊同道：「你說得對！對於這方面，我承認，連我也比不上他呢！」

在孔子被困於陳國、蔡國之間時，跟著他的學生都連續餓了七天。子貢見狀，想辦法將自己買來的貨物給賣掉，並換得了一石米。

這次負責煮飯的是顏回與仲由。在煮的過程中，突然屋頂上有一團黑灰掉到飯裡。顏回二話不說，就把這些髒飯給吃掉了。子貢在門邊，正巧看到顏回這樣的舉動，認為他在偷吃飯，馬上跑去跟孔子告狀。

孔子認為，他會這麼做，應該別有原因。於是將顏回召來，問道：「聽說今天有買進了一些米糧。現在我肚子餓了，快去煮飯吧！」

顏回說：「我本來在煮飯，但是，恰

巧在煮飯時，有一團黑灰掉進飯裡面。我心想，這樣的飯應該不能讓大家吃了，但是，如果把飯倒掉，又怕浪費糧食，所以我便全部吃掉了。」

孔子聽到了，深表讚許：「如果換成是我，我也會把飯給吃掉的。」

原來在周代，飲食是貴族禮儀的一部分，如果食物不乾淨，他就不會吃。孔子的行為，是在維護禮節，即使已經餓了幾天，仍然不改對禮節的堅持。其他同學知道這件事後，也都稱讚顏回是一個有才德的人。

顏回因家境窮困，長期營養不良，導致他在二十九歲時頭髮就全白了。更遺憾的是，他英年早逝，只活了三十二個年頭。孔子認為，顏回是所有學生當中，最能領悟體會他所傳授學問的人，所以在顏回死後，仍然深深的悼念著他。

殺妃練兵

孫武

孫武，春秋時代齊國人，字長卿，是著名的軍事家，人稱「孫子」，著有《孫子兵法》。

孫武原本是齊國人，後來因為宮廷的內部糾紛，於是便遠走到吳國，期望能發展出一番大事業。

在吳國時，孫武認識了投奔吳國的楚國名臣伍子胥，倆人相談甚歡，並很快的成為密友。此時吳國局勢混亂，他們便隱居郊外，等待輔佐吳王的時機到來。

在這段期間，孫武一邊耕種，一邊撰寫他的兵法思想，這本書就是馳名千古的《孫子兵法》。

當這本兵書完成後，伍子胥為了振興吳國的國力，便將孫武推薦給吳王。吳王召見孫武時，孫武將他費盡心思寫的兵書獻給吳王。吳王看後，嘖嘖稱奇，連聲叫好。

為了測試孫武的才能，吳王故意派了一群宮女讓孫武指揮，而且指派兩名愛妃當隊長。

孫武明知吳王刁難他，卻不以為意；當他站上指揮台說完訓練綱領之後，便開始發號司令。吳王的愛妃和宮女們心不在焉，演練中不停的嘻嘻哈哈，根本不聽號令，使得隊形大亂，演練完全走樣。孫武一再糾正無效，便叫來軍吏，要依軍法將兩名領軍不力的隊長給殺了。吳王一聽孫武要殺了他的愛妃，著急萬分的出面阻止。孫武卻說：「既然您任命我為將，將令如山，違者斬，否則何以帶兵。」於是，堅持殺了吳王的愛妃。宮女們眼見隊長被殺，嚇得膽顫心驚，接下來的演練，這群娘子軍便非常服從，一個口令一個動作，有板有眼。

吳王失去了愛妃後，深感不捨，孫武卻嚴正以道：「軍紀如山，只有賞罰分明，士卒們才會聽從命令，克敵制勝。」

吳王領教了孫武的治軍才能後，便決定大力的重用他。

讀後心得與感想

孫子不把君王之言當兒戲，也不因違法的人是身分特殊的王妃就縱容，他認真執行的態度，讓吳王見識到軍令如山的重要；同時也說明，平時鬆懈管理，一旦大事來臨，要想補救也就來不及了。

首位平民教育家

孔子

春秋魯國（今山東曲阜）人，（西元前551—前479年），名丘，字仲尼。是中華文化偉大的思想家、教育家和哲學家，也是儒家的創始人。

孔子三歲時，父親去世，母親帶他遷往都城曲阜，過著清貧的生活。他自幼好學，十五歲確立學習志向，發憤努力，並透過自學和向人請教，精通「六藝」：禮（禮節）、樂（音樂）、射（射箭）、御（駕車）、書（書法）、數（算術）。三十歲時，進一步研究高深的「六經」，即《書》、《詩》、《禮》、《樂》、《易》、《春秋》，並開始收徒講學。

因為孔子學業、德行廣博深厚，來自各國無數的學生聚集在他的門下，他有弟子三千，精通六藝者七十二人。孔子是中國歷史上首先實行「平民教育」的人。他認為不管貧或富、愚笨或聰明，人人都有受教育的權利；而每個人資質不同，同一種方法無法適用於每個學生，必須依學生的個別差異，採用不同的教學方法，才能讓學生受益。他主張「有教無類、因材施教」的態度和「學不厭、教不倦」的精神，深受世人景仰，而尊稱他為「至聖先師」、「萬世師表」。

孔子五十一歲開始為官從政，以德感

人，以禮教民，顯露出非凡的政治抱負。五十五歲時，辭掉官職，離開魯國，率弟子周遊列國十三年，推行他的仁政德治思想。其間歷經艱難，四處碰壁，仍不灰心喪志，這種奮鬥不懈的精神，值得我們學習。

六十八歲，孔子回到魯國，潛心教育弟子和修正以「六藝」為代表的古代文獻資料，為中華文化承上啟下發揮重要的作用。孔子開創私人著書立說的學術風氣，為中國歷史上著名的春秋戰國時代「百家爭鳴」的現象，奠定重要的基礎和典範。

晚年的孔子，在政治上飽受冷遇，生活也連遭不幸——他的夫人、兒子、弟子等至親至愛的人，都先他而逝去。西元前 479 年，孔子去世，享年七十三歲。

孔子學說博大精深，是中華文化的基石，除對鄰近中國的日本、韓國、越南等國家的政治、經濟和文化發揮影響外，同時對於十八世紀歐洲啟蒙運動及近代民主政治都有顯著的影響。

一鳴驚人

楚莊王

春秋時代楚國的國君，在位時間為西元前 613 －前 591 年間，為春秋時期楚國最有作為的君王。

楚莊王即位後，沉迷於玩樂，白天到處打獵、遊山玩水；晚上則是左擁右抱，沉緬於聲色中。登基三年來，生活荒淫，把國家大事放一旁，不聞不問。

他知道大臣的不滿，於是下了一道命令，不准任何人勸諫，否則一定殺無赦！大臣為了保命，沒人敢開口勸說；其中一位大臣伍舉，冒死要求晉見楚莊王。楚莊王板著臉孔問道：「有什麼事？」伍舉回答：「有人出謎題讓臣子猜，可是我猜不出來，我想大王是聰明人，應該可以猜出來！」楚莊王一聽是猜謎，就叫伍舉說出題目。

伍舉說：「在楚國的山上，有一隻大鵬鳥，身披五彩羽毛，很神氣的站在高山上，如此一站就是三年。這三年間，牠不飛也不叫。請問大王，這是什麼鳥呢？」聽完謎語，楚莊王明白伍舉是在暗示他當皇帝卻沒有作為；看到臣子的用心良苦，於是回答道：「其實這不是一隻普通的鳥，這三年來，牠雖然不飛也不叫，但是，一旦牠想飛了，可是會一飛沖天的；牠不叫則已，若是想叫，也必是一鳴驚人！」

可是，幾個月過去了，楚莊王依然在玩樂，並沒有展現「一飛沖天」「一鳴驚人」的作為。於是又有一名不怕死的忠臣蘇起，決定再去勸說。

楚莊王看到蘇起，很不高興的說：「你難道不知道我禁止勸諫嗎？一旦說出勸諫的話，可是要被殺頭的！」蘇起回答：「我明白自己正犯了大王的規距，但是，大王呀！只要您肯聽我這一次，我就是被砍頭了，也是心甘情願呀！」看到蘇起懇切的模樣，楚莊王扶起蘇起說：「我明白了，你們都是真心為國家好，我一定會振作的！」

從此以後，楚莊王決心改革，他把奉承拍馬屁的人全部撤換，提拔伍舉、蘇起協助他處理國家大事，後來，在孫叔敖的輔佐下，發展農業、改革內政、訓練軍隊，國勢轉為強盛，開始了北上爭霸的局勢，企圖取代周天子成為天下的共主。他果真一鳴驚人，成為楚國最有作為的國君。

彩衣娛親

老萊子

春秋時代楚國人（西元前 599 －前 479 年），有名的孝子，名列中國「二十四孝」之一。

老萊子自幼家境清寒，但在奉養父母時，可以說是盡心盡力。在飲食上總是料理得甘美爽口，在言行上也總是想盡辦法使父母愉悅。

即使老萊子已經七十多歲了，卻從來不說自己年老，當時他的父母還健在，而兩老見兒子日漸衰老，更覺得自己來日無多了，不禁暗自落淚，終日憂心忡忡。老萊子體會出老父母的心思，即想出了一個辦法：他每天穿著五彩斑斕的衣裳，把自己打扮成孩童模樣，蹦蹦跳跳的到父母面前，一邊嘻嘻哈哈大笑，一邊手持波浪鼓像小孩子般，在父母身邊戲耍玩樂，逗父母開心。有時候，他端茶給父母喝，就故意不小心跌了個大跤，躺在地面上，前後左右翻滾著，做出小嬰孩哭鬧撒嬌的樣子，他的老父母經常被他逗得開懷大笑，憂慮全消。

孝順沒有老幼之分，也沒有時間限制。老萊子雖然提供不起錦衣華服，或是山珍海味來侍奉父母，但是他知道「笑一笑，少一少；惱一惱，老一老」的道理，父母年紀老了，承受不了煩惱和憂愁的壓力，要經常讓老人家的心境保持輕鬆、快樂才能健康長壽，所以老萊子雖然自己也已經是個老人，但是為了取悅父母而化身成為一個「老頑童」，凡能使父母歡喜的事就盡力而為，實在是很難得，可說是一個非常體貼的孝子。

讀後心得與感想

不論是位高權重的大官或是平民百姓，也不論是百萬富翁還是窮困潦倒，在父母的心目中，我們永遠是他們的「孩子」。哪怕沒錢給他們過好生活，父母最大的安慰並不在錢，而在孩子的孝心。盡孝的方法有很多，逗父母開心，不一定要像穿上古怪裝束、扮鬼臉，只要多陪伴父母、多問候請安，便可以令他們寬心安樂了。

愛國商人

弦高

春秋時代鄭國的一名商人，生於西元前七世紀，由於他的機智，及時為鄭國化解一場亡國之災。

西元前 627 年，鄭國國君去世，新王上任，一切還未上軌道，當時駐守在鄭國的秦國使者，認為是併吞鄭國的好時機，就寫了一封密函回秦國。

密函上寫著：「鄭國派我掌管北門，如果大王乘此派大軍前來進攻，裡應外合，鐵定可以很快的將鄭國一舉攻下。」秦穆公看完信後，十分高興，不顧大臣反對，決定派大軍前去偷襲鄭國。

由於秦國和鄭國相距實在太遠了，秦國大軍走了許久，才通過晉國進入滑國，而這裡就是和鄭國邊界相交的國家。

這時，有一名鄭國的牛販子，名叫弦高，個子矮小，貌不驚人；他剛好趕著牛群穿過邊界來，準備到河南洛陽做生意。當他聽到人家說秦軍就要跨過邊界去攻打鄭國了，十分吃驚，連忙去查探消息，結果證實秦軍的確就要偷襲自己的國家了。

弦高心急之下，一方面派人趕回去通報消息，一方面決定假冒鄭國使者身分去見秦軍將領，阻止戰事發生。

於是，他將帶著原本要販賣的牛群和

牛皮，要求晉見秦國將領孟明視。孟明視聽到有鄭國使者求見，十分吃驚，心想：「我們才剛到邊界，鄭國居然已經派出使者在等候！他們怎會知道消息呢？」

孟明視接見弦高時，弦高不卑不亢的說道：「我們國君知道將軍千里迢迢來鄭國，特地派我送上十二頭肥牛和這些牛皮，讓將軍犒賞將士的辛勞，也表示我們的一點小心意。」孟明視急忙掩飾的說：「其實我們並不是要到貴國去，所以才沒通知你們，沒想到竟勞煩你費心送來禮物，請代我向貴國國君致謝。」弦高走後，孟明視對手下說：「看來鄭國早有準備，我們偷襲是不可能成功的，還是回去吧！」

另一方面，鄭王得到弦高的通報後，也趕到北門探查，果然發現秦國使者已派人準備各種武器、乾糧等，鄭王立刻就毫不客氣的將秦國使者趕出國境，秦國這場偷襲行動也就空忙一場，完全白費功夫。

教子有方

孫叔敖

春秋時代楚國人（西元前 630 年－前 593 年），名敖，字叔敖。著名的清官，曾輔佐楚莊王。

孫叔敖當官，不僅致力使楚國的經濟發達，社會安定，並使楚國登上中原霸主的地位，百姓也過著富足和樂的日子；當時，楚王多次想給他封賞，但是清廉的孫叔敖，卻認為那些都是他工作上所應負的職責，因此堅持不接受額外的賞賜；所以，他雖然當了許多年的官，但家中卻沒有多餘的儲蓄，連在臨終時都沒錢買棺木。

孫叔敖死後，兒子堅守父親的囑咐，堅決不接受楚莊王封官，最後還躲到荒郊野外，過著貧苦的生活。

楚莊王身邊有一位姓孟的演員，當他知道孫叔敖的兒子生活困苦時，十分為他抱不平。於是，他訂做與孫叔敖一樣的衣物，並花三天時間，模仿孫叔敖的言行舉止。當楚莊王看到孟姓演員維妙維肖的表演後，以為孫叔敖死而復生，連忙請求他回宮任官。

孟姓演員故意說：「

老妻告訴我在楚國不能當官，如果我當貪官，就會處處找機會發財，死後讓子孫大享榮華富貴，這種貪贓枉法的官，我不能做。但是我如果學孫叔敖當廉官，雖然他一身清白，但死後兒子卻無立錐之地，窮得像乞丐，這種廉官，連大王也不念他的前功，當了又有何用呢？」

楚莊王連忙召見孫叔敖的兒子，結果卻看到孫叔敖兒子一身破衣草鞋，楚莊王忙問：「你怎麼會窮到這種地步呢？」孟姓演員插嘴說：「由此可知，孫叔敖真是一位清廉的賢官呀！」於是，楚莊王決定封賞萬戶大邑，讓孫叔敖兒子享富貴。

不料，孫叔敖兒子沒有忘記父親的教誨，堅決不接受，還說：「如果大王實在要封，請封我寢丘之地。」楚莊王覺得很奇怪，問道：「那是一塊貧瘠土地，為什麼要去那裡？」孫叔敖兒子回答：「先父的遺命，告訴我最多只能接受這塊地。」

最後，楚莊王只好答應，孫叔敖的兒子也恪遵父親遺命，到那塊無人願意爭取的窮鄉僻壤，安心過著平凡的日子。

施行仁義

秦穆公

春秋時代秦國君主，姓嬴，名任好。西元前659－前621年在位，長達35年，統一了今甘肅、寧夏等地，為秦國統一天下打下扎實基礎。

秦穆公十二年，晉國鬧旱災，老百姓禁不起飢荒，餓倒路旁，等待死神降臨，情況十分淒慘。晉國派使者向秦國要求支援糧食。

話說晉惠公還未即位時，曾受秦穆公恩惠。那時，晉惠公答應若能登上王位，要送河西八城給秦國；不料，等到秦穆公協助他登位後，晉惠公卻失信，不願送出河西八城，因此和秦穆公有了過節。

晉國使者開口要求支援米糧，秦穆公就召集大臣們商議，臣子丕豹首先反映，他說：「晉國和我們並不友好，我們當然不應該支援糧食給他們，而且此時趁機派兵去攻打晉國，一定可以獲勝。」秦穆公聽完沒說話，再問公孫支，公孫支說：「每個國家都會有遇到稻米欠收的時候，我們應該要幫忙他們呀！」秦穆公再徵詢百里奚，百里奚想了想說：「雖然晉惠公得罪了大王您，但是無辜老百姓並沒有得罪您呀。」

秦穆公一聽覺得有道理，於是馬上撥出糧食，趕往晉國救災。而秦國的賑災隊伍，陣容龐大，可以由秦國一路一直排到晉國，可見秦國大方濟苦的態度。

有一次，秦穆公的數匹好馬走丟了，士兵們急著四處尋找。當找到時，這幾匹馬已經被岐山下的三百多名鄉民，捉去宰殺分食了。

當地的地方官十分害怕，便把這些人全部捉起來準備處重刑。不過，秦穆公卻說：「君子怎能為了數匹畜牲，就懲罰人呢？而且，我聽說吃馬肉，如果不喝酒的話是會傷身體的，來人呀，趕快賜酒給那些鄉民喝吧！」岐山下的三百多鄉民，不但未被重罰，還喝到秦穆公賞賜的酒，心中感恩萬分。

後來，秦穆公和晉惠公打仗，秦軍被包圍，秦穆公臨陣受傷，就在生死關頭，岐山下的鄉民得到消息後，人人手拿武器，騎著快馬爭相衝過來援救秦穆公，他們視死如歸，以一擋百，不但把晉軍擊敗，還活抓晉惠公，同時也救了秦穆公一命！

道家始祖

老子

春秋時代人，生卒年不詳；姓李名耳，字伯陽，為開創道家學說的始祖。

老子博學多聞，孔子曾經多次求教於他。

孔子一直嚮往提升禮樂典章制度的境界，一個偶然的機會，他終於達成了願望。孔子去拜訪老子，請教了很多關於日常生活禮儀的問題。

老子對孔子說：「你應該盡快去掉你的驕氣和過多的欲望，這些東西對你沒有一點好處。」

有一次，老子又問孔子：「你已經明白『道』的真義了嗎？」孔子說：「我想了二十七年，仍然沒有想通啊。」老子說：「如果『道』是一種有形的東西可以拿來獻給人，那人們會爭著拿它獻給君王。如果『道』可以送人，人們就會拿它送給親人。如果『道』可以說得清楚，人們都會把它告訴自己的兄弟。如果『道』可以傳給別人，那人們都會爭著傳給自己的子女了。然而上面說的那些都是不可能的，原因很簡單，那就是一個人心裡沒有正確對『道』的認識，那『道』就絕不會進到他心中的。」

孔子辭別時，老子又說：「富貴的人為人餞行，常常贈送禮物，而仁者則贈送箴言。我沒有富貴，倒是願意仿效仁者，送您幾句話：『一個能深思明察的人，常常遭遇困厄，是因為他喜歡議論別人的緣故；學問淵博的人，常常遇到不測，是因為他好揭發別人的罪惡。所以為人行事，做子女的應該心存父母，做人臣的應該心存君上，不能只顧本身，存有一己的私念。』」

孔子從老子那裡回來後，足足三天都沒有說話。學生問他怎麼回事，孔子說：「我見到老子，覺得他的思想境界就像遨遊在空中的龍，深奧精深，使我乾張著嘴說不出話，舌頭伸出來卻縮不回去，我甘拜下風啊！」

讀後心得與感想

人生有很多困惑是自己無法解答的，一定要有明師來為我們解惑，老子就是明師。世界依照大自然的規則在運轉，任何事情有「因」便有「果」，任何事物都有正反對立兩方，並且互相依存。人懂得謙虛自持，崇尚自然，就可以回答生命中的疑惑，解決人生所面臨的困擾，使我們得到身心完全的自由。

退避三舍

晉文公

春秋時代晉國君主（西元前697年－前628年），姓姬，名重耳。流亡十九年後登上王位，把晉國治理得漸漸強盛起來。

晉文公是「春秋五霸」之一，他也是晉國所有王位繼承者中最具有才能者。當年，他弟弟先登上王位，即晉惠公；為了確保王位，晉惠公派人追殺重耳。重耳只得暗中逃離晉國，與狐偃、介之推等賢臣過著流亡的日子。

一路上他饑寒交迫，忍受許多屈辱。有一次，重耳實在是餓得受不了，便跟路旁的農夫討飯吃。農夫看他們衣服破爛，全身汙泥，以為是流浪漢，所以懶得理他們，其中有一位竟惡作劇的拿起泥巴給他們。

對於農夫的侮辱，重耳發了火，連他的手下也看不過去。但是臣子狐偃卻安慰他說：「泥巴就是土地，你看！老百姓給我們送土地來了！」重耳因而轉變態度，恭敬的接過泥巴。

重耳逃到楚國，受到楚成王熱情的招呼。他們彼此以禮相待，不久即成為好朋友。

有一次，楚成王問重耳：「公子如果回到晉國，會怎麼報答我呢？」重耳說：「貴國該有的都有了，我一時之間還真想不出用什麼方式來報答你。」

楚成王笑著說：「雖然如此，但你還是得報答我吧！」

重耳想一想，就說：「我希望能跟貴國交好，好讓人民過著幸福安定的日子。如果貴國不得已一定要跟我們打仗的話，那麼，我就命令我的軍隊退避三舍（九十里），以作為報答您收留我的恩德。」

不久，重耳真的如願重回晉國，並且當上了君王。他即位後，勵精圖治，勤於內政，使晉國的國力越來越強盛。

後來，晉國與楚國真的開戰了。晉文公為了信守報答楚國的承諾，便事先撤退了九十里以示友好。但是，楚國仍然執意要打仗，於是晉軍便在後退九十里後開始反擊，而且一舉成功的把楚國打敗了。之後，在晉文公英明的治理下，晉國老百姓過著安居樂業的生活。

知錯能改

狐偃

春秋時代晉國人，約生於西元前七世紀，字子犯，亦稱舅犯；為晉文公的舅舅，春秋時期的一位名臣。

狐偃與介之推一樣，也是陪伴晉文公流亡的一名臣子。他幫助晉文公改革內政，建立霸業。

因為他的功勞很大，所以晉國上下都對他很敬重。每逢六月初六狐偃生日時，總是會有許多人到他的府上拜壽，並且送他許多壽禮。於是，狐偃便逐漸驕傲自大起來了。狐偃的自大令許多人對他產生不滿，但是因他位高權重，人們也只是敢怒不敢言。

狐偃的女兒親家是當時的功臣趙衰。他也對狐偃相當反感，便直言相勸。但是狐偃不但不領情，反而惡言相激。趙衰年老體衰，氣得腦中風，不久後便過世了。

趙衰的兒子認為狐偃實在是太過分，於是便預謀在六月六日時，大鬧壽筵，暗中殺害狐偃。

趙衰的兒子問妻子：「像你父親這樣的人，天下老百姓會不恨嗎？」他的妻子答說：「連我都恨了，老百姓能夠不恨嗎？」於是，趙衰就把計畫暗殺岳父的事情向妻子坦白。

他的妻子聽完後，頓時心驚肉跳。畢

竟，她是狐偃的親生女兒，自然十分擔心自己父親的安危；於是，她搶先在六月五日，跑回娘家對母親說明丈夫的暗殺計畫；訝異的母親，便在深夜連忙給丈夫狐偃送出警告信。

趙衰的兒子看到妻子不見了，便知道事跡敗露，於是就待在家裡，等著岳父狐偃來懲罰他。

不料，六月六日一早，狐偃竟然若無其事的出現在女婿家裡，神色自然的邀請女婿晚上務必前去參加他的壽宴。

晚上到了，在壽筵上狐偃親自對著所有的來賓說：「前幾天，我去晉國發糧，親眼目睹人民的疾苦，這是老天爺讓我看見自己狂妄自大的過失。如今，我的女婿想要在這裡將我暗殺，如果他成功了，也算是為民除害吧！而女兒卻把這件事告訴我，她也是善盡孝順的本分。你們都有值得讓我佩服的地方，而我竟是個老糊塗，希望大家能夠不計前嫌，給我一個贖罪的機會。」

知過能改，善莫大焉。狐偃真心改過，大家對他的厭惡也就從此改觀。

割肉奉君

介之推

春秋時代晉國人，約生於西元前七世紀，是晉文公時期的賢臣，以清廉稱世。

介之推本來是晉國的一名臣子，晉國公子重耳被陷害逃亡時，介之推伴隨他一同過著流亡的日子。

有一次，重耳與他的部下們找不到食物，已經有好幾天沒有進食，重耳精神恍惚中，卻依然口中喃喃念著：「我死了，並不足惜；只怕晉國的百姓們沒有好日子過了！」

介之推看到重耳在落難時，竟然還掛念著人民，心中深受感動，便私下決定，偷偷割下自己的一塊大腿肉，煮熟了給重耳吃。餓昏了的重耳吃了肉之後，讚不絕口，於是便問介之推：「這塊肉是從哪裡來的？」介之推便說：「不瞞您說，正是在下的大腿肉。」

重耳知道後，大感驚訝，感動得含淚說道：「我發誓以後一定要做一個勤政愛民的國君，以報答你對我的恩德。」

重耳在外流亡了十九年後，終於返回晉國並繼承王位，即晉文公。當年跟隨他流亡的臣子們都獲得獎賞，唯獨疏漏了介之推。

經旁人提醒，晉文公才想起往事，心

中不禁萬分羞愧。於是率領大批人馬，來到介之推住處，打算親自向他道歉，並好好賞賜他。但是，到達後才發現介之推和他的母親已隱居在綿山上，於是派人上山尋訪，卻始終找不到他們的下落。

有人獻計叫晉文公放火燒山，孝順的介之推一定會背著他的母親逃出來。晉文公於是派人燒了整座綿山。大火延燒了三天三夜，依然不見介之推的身影。經過搜索後才發現，介之推背著他的母親被燒死在一棵柳樹下。

晉文公撫屍痛哭，懊悔不已！為紀念介之推，就將綿山改名為「介山」，並下令這一天全國禁止用火，只能吃冷食，這就是清明節（又稱「寒食節」）的由來。

讀後心得與感想

介之推為了君主，肯割肉相救，事後對獎賜並不強求，甚至君主要強迫他出面接受獎賞時，寧死也不肯，這舉動表明他當時割肉之舉絕非為求官，而是出於真誠。

動燭先知

管仲

春秋時代安徽穎上人（西元前 725 年－前 645 年），名夷吾，字仲。輔佐齊桓公成就霸業的宰相。

管仲曾為了公子糾而射殺公子小白，也就是後來的齊桓公。齊桓公即位後，要讓鮑叔牙當宰相，但是鮑叔牙反而推薦管仲，齊桓公憤怒的說：「他曾經想殺我，怎麼能夠讓他當宰相呢？」鮑叔牙說：「管仲當時想殺您，是因為他忠於自己的主公，並不是對您個人有深仇大恨，只要您重用他，他也同樣會忠心對待您呀！」

齊桓公被說服後，將管仲迎入宮中，並和他商議國家治理方針，結果，兩人連談了三天三夜，齊桓公很欣賞管仲的治國理念，就正式任命他為宰相。管仲也果然在短短的數年間，把一個混亂的齊國，整頓成一個既富有且強大的國家。

後來，管仲不幸得了重病，齊桓公前往探望，問他是否有掛心之事交代。管仲憂心忡忡的說：「我擔憂易牙、豎刁、常之巫、公子啟方幾個人，主公最好讓他們遠離您的身邊。」

齊桓公說：「這我就不懂了，易牙連自己的孩子都肯煮給我吃；豎刁為了在我身邊盡忠，寧可自閹當太監；而常之巫有測生死禍福的能力，可幫我逢凶化吉；至於公子啟方多年追隨我，連父親病亡都不肯離開我去奔喪，這些人忠心耿耿，怎須提防呢？」

管仲嘆氣說：「一個人若連自己的親骨肉都能狠心殺死，難道他不會殺害主公嗎？一個人連自己的身體都肯殘害，難道他不會殘害您嗎？一個人的吉凶禍福乃和他本人的德行有關，並不是能靠外力改變的。所以，我求主公看在國家的分上，三思而行！」

管仲死後，齊桓公依管仲的遺囑，把易牙等人打發出宮。事後齊桓公總覺得這些人不在身邊反而沒有安全感，吃不香，睡不好；沒幾年，他又把易牙等人給找了回來。

不久，齊桓公臥病在床，易牙等人毫無忌憚，到處散布謠言，說齊桓公活不久了；然後封鎖宮廷與外界的連繫，不准任何人探望齊桓公。齊桓公這時才悲嘆的說：「唉！管仲啊管仲！本王好後悔沒有確實聽從你的交代。」

成人之美

鮑叔牙

春秋時代齊國大夫，約生於西元前八世紀，以知人善任而聞名。

鮑叔牙和管仲是好朋友，年輕時一起做生意，但是每次分帳時，管仲總是拿走多一倍的錢，朋友看不過去，指責管仲不公平；然而，鮑叔牙卻說：「管仲不是貪財，實在是家中太貧窮，他需要多帶一點錢回去養家。」

兩人一起從軍，鮑叔牙在前面衝鋒陷陣，管仲卻躲在後面，甚至還曾經臨陣脫逃，朋友們很不齒他的行為，鮑叔牙卻替他解釋說：「管仲不是貪生怕死，實在是因為他家中還有老母要奉養，他不忍心讓白髮人送黑髮人呀！」

管仲聽到鮑叔牙為他辯護的話，十分感動，就說：「唉，生我的人是我父母，但是了解我的人，卻是鮑叔牙呀！」

這兩位好友後來分別擔任齊襄公兩名公子的老師，鮑叔牙負責教公子小白（後來的齊桓公）；管仲則負責教公子糾。

襄公死後，兩名

公子爭奪王位，管仲為了怕公子小白先趕回國繼承王位，便在半路上射殺小白，小白假裝中箭騙過管仲，連夜趕回齊國，登基繼承王位。

公子小白即位為齊桓公後，立刻將管仲打入大牢，並宣布讓老師鮑叔牙擔任宰相。不料，鮑叔牙卻不肯接受，反而還推薦被關在牢裡的管仲，他說：「管仲有經天緯地的才能，他比我強上十倍，大王要是肯用他，將是國家之福呀！盼大王不要記恨，任用他當宰相，我甘願在他手下做事。」

齊桓公禁不起老師的請求，就釋放管仲，並召他進宮暢談治國方針，沒想到，管仲講得頭頭是道，齊桓公也聽得津津有味，兩個人連續談了三天三夜，不眠不休；齊桓公非常認同管仲的理念，於是便任命他當宰相。而管仲也不負眾望，最後將齊國治理成春秋第一大強國。

讀後心得與感想

鮑叔牙三番兩次為管仲說情，可說是心地寬厚，處處為他人設身處地著想；後來，又寧可放棄成為高官的機緣，把機會讓給比他更有才能的管仲，表現出無私的精神。所以，雖然他沒有什麼特別的功勳偉業，但他的崇高品德卻更為後人稱頌。

輔佐武王

周公

周朝人，約生於西元前1100年，姓姬名旦，為周文王之子，輔佐武王伐紂、東征平定三叔之亂；制定周朝的禮樂制度，為孔子所尊崇的政治家典範。

西元前1100多年的周朝，在文王、武王的統治之下，人民安居樂業，過著衣食無缺的太平日子。

當時，周武王為了國事，日夜操勞，以致身染重病。武王死後，姬旦，也就是後來的周公，立武王之子繼位，也就是周成王。

但是，成王當時還只是個十來歲的孩童，而國家又剛建立不久，很需要一位既有才幹又有威望的人來治理國政。姬旦因為身在首都，能力也很優秀，便順理成章的擔任攝政一職。

然而受封在東方、監視殷商殘餘勢力的管叔和蔡叔，對姬旦攝政很不滿意，嫉妒心大起。按照兄弟間排行，管叔第三，姬旦排四，即管叔是兄，姬旦是弟，不論是繼位還是攝政，管叔都比姬旦享有優先權，所以管叔才會不服氣。

蔡叔雖然排行第五，但是他也支持管叔。所以他們便四處散布謠言，說：「姬旦心懷不軌，早已計畫好要謀害成王，以奪取王位！」

紂王的兒子武庚知道管叔、蔡叔準備叛亂，便與管叔、蔡叔串通起來，聯合商朝的其他舊勢力，一起反周。由於叛亂勢力逐日強大，已經嚴重威脅到剛建立的周朝。

面對不利形勢，周公首先公開懇切的解釋，表明自己攝政是為王室著想，並無奪位之心；他先加強了內部團結後，便召告天下，並聯絡和調集各地諸侯，在周成王元年親自率師東征叛軍。

東征，是一場很艱苦的戰爭，總共持續了三年。最後武庚、管叔被殺，蔡叔則被流放。

周公東征的勝利，不僅粉碎了以武庚為首的反動勢力，還把周朝的統治地區，延伸到東部沿海一帶。

讀後心得與感想

為了政權，兄弟反目是一大悲劇，這在過去的皇室中時有所聞。

周公為穩定政局，擔任攝政王，親兄弟起而反抗，使他不得不出征；但在平定叛亂後，他能不計較兄長對他的討伐，仍提拔兄長的兒子為官，甚至看到對方表現優秀，也照樣升官加封，這才是真正的國家管理者應有的風度。

治水英雄

大禹

夏朝的建立者，約生於西元前 2200 多年前，相傳為顓頊之孫，姓姒，名文命。因治水有功，受舜帝禪讓為天子，世稱「大禹」。

傳說四千多年以前，堯在位的時候，水神發怒，把天撞出一個大洞，天河裡的水直瀉而下，把大地吞沒了，到處一片汪洋。洪水泛濫，稻田被淹沒，房子被沖毀了，老百姓只好往高處搬。堯緊急召開會議，商量治水的問題，四方部落首領們都推薦鯀去治理洪水。

鯀花了九年的時間，採用圍堵的方法治水，結果越堵水積的越多，水災反而鬧得更凶、更嚴重。堯傳位給舜後，派鯀的兒子禹去治水。

禹當時剛新婚不久，為了治水來回奔波，多次經過自己的家門，都過門而不入。有一次，他的妻子生下兒子，禹正好從門外經過，聽見兒子哭聲，但為了盡早讓百姓免於水難，狠下心依然沒進門探望。

禹改變鯀的作法，採用開渠排水、疏通河道的方式，把洪水引到大海中去。他和老百姓一起勞動，帶頭挖土、挑土，累得把小腿上的毛都磨光了。在治理洪水的過程中，他還創造出多種的測量工具和測繪方法。

經過十三年的努力，禹終於把洪水引到大海裡去了。洪水從疏洪道疏散，向大海奔流，再也不會危害百姓的房舍，百姓還可以利用渠道取水灌溉稻田呢！於是地面上又可以種莊稼了，百姓重建家園，很快的恢復安居樂業的生活。

因為禹治水有功，大家推選他繼舜帝之後接任部落聯盟的首領。禹當上首領之後，繼續兢兢業業的治理國事，勤於政務，愛民如子。在他統治時期，社會進入了一個全新的階段。而後代的人為稱頌禹治水的功績，便尊稱他為「大禹」。

讀後心得與感想

水患對國人來說並不陌生，每次災害發生，都可由電視上看到受災百姓抱怨哭訴，可是災情卻一次又一次不斷上演，場景相近，只是劇中人轉換而已。知識若無法應用在日常生活中，也只是死的、沒有用的知識。現代社會知識隨手可得，若是我們都能活用知識，造福人群的話，去世數千年的大禹，也會在天上微笑的看著我們呢！

孝感動天

舜帝

生卒年約在西元前 2293 －前 2184 年間，姓姚，名重華，黃帝的第五代子孫，以孝聞名，受堯帝禪讓為天子。

舜雖然是黃帝的後裔，但是家世清寒。父親瞽叟又聾又瞎，脾氣火爆，母親則十分賢淑。舜小時候在母親的照料下，生活相當美滿，但母親不幸重病早逝。母親死後，父親則變得更暴躁。

由於家境貧困，舜必須每天辛苦的上山耕耘種田、打漁、製作陶器，為養家糊口到處奔波。父親娶了繼室後，生下弟弟象，父親對繼母非常寵愛，但繼母是一個心胸狹窄的人，不想讓舜平分家產；又因為瞽叟的眼睛看不見，繼母和象遂聯合起來，在父親面前說舜的壞話，使舜常被父親責打。可是，舜卻逆來順受，對繼母百般孝順，也友善對待弟弟，多年如一日。

舜二十歲時，以孝行聞名千里。他的品行和能力獲得一國之主堯帝的讚賞，還把兩個女兒娥皇和女英嫁給他。舜不僅家

庭和樂，和堯帝的九個兒子也相處得很好，而且表現出卓越的才幹和高尚的人格。堯帝知道，舜是個能夠用德行讓人樂於親近並接受的人，便重用舜。

不過，繼母和弟弟卻嫉妒君主對舜的賞識，好幾次企圖加害於他，並計畫搶奪他的妻子和財產。傳說，有一次，瞽叟命令舜整修屋頂，繼母卻在下面放火，舜急忙用兩頂斗笠當翅膀跳下來，才能倖免於難；還有一次，瞽叟叫舜去挖井，弟弟卻在上面填土，想把舜活埋，幸虧舜事先有所警覺，在井邊挖了一條通道逃了出來。

後來堯帝沒有把王位傳給兒子，反而讓賢給更有能力的舜。雖然舜的家人對舜不好，可是舜當上君王之後，依然盡心奉養父母。漸漸的，舜的誠懇感動了家人，一家終於和樂的過著幸福的日子。

舜虛心、不驕傲，在他的治理下，天下興盛太平。後來，大禹治水有功，他就把王位讓給大禹，自己退居到南方，並長壽的活到一百多歲。

讀後心得與感想

舜的身世如此不幸，環境如此惡劣，卻能表現出非凡的品德，處理好家庭關係，竭力盡孝，終於感動了父親、後母和弟弟。後來登上王位之後，依然不改初衷的侍奉父母，為後世樹立了孝順最好的典範！

禪讓傳位

堯帝

約生於西元前2300多年前，相傳為帝嚳的次子，初封於陶，又封於唐，史稱陶唐。

據說，堯的母親是個神奇的人，經常有朵朵黃雲環繞在她頭頂。有一天，她到河邊散步，忽然看見赤龍自天而降，風吼雨號，回家後不久便懷孕了，經過十四個月生下堯。堯相貌不凡，有十尺之高，粗眉大眼，目光炯炯有神，二十歲時，登上帝位。

堯以節儉愛民為人所稱頌，孔子非常欽佩這位古代的賢君。他吃粗米飯，喝野菜湯，穿粗麻衣，住茅草房，辛苦的為民服務。民眾聽說堂堂一國之君如此刻苦，不禁嘆息道：「現在啊！恐怕一個守門的小官吏，過的生活也比堯好得多。」

相傳當年天上有十個太陽，大地被烤得沸騰滾燙，處處乾旱龜裂，人民奄奄一息，所有生物都籠罩在死神的魔掌下。有一天，堯作夢時，夢到上天派一個叫后羿的使者來解救大家。隔天一早，堯就恭敬守候在門口，不久出現一個彪形大漢，手上提著一張大弓，這弓可不是平常的弓，重得恐怕連兩人都扛不動哩！可是這名大漢卻輕鬆就舉起弓，他笑起來聲震天地，堯一看，就知道此人是后羿了。

后羿挑選十隻細長尖銳的銅箭，屏息靜氣，慢慢拉開弓，只聽「嗖」一聲，一隻又黑又醜的烏鴉墜落在地（古人認為太陽是烏鴉變的）。百姓看了歡呼叫好，后羿得意的射出第二支、第三支箭……。

堯知道后羿射得起勁，準會把太陽都射光，可是天上沒有太陽也不行呀！於是趕忙從旁邊偷偷藏起一支箭，大地才免於陷入黑暗、冰冷之境，而乾旱的危機也終於解除了。

堯是個仁慈寬厚的君主，聽說有一人餓得沒飯吃，或有人窮得沒衣穿，便痛心的責怪自己：「唉！唉！都是我害的。」他如此的愛民，更獲得百姓的愛戴。

當時的王者有很大的權力，大部分王者都把王位世襲傳給子孫。不過，堯退位時，卻將天下傳讓給非親非故卻很有才能的舜；這也是中國幾千年來，為人所稱頌的「禪讓制度」。

網際網路的電腦奇才

比爾·蓋茲

美國西雅圖人，生於西元 1955 年，世界著名電腦工程師，微軟公司的創辦人之一。

比爾·蓋茲生長在富裕文雅的家庭環境。父親是當地律師，去世的母親則是社會活動家，曾擔任大學的董事。很小的時候，比爾·蓋茲便顯示了超出一般兒童的驚人素質，即使是遊戲或休閒，比爾·蓋茲也喜歡富有挑戰性的、具有能解決問題性質的項目；像是橋牌，對他來說是超級快感，他玩起橋牌來可以連續九個小時不中斷。

後來他發現，他在電腦軟體方面有興趣，是在十三歲的時候，從此開始了他未來的志業。西元 1973 終於蓋茲考進了哈佛大學，在那裡他和現在微軟的首席執行長史蒂芬·巴爾默是室友。同時，他和哈佛的同窗好友保羅·亞倫，在西元 1975 年創立微軟公司。蓋茲為第一套微軟電腦研發程式語言。

蓋茲相信，個人電腦將會改變世界成為辦公室或家庭中重要的工具，因此開始研發個人電腦的軟體程式。大三那年，蓋茲決定輟學離開哈佛，專心致力於微軟的發展工作。

蓋茲的卓識遠見以及他對個人電腦的

先見之明，成為了微軟和軟體產業成功的關鍵。在蓋茲的領導下，微軟持續的發展，不斷改進軟體技術，使軟體更加容易使用，更省錢和更富於樂趣。

比爾·蓋茲的微軟公司聘用人員時，以充滿創造性智慧的人才為主，而不是學歷高或受過訓練、經驗豐富的人，因此公司經常充滿創意。

對於蓋茲來說，慈善事業也是他人生重要的一環。他陸續提撥兩百多億美金成立基金會，支援全球醫療健康和知識學習領域的慈善事業，希望隨著人類進入二十一世紀，這些科技的進步能使全人類受益，提升全球的健康事業。

讀後心得與感想

人類的衣食住行各個方面已經越來越依賴電腦了！比爾·蓋茲創造的微軟電腦公司，改變了我們生活的世界。比爾·蓋茲在哈佛就讀兩年後就輟學從商，事後證明，沒有一張大學文憑，對他而言，完全不構成任何障礙。

輪椅上的科學家

史蒂芬·霍金

英國人，生於西元 1942 年 1 月 8 日，罹患罕見疾病，以致全身癱瘓，靠輪椅行動的科學家，著有《時間簡史》、《胡桃裡的宇宙》等書。

霍金十七歲時，拿到獎學金進入牛津大學物理系就讀。第三年時，霍金的身體突然出現異狀，他的四肢會突然不聽使喚，有時候一天跌倒好幾次；還有一次，甚至從樓梯上摔下來，昏倒在地上，差點送命。

二十一歲，他進入劍橋大學讀研究所時，母親發現他的異樣，帶他到醫院仔細檢查後，醫生證實他患了「盧伽雷氏症」，也就是運動神經細胞萎縮症。醫生同時宣布，霍金的人生只剩兩年，因為他的身體將會越來越不聽使喚，只有心臟、肺和大腦還能運作；而且漸漸的，到最後連心和肺也會失去功能。

聽到醫生的「宣判」，霍金幾乎喪失了求生意願；幸運的是，這時出現一位女子陪伴著他，兩人相知相愛，並決定走入禮堂。為了結婚，霍金振作起精神，從事研究工作，積極投入後，他才發現原來自己也很喜愛從事研究。

霍金的研究對象是宇宙，在他之前，科學家認為黑洞是具有強大重力的星體，而且重力強到可以阻止任何光線離開黑洞的表面。但霍金卻認為「黑洞不黑」，他研究指出黑洞有可能輻射出光來（即「霍金輻射」）。後來，他又結合量子理論與廣義相對論，和同事一起提出無邊界宇宙模型。雖然霍金大部分的理論與模型仍無法獲得有力證明，但是他提出的想像空間及啟發性，至今仍有很大的影響力。

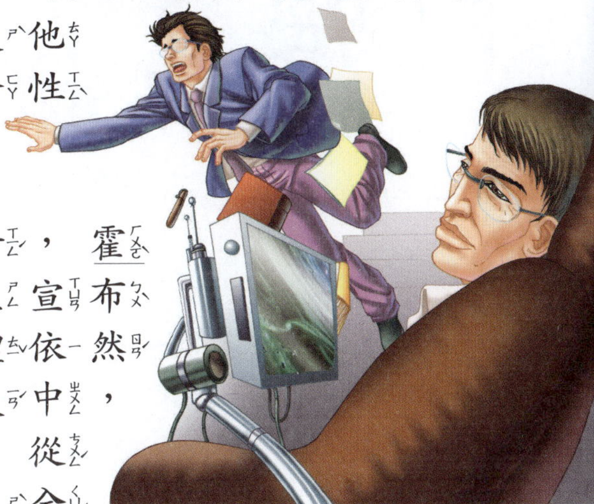

隨著研究持續進行，霍金雖活超過了當年醫生宣布的兩年生命，然而身體依然持續惡化，在一次肺炎中，因接受穿刺氣管手術，從此不能說話；現在則是全身癱瘓，需靠電動輪椅行動，寫字和說話全靠電腦和語言合成器幫忙，然而他仍不放棄自己，一樣每天工作，致力於宇宙探討。

他曾引用莎士比亞劇作《哈姆雷特》中的台詞說明自己：「我即使被關在果殼之中，仍自以為無限空間之王。」可見他的樂觀、睿智與幽默。

讀後心得與感想

霍金的成就全是在他身體惡化、坐上輪椅後，才開始的！他靠腦子思考來生活，憑著不屈不撓的意志，和惡疾挑戰，他存活時間已創下此病歷的新史；他同時也創造了一個奇蹟，就是證明身體殘障並非成功的障礙。霍金對生命的熱愛和對科學研究的熱忱，是值得所有人學習的。

登陸月球第一人

阿姆斯壯

美國人，生於西元 1930 年 8 月 5 日，於西元 1969 年 7 月登上月球表面，成為人類登月第一人。

尼爾・阿姆斯壯出生於美國俄亥俄州瓦帕科內塔。六歲時首次乘坐飛機，青少年時代上過飛行課。西元 1947 年，進入印第安那州拉斐特的普渡大學，學習航空工程，並成為海軍後備飛行軍官。

西元 1955 年，他加入美國太空總署，成為一名非軍職的高速試飛員。西元 1962 年 9 月 17 日，獲選為第二批九名受訓的太空人之一，也是第一位非軍職的太空人。三年後，阿姆斯壯成為「雙子星五號」任務的預備正駕駛。

西元 1966 年 3 月 16 日，阿姆斯壯成為「雙子星八號」的正駕駛，進行首次太空飛行。這次的飛行歷時 10 小時 41 分 26 秒，包括首次與另一架太空船在軌道自動導航的目標火箭對接。之後，他成為「雙子星 11 號」的預備正駕駛。

西元 1968 年，阿姆斯壯成為「阿波羅八號」預備正駕駛。西元 1969 年 7 月 16 日，成為「阿波羅 11 號」指揮官。他與年輕的太空人邁克爾・柯林斯和巴茲・艾德林一起進行登月飛行。7 月 20 日到達月球後，柯林斯停留在軌道上，阿姆斯壯和艾德林乘月球著陸器登上月球表面。阿姆斯壯和艾德林在月球表面進行 2 小時 30 分鐘的探測。於 7 月 21 日離開月球，7 月 24 日返回地球。

西元 1970 年，南加利福尼亞大學授予他航空工程碩士學位，出版《首次登上月球》一書。7月，出任美國太空總署航空學協會副會長。西元 1971 年，在俄亥俄州的辛辛那提大學工作，任航空工程學教授。西元 1979 年，離開了辛辛那提大學。西元 1985 年，在國家太空委員會工作。

尼爾・阿姆斯壯的月球之行是人類歷史上最重大的事件之一，對此，他曾說：「這是我個人的一小步，卻是人類的一大步。」他返回地球的時候，成為一位世界英雄，以至到今天，他的名字還為全世界人們所熟知。為紀念他的成就，他登陸地點附近的一個月球環形山被命名為「阿姆斯壯」。

貧民窟的聖人

德雷莎修女

阿爾巴尼亞人，（西元1910—1997年），世人所敬重的天主教慈善工作者，於西元1979年獲諾貝爾和平獎。

德雷莎出生在富有人家，小時候即立志加入傳教工作。長大後被派到偏遠的加爾各答，和其他修女們住在優雅舒適的修道院裡，修道院的高牆外卻到處都是貧民窟。德雷莎看了心中感慨萬千。她知道，貧民窟才是她應該去的地方。而離開修道院走入貧民窟是一個艱難的抉擇，她知道自己將為此付出極高的代價。

離開修道院後，德雷莎進入最破爛的貧民窟，為了貧民，她親身到街上乞討食物並送藥，幫貧民清洗身體。她完全懷抱悲憫之心而工作，只要她覺得哪裡有需要，她就到那裡去幫助人。

有一次，她看見街上躺著一個奄奄一息的病人，她焦急的為他四處求診，敲遍診所的大門，竟無一人理會

。最後好不容易求到一點藥品，回來時卻發現那人已過世了。她沉痛的感嘆：「狗與貓都過得比這個人還好，人為何如此卑賤的走向死亡呢？」於是她找了一個地方，專門幫遊民清洗身體、包紮傷口，好讓孤苦無依者有個安靜面對死亡之所。有一天，下著傾盆大雨，在及膝的積水中，一個貧窮的婦人手上抱著高燒不退的孩子，孤立無助的站在雨中；只因為她付不出房租，屋主便拆毀屋頂，讓她和孩子暴露在雨中，無處可躲。看到這種情形，德雷莎傷痛的說：「想想看，只是因為交不出八盧比的房租，一個孩子竟要死在大雨之中。」不久，德雷莎便成立了「棄嬰之家」，專門收容被丟棄的嬰孩。

德雷莎修女這種無私的奉獻精神讓她贏得「貧民窟之聖人」的美譽，也贏得了諾貝爾和平獎和世人的崇敬。西元 1997 年 9 月去世，享年八十七歲。

讀後心得與感想

貧富間的高牆至今仍在，但對德雷莎修女而言，高牆消失了，她雖不再過舒適生活，卻擁有舒坦的心靈。人最大的貧窮不是物質缺乏，而是不被需要與沒人愛。別的病有藥可醫，唯獨「不被需要」；除了「愛」之外，再沒有一帖藥可醫治。奉獻「愛」的德雷莎修女，樸素的包裹下，隱藏著高貴靈魂，她以一生實際行動彰顯了大愛。

日本經營之神

松下幸之助

日本人，生於西元 1894 年（中日甲午戰爭），以企業經營要像自來水一樣，提供的產品或服務，人人用得著，隨時可就地取材的經營理念，擁有日本「經營之神」之譽。

被稱為日本「經營之神」的松下幸之助，因為父親投資失敗，在九歲那年，富裕生活一夕生變，為了生計只得輟學到大阪的火爐店當學徒，但他不為所苦，立志要成為偉大的商人。

明治四十三年，連小學都沒畢業的松下幸之助，看到靠電氣運轉的大阪市市內電車，交通運輸十分便捷，心想這個電的力量真是奧妙，居然能驅動電車迅速運轉，將來一定要從事與電力有關的工作。在五代商行工作六年後，他轉行到大阪電燈公司，以七年的時間學習有關電氣原理及電燈裝設技巧，這也是松下幸之助朝「電氣世界」所跨出的第一步。

松下幸之助認為，如果不自己出來創業經營，很可能從此庸庸碌碌的過完一生，於是他決定離開大阪電燈公司，獨自創設公司及品牌，從事商業經營買賣；他利用手邊僅有的九十五元日幣，把租來的小房間一半改造為工廠，從此展開艱苦的創業工作。

當年年底，松下幸之助受到電風扇的製造大廠川北電氣的賞識，並下了大量訂單，使他的創業得以順利進行。在電風扇扇葉的生產工作上軌道後，松下幸之助為了著手進行長久以來所期望發展的電氣用品製造、販賣，終於在大阪創立「松下電氣器具製造工廠」，這一年他二十五歲，正式開啟了松下幸之助的電氣王國。

松下幸之助經營「松下電器」之所以成功，是由於他深知「經營者不僅只是領導者，而必須兼任端菜的工作。」這句話的意思並不是說經營者要親自去端菜，而是應該隨時懷抱謙遜的態度，對努力盡責的員工要滿懷感激之情。

松下幸之助的謙遜態度，使員工感激在心，在精神振奮之下，因而更加努力工作，以作為回報，因此他所經營的企業更加的蓬勃發展。

讀後心得與感想

松下幸之助了解現代企業經營者不但必須運用超人的智慧與領袖特質，更要是一位能向下屬虛心求教的領導者，才能隨時以中肯的態度，用心的觀察公司的經營發展，同時隨機應變，帶動公司達到理想目標。

一個人的能力是有限的，如果只靠一個人的智慧指揮一切，即使一時取得驚人的進展，但肯定會有行不通的一天。

喜劇宗師

卓別林

英國人（西元1889—1977年），一生為電影藝術付出，舉世譽為一代喜劇宗師。

卓別林誕生於倫敦。母親漢娜是一名演員，在母親的陶冶下，他從小就學會用手、眼、臉部來表達感情。

母親離婚後，獨立撫養他和同母異父的哥哥，生活十分困苦。卓別林小小年紀就當過報童、小傭人等，後來隨著媽媽的劇團四處奔波。有一次，劇團裡的喜劇演員臨時病倒了，無法演出，劇場經理急中生智，推薦一直在旁學習的卓別林代打出場。

原來的喜劇演員是一位身材魁梧的男子，卓別林臨時上場，只得借用他的衣服。由於卓別林個子小，穿起對方的衣服，顯得又寬又大；褲子蓬蓬的，像個大口袋；過大的鞋子，也讓卓別林走起路來拖拖拉拉；而圓頂禮帽則又是太小。不過，卓別林這身裝扮一出場，就惹得觀眾哈哈大笑。

從此，這個「小流浪漢」的造型就成了他的標誌，他一連演了好幾場，小流浪漢的形象也越演越鮮活。西元 1907 年，卓別林經人推薦參加喜劇《足球賽》的演出，並獲得成功，終於成為劇團的正式演員，展開演藝生涯。

西元 1910 年，卓別林隨劇團到美國演出，他精湛的演技被美國影片公司看中，並和他簽約。從此，卓別林踏上了電影喜劇演員之路，為觀眾帶來笑聲與懷念。

他刻苦學習藝術，向各種不同身份的人求教，包括：工人、裁縫、招待員、流浪漢等，以提高藝術素養。他擅長以喜劇的手法來反映和諷刺社會的時弊，使觀眾看得笑中帶淚、淚中帶笑。他的電影代表作有《城市之光》、《摩登時代》、《淘金記》、《大獨裁者》等。這些電影都是他自編、自導、自演，深受觀眾熱烈歡迎，卓別林也成了影壇喜劇大師。

讀後心得與感想

卓別林從小就吃過別人沒有吃過的苦，也經歷過別人所不曾經歷過的遭遇，因此他對人生的體驗要比別人早，也比別人豐富及深刻，加上他天生善解人意，常常設身處地的替人著想，因而能在自編自導自演的電影中，深刻傳達出對人的關懷，更難得的是他並不說教，反而以逗趣的手法呈現，難怪會讓人看了「笑中帶淚、淚中帶笑」。

熱血豪膽的將軍

巴頓

美國人（西元1885—1945年），舉世公認的「閃擊英雄」，有「血膽將軍」美稱。

巴頓出生於富有的軍人世家，受家庭影響，酷愛軍事領域，從小便自稱是「小巴頓中將」。

他熟讀兵書，思想敏銳，治軍嚴格，但口沒遮攔的風格，卻經常為自己招來麻煩。在二次大戰時，他立下許多戰功，當時參謀總長艾森豪決定派他擔任軍團司令；不過，由於他曾在前線野戰醫院中，辱罵兩名怯懦的傷兵，甚至打了傷兵一耳光，還命令他們馬上回戰場，因而引起軒然大波，差點讓他退出軍旅生涯。

巴頓將軍天生具有演說才能，只要讓他上台演講，總能即席說出激發部隊士氣的言論，所以無論是表彰有功勞的戰士或是鞭策膽小的士兵，他的一言一行總能適時鼓舞部隊，成功的帶領他們打勝仗。

他在軍中以紀律嚴格聞名，不過私下的個性卻幽默風趣，尤其對部屬極富同情心，因此屬下對他的觀感，雖然一開始十分憎恨，但是一旦相處久了，就會轉變成敬佩，甚至在日後都以作為他的部下而引以自豪。

他雖然對屬下要求嚴厲，但凡事以身

作則，親自示範，因此手下的軍官在潛移默化中，自發的率先衝鋒陷陣，連他自己也常親臨最前線視察，不怕遭到被捕或受傷的危險。他最有名的話就是：「戰爭只有三個原則：大膽、大膽、大膽。」

巴頓將軍歷經第一次及第二次世界大戰，第二次大戰結束後三個月，他在一場車禍中喪生，舉國為他哀悼。當時有一名士兵說出一段小故事，最能顯示出巴頓以身作則的作風，他說：「當年，我們的車陷入泥沼裡，一輛吉普車剛好經過，吉普車上的人立刻喊著：『你們這群混蛋，趕快下車，把車推上去呀！』我們統統下車，照他的話做了；卻在我推車時才發現，身邊一起推車的人，正是剛剛大聲喊話的人，而他也正是巴頓將軍本人。」

讀後心得與感想

身為一名美國軍人，巴頓將軍具有充滿「血與膽」的勇敢性格；雖然他有時用語粗野，行事作風特立獨行，因而引來兩極化的批評，但是他天生領導者的丰采，卻是舉世軍人所共同景仰。

藝術的魔術師

畢卡索

西班牙人（西元 1881—1973 年），後為法國現代派畫家的代表人物。

畢卡索出生在西班牙的馬拉加市，父親是一位美術教師。在家庭環境的薰陶下，畢卡索從小特別喜歡畫畫。畢卡索剛剛學說話時，一開口都是「卡畢斯，畢斯卡」，意思是要一枝鉛筆。他常用驚奇的目光注視著父親作畫，然後拿起畫筆，模仿著父親的樣子，畫些橢圓形、圓形的小甜餅。

父親後來擔任馬拉加市博物館的館長，有自己的畫室。畢卡索經常到畫室觀看父親作畫，他對父親筆下的飛禽、走獸、房子以及花草，特別感興趣，甚至把手伸到畫布後面想弄明白畫畫的奧妙。在父親的鼓勵下，畢卡索開始學著觀察鴿子飛行的動作，了解牠們的生活，終於畫出十分逼真的鴿子的形態。

在繪畫方面，畢卡索顯現出極高的天賦。他八歲開始創作油畫，第一幅畫題為《馬背上的鬥牛士》，畫面明快、協調。父親以為畢卡索毫無疑問的會承繼他的畫風和技巧，就像他教過的學生一樣；但是，畢卡索遠遠甩開父親的傳統畫法，甚至拋開同時代所有著名畫家的風格，大膽的開創出一個新的繪畫天地。

1897 年，畢卡索創作的油畫《科學與慈善》，參加馬德里全國美展，獲得榮譽獎；後來又參加馬拉加市美展，得到金牌獎。畫中卡科學卡的化身是一位正在給垂危的婦人診脈的醫生，其模特兒正是他的父親；卡仁愛卡的化身是修女抱著孩子送水，扮病婦的模特兒是街頭一個女乞丐。這幅畫以嚴謹的寫實技法繪製而成，是畢卡索少年時代的成名作。

畢卡索一生留下許多名畫，例如：《亞維農姑娘》、《三個樂師》、《格爾尼卡》、《哭泣的女人》等。

讀後心得與感想

畢卡索是當代西方最有創造性和影響最深遠的藝術家。他的勤奮使他成為一位多產的畫家。他的作品及他對藝術形式多方面的探索，博得人們一致認同。也正因如此，畢卡索在世界藝術史上占有不朽的地位。

盤尼西林發現者

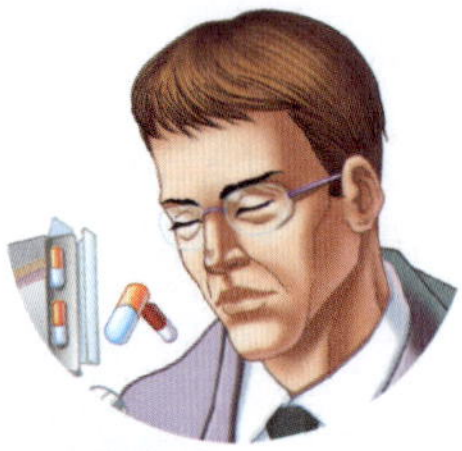

弗萊明

英國醫學家（西元1881—1955年），發現並研製「盤尼西林」，1945年獲諾貝爾醫學獎。

弗萊明出生在蘇格蘭，父親是個純樸的農夫，家中有八個孩子，弗萊明是最小的一個。由於家道中落，弗萊明十六歲時便出外謀生；二十歲繼承了姑媽的遺產，才能繼續升學。二十五歲醫學院畢業之後，便一直從事醫學研究工作。

1928年，弗萊明在英國倫敦聖瑪麗醫院任職時，發現培養細菌的培養皿發霉了。這原本是一個很普遍的現象，弗萊明準備將弄髒的培養皿丟掉，卻突然有個念頭產生，因為他發現培養皿中長黴的地方，就沒有細菌，這意味著這些青綠色的黴能殺死細菌呀！

弗萊明於是著手對這個青綠色的黴進行研究，結果發現，細菌的生長現象，確實受到青綠色的黴菌「青黴菌」所抑制；因此弗萊明推測，青黴菌的分泌物應該具

有抑制細菌生長的功效。而這項由他發現的青黴菌分泌物，他將它命名為「青黴素」，也就是「盤尼西林」。

西元1929年，弗萊明將「青黴素」的研究發現，首度發表在《英國實驗病理學期刊》，但當時並沒有人理會這個醫學史上的重大發現。當時正逢第二次世界大戰，戰場上的傷兵亟需藥物，「青黴素」立刻進入量產，及時救回許多人的生命。西元1945年，弗萊明和兩位純化青黴素的科學家弗洛里與錢恩等三人因而獲得諾貝爾生理醫學獎。

傳染病一直是人類的大敵，歷代科學家在傳染病的預防和治療不斷努力的研發，後來發現細菌就是傳染病的罪魁禍首，人們於是千方百計尋找殺死傳染病細菌的新藥；而直到「青黴素」（即盤尼西林）的發現，才使傳染病能有效被治療，人類的平均壽命也因此而延長了。

讀後心得與感想

弗萊明發現「盤尼西林」的過程，其實起因很簡單，就是一個再普通不過的弄髒培養皿；在實驗室中，遇到弄髒培養皿的人不只弗萊明一個人，但是由於他的細心，才能在蛛絲馬跡中找到契機，成功的將人類醫學帶上新領域。所以，上天是不會幫助沒有準備的人，如果自己沒有實力，即使機會來了，也將無法把握住。

殘而不廢的鬥士

海倫·凱勒

美國人（西元 1880—1968 年），身處黑暗逆境卻永不氣餒的重殘鬥士，畢生為全球盲人服務，1961 年獲美國華盛頓區獅子會頒發「終身服務人道獎」。

生來聰明可愛的海倫·凱勒，一歲半時，因一場大病而變得又聾又啞又盲，父母為了補償她，對她百般溺愛，使得海倫恃寵而驕，對人不禮貌，任何事情只要不合她的心意，就會亂發脾氣、尖叫，把東西撕毀扯爛等，成了親友眼中的怪人。

她的父母經由別人介紹，請了一位也曾經是盲人的家庭教師蘇利文，來教導她；初到海倫家，蘇利文領教了海倫的任性脾氣，卻認為她聰穎尚未被啟發，對她充滿信心和期待。

為了徹底改變海倫的個性，蘇利文老師說服海倫的父母，讓海倫和她獨自搬到荒廢已久的小木屋，以避免海倫過度的依賴父母的寵愛。在這段互動過程中，海倫曾大哭大鬧，賴在地上不吃不喝，但在蘇利文老師堅持下，海倫終於明白了她所處的是一個豐富多樣的世界，長久封閉的心靈，終於被打開了。

至此海倫，宛如變了個人似的，她求知若渴，學會了手語，也走入了知識殿堂；在蘇利文老師陪同下，她進入劍橋女子學校就讀，最後進入哈佛大學，成為在高等院校註冊的第一位盲聾人。

海倫的發聲器官並未受損，只是因為盲且聾，才使得她無法開口學習語言，蘇利文老師為她請來專家指導，最後海倫克服困難，終於學會開口說話。

海倫除了突破官能障礙學會說話外，更奉獻她的一生，四處為殘障人士演講，鼓勵他們肯定自己，立志做一個殘而不廢的人。海倫．凱勒曾說過：「我雖看不見、聽不到，並且不會說話，在這樣的處境下，我仍然可以帶給每一個人祝福，我為我自己的遭遇而向上帝感謝。」

作為一個重殘人士，海倫．凱勒依然對生命如此熱愛，而四肢健全的我們，應該更沒有理由抱怨。海倫．凱勒她讓我們看到身處黑暗逆境而永不氣餒的鬥士精神。

讀後心得與感想

海倫．凱勒不被身體的殘疾所拖累，反而以它為利器，四處鼓舞殘障人士生存的勇氣，她的成就固然值得欽佩，而幕後教育她、帶領她走出自暴自棄的蘇利文老師，更是功不可沒。

相對論的發明者

愛因斯坦

德國人（西元 1879 － 1955 年），二十世紀最偉大的自然科學家，現代物理學的開創者和奠基人。

西元 1879 年 3 月 14 日，愛因斯坦出生在德國西南的烏姆城，一年後隨全家遷居慕尼黑。父親和叔父在那裡創設一個為發電站和照明系統生產電機、弧光燈和電工儀錶的電器工廠。在擔任工程師的叔父等人的影響下，愛因斯坦很早就受到科學和哲學的啟蒙。

愛因斯坦念小學和中學時，成績中等。由於他舉止緩慢，不愛與人交往，老師和同學都不喜歡他，教希臘文和拉丁文的老師對他更是厭惡，曾經公開罵他：「愛因斯坦，你長大後肯定不會成器。」而且因為怕他在課堂上會影響其他學生，竟想把他趕出校門。

幸好愛因斯坦有自學本領，深具分析問題的習慣和獨立思考的能力。西元 1896 年 10 月，愛因斯坦考入蘇黎士工業大學，學習數學和物理學。在學校中，他把精力集中在自己所熱愛的學科上，廣泛的閱讀赫爾姆霍茲、赫茲等物理學大師的著作。在這期間，他最著迷的是麥克斯韋的「電磁理論」。

西元 1902 年 2 月 21 日，愛因斯坦取得瑞士國籍，並遷居伯恩。西元1900至1904年，他每年都會在德國《物理學雜誌》上發表一篇論文。西元1905年，在科學史上創造了一個史無前例的奇蹟：這一年他寫了六篇論文，在三個領域裡做出了四項有劃時代意義的貢獻，他發表了關於「光量子說」、「分子大小測定法」、「布朗運動理論」和「狹義相對論」等四篇重要論文。

西元1905年6月，愛因斯坦完成開創物理學新紀元的長篇論文《論運動物體的電動力學》，完整的提出「狹義相對論」；又於西元1915年11月25日，發表論文《引力的磁場方程式》，「廣義相對論」作為一種邏輯結構終於宣告完成。

西元1921年，愛因斯坦因為「光電效應定律」的發現，而獲得諾貝爾物理學獎。他在物理科學界的卓越貢獻，舉世聞名。

讀後心得與感想

一個記者曾問愛因斯坦他成功的秘訣。他回答：「成功＝努力工作＋懂得休息＋少說廢話！這個公式對我有用，我想對許多人也是一樣有用。」

熱愛冒險的作家

傑克・倫敦

著名美國小說家（西元 1876 – 1916 年），作品以浪漫主義手法描寫爭取生存的原始鬥爭，也是外文譯本最多的美國作家之一。

傑克・倫敦出身於美國加州，父親務農，卻破產了，以致家庭生活貧困。傑克・倫敦自小就得面對生活壓力，他擔任過送報童、工人、水手，四處流浪，足跡遍及全美國。後來，他隨著淘金熱，遠赴阿拉斯加，一年後，他回到加州奧克蘭，不僅沒有淘到黃金，還染上敗血症，因此立志寫作維生。

他認為當一個作家，除了要有寫作能力外，還必須要有知識。因此，他發揮無比堅定的毅力，整天關在圖書館，發憤讀書，彌補求學中斷的不足；同時，還深入研究當代作家的作品，從中學習寫作手法及藝術涵養。

另外，他還自創「紙條進步法」，就是他只要發現有優美詞句、生動的比喻、珍貴的參考資料時，就把它們抄錄在紙條上，再把紙條張貼在屋內各處，例如：鏡

子上、窗簾上、衣櫃上、書架上等凡是能張貼的地方，全部都貼滿了。傑克·倫敦每天只要起床，無論是刷牙、洗臉、更衣、休息、抽菸等，任何時刻都能看到這些辛苦蒐集來的資訊，也等於隨時在為自己充電。

除了苦學外，他的親身經歷也成為寫作中最豐富的素材；走遍大江南北的他，曾在大自然中和動物親身相處，清楚看到弱肉強食、適者生存的大自然生存準則，因而他以美國灰狼或阿拉斯加犬為主角撰寫的《海狼》、《野性的呼喚》等書，風格獨樹，令人動容。

為了觀察貧民生活，他也能一身破爛的混入街頭的遊民群中，很快的和遊民打成一片，到處聽他們說故事，而且任何故事他都很有興趣，每每就把聽來的故事整理成資料，並憑著這些親耳聽來的人生歷練，撰寫出轟動世界的名著《深淵中的人們》，而令世人津津樂道。

讀後心得與感想

傑克·倫敦完全以苦學出身，幼時飢寒交迫的日子，磨練出他不屈不撓的鬥志和頑強的進取精神。他立志寫作後，以自己的模式學習他人長處，又將一生飄泊的經歷化為助力，當成寫作素材，成功的寫出有別於其他作家的作品，可見「危機也是轉機」，就看你怎麼看待自己的際遇！

非洲行醫的才子

史懷哲

德國人（西元 1875 － 1965 年），集哲學、神學、醫學、音樂四個博士學位於一身的歐洲才子，1953 年獲諾貝爾和平獎。

當史懷哲三十八歲第一次踏上非洲時，土著人的鼓聲這樣宣告著：「那個白人巫醫來了！」當他九十歲病逝非洲時，伴隨著鼓聲傳布的信息是：「我們的爸爸死了！」

史懷哲是個相當虔誠的基督徒，他的行動來自於給予的喜樂，為「公義」和「尊重生命」的目標而奉獻自己。

史懷哲從小就才華洋溢，極賦音樂天分，「音樂之父」巴哈也對他讚許不已。史懷哲周圍的人都認為，他將來一定會成為偉大的音樂家。

他是一位在哲學、醫學、神學、音樂等四種不同領域都有卓越成就的世紀偉人，我們確實很難了解在他的生命中，究竟哪一樣比較重要。當然，史懷哲決心實踐直接獻身服務人群的時候，他已經打算放棄其他三種事業。

史懷哲原本可以輕而易舉的把他的一生奉獻給音樂，最後卻選擇至非洲的叢林醫院行醫。原來在他二十九歲的一個早上，他看到了一本傳教刊物，書中充滿了非洲叢林需要醫療服務的呼籲：非洲人民生病時沒有藥吃，他們不懂真理、知識低落。史懷哲當時就明白，一旦開始了在非洲的工作，便等於自己藝術生涯的結束。

當他三十八歲時，來自內心的呼喚越來越強烈，史懷哲決定以一個牧師與醫生的身分進入非洲，關懷弱勢者的生命，把個人奉獻給全人類。這樣的動機，促使他在非洲行醫長達三十五年。

史懷哲每天安排十六個小時的時間來工作，有一次他工作到清晨四點，朋友勸他說：「你不應該蠟燭兩頭都燒著。」而他則回答：「如果蠟燭很長，為什麼不可以？」

史懷哲在非洲的醫療服務，使他得到諾貝爾和平獎的殊榮。他無私奉獻的事蹟已成為本世紀社會服務的一座標竿，一生付出的成果將留存至永恆。

讀後心得與感想

這位集哲學、神學、醫學、音樂等四個博士學位於一身的歐洲才子，本可以過著多采多姿、逍遙自在的日子，他卻把五十多年漫長的歲月奉獻給非洲土人。無庸置疑的，這位了不起的通才，雖然他身上聚集多樣的天分，但讓他生命彰顯價值的還是來自信仰的動力與積極努力的特質。

最偉大的英國人

邱吉爾

英國首相（西元 1874 － 1965 年），近年被英國評為最偉大的英國人。

邱吉爾出身於顯赫的貴族家庭，他的父親倫道夫勳爵是十九世紀末英國的傑出政治家，曾任財政大臣。邱吉爾沒有讀過大學，他的淵博知識和多方面才能，是經過刻苦自學得來的。

西元 1945 年，邱吉爾率領英國在第二次世界大戰中贏得勝利，聲望極高；他參加完波茨坦會議後，匆匆趕回倫敦，等待英國戰後首次大選結果揭曉，結果他所代表的保守黨竟然輸了，邱吉爾萬萬沒想到，才剛為國家打了勝仗，人民竟然馬上就拋棄他，當時獲勝的工黨領袖當選成為新首相。人民以為他這位政壇老將應該會選擇功成身退；可是，邱吉爾卻不輕言退出。西元 1951 年，他東山再起，保守黨獲勝，邱吉爾再度擔任首相。他二度執政時，已經七十六歲，直到西元 1955 年退休。

他個性開朗樂觀，說話幽默有趣，被稱為是「快樂的首相」。有一次，他在公開演講時，台下有人故意傳紙條指責他，邱吉爾打開紙條，只看到上面寫著「笨蛋」兩個字，其他什麼也沒有。邱吉爾看完之後，神色輕鬆的說：「剛才我收到一封信，可惜寫信人只記得簽上自己的名字，卻忘了寫內容。」

他十分長壽，活到九十一歲高齡，當他生命垂危之時，有人問他怕不怕死？他依然一派輕鬆的說：「當酒吧要關門的時候，我也就該走了，再見吧，朋友！」

沒有讀過大學的他，除了是位辯才傑出的演說家外，還是至高無上的諾貝爾文學獎得主。在他一生中，寫了二十六部共四十五卷的專著，幾乎每一部著作出版後，都能獲得佳評如潮，還被翻譯成許多國家的文字，流傳於世界各地，造成轟動。

讀後心得與感想

有人說，邱吉爾是融合了「英國人古怪、仁愛和堅毅性格特點的人」；還有人說，「他是最偉大的英國人，因為他顯現了保護英國、抵抗納粹德國侵略的決心和勇氣；如果不是他的領導激勵人心，第二次世界大戰的結果可能會有很大不同。」待人十分和藹的邱吉爾，最大的特色就是擁有堅強意志，他這方面也曾被稱為是英國精神的化身。

波蘭女性科學家

居禮夫人

波蘭人（西元 1867 － 1934 年），發現鐳和釙元素，獲得兩個諾貝爾獎的科學家。

居禮夫人，聰明好學。十六歲時，以優秀的成績自華沙女子中學畢業，卻因為家貧，無法繼續讀大學。

但是好學的她並不氣餒，她一邊當家庭教師、一邊自學；並在八年後，進入法國巴黎大學就讀，雖然因為身分特殊，飽受歧視，但居禮夫人一樣維持亮麗成績，先後得了物理學士第一名和數學學士第二名。

她嫁給法國籍的居禮先生，兩人都是科學家，並一起研究發現重要的化學元素「鐳」。可惜，居禮先生卻在一場車禍中喪生；居禮夫人強忍心中的悲痛，繼續努力研究鐳的性質。她曾經兩度獲得諾貝爾獎，並獲得無數其他的榮譽。

由於堅持公開一切的科學研究成果，而且不提出專利權，「鐳」、「釙」的發現並未使居禮夫人發大財，甚至到最後她還必須借助友人幫忙籌募基金，才成立鐳的研究室。

居禮夫人不重視名利的心境，也可由下列故事看出。

有一次，居禮夫人剛獲得英國皇家學會頒給她一枚金質獎章，這是一項至高無上的榮譽，朋友紛紛到她家中致賀。但是，他們竟然看見居禮夫人的小女兒正拿著那枚金質獎章在玩耍，朋友很吃驚，忙問說：「居禮夫人，這枚英國皇家學會的獎章得來不易，人們都會好好保存珍藏，妳怎麼拿給孩子玩呢？」

居禮夫人聽了，笑著說：「我只是想讓孩子們知道，榮譽就像玩具，只能玩玩而已，絕不能永遠守著它，否則就將一事無成。」

居禮夫人偉大無私的精神贏得世人崇高的敬意，連愛因斯坦都說，居禮夫人是「本世紀唯一未受盛名腐化的人」。

居禮夫人的一生有一半是在艱苦的環境中度過，晚年雖然名成利就，但她卻因為研究鐳的關係，受到放射線過度照射，導致身體飽受病痛折磨。然而居禮夫人始終堅守著科學精神，埋頭工作，為全人類而努力。

讀後心得與感想

居禮夫人曾說過：「人一旦開始學習，便會發現自己一無所知。」在上進心的鞭策下，居禮夫人克服困難完成學業，並成為法國第一位獲得科學博士學位的女性，她不讓鬚眉的卓越成就，足以作為當代女性的典範。

印度聖雄

甘地

印度人（西元 1867 － 1948 年），提倡「不合作運動」，帶領印度邁向獨立，脫離英國的殖民統治。

一般人印象裡的甘地是勤儉愛民的大善人，少有人知道，小時候的甘地是個很頑劣的孩子，做過不少壞事。

甘地的父母親是一對重視教育的好父母。甘地的父親個性耿直忠厚，擔任首相多年，不但不會仗勢欺壓百姓，反而清廉愛民，絕不接受賄賂。所以，甘地的爸爸並沒有賺大錢，卻擁有高潔的人品，深受人民愛戴；尤其甘地更是以父親為榜樣，盼望自己長大以後，也能像父親那樣受人尊敬。

但是甘地依然是個頑劣的孩子。有一次，甘地的爸爸生了一場大病，要甘地把做過的錯事都寫在紙上，一一認錯，甘地不情願的寫了，爸爸看過之後，覺得很難過，病情加重就去世了。甘地非常傷心，發誓絕對不再犯任何錯誤，讓父母傷心。

甘地中學畢業後，到英國留學，考上了律師資格。回故鄉後，發現自己的國家被英國打壓，人民生活苦不堪言，甘地便決定要為自己的國家爭取獨立。

他反對用暴力爭取獨立，就以絕食和靜坐的軟性方式來向英國政府抗議，他數度被捕入獄，好幾次差點因為營養不良而生命垂危。他的精神感動了全印度人，紛紛起來反抗英國不公平的統治，他走到哪裡都會引起一陣激動的歡呼，也會有一群信徒自願跟隨著他，最後，印度終於成為獨立國家。

甘地帶領印度邁向獨立，脫離英國的殖民統治。印度人為了紀念他，尊稱他為「印度國父」，他的追隨者更尊稱他為「聖雄」。

獲得了如此尊榮的甘地，依然保持著他節儉樸素的本色，對生命充滿無私的愛，關懷千萬受苦的眾生。但是，七十九歲的甘地卻在一次調解教派紛爭的活動中，被一個極端分子槍擊，離開人世。

讀後心得與感想

甘地領導印度脫離英國而獨立，固然是他的偉大功績，最重要的是他不崇尚暴力，同時真心為民奮鬥，沒有一己之私的行動，這些哲學思想和愛民行動日後也成為其他偉大人物效法的地方。

甘地小時候雖然曾犯許多錯誤，但他勇於認錯、改過自新的意志力，令人敬佩，也是值得學習的榜樣。

動力飛機發明者

萊特兄弟

韋爾伯・萊特（西元 1867 － 1912 年）和奧維爾・萊特（西元 1871 － 1948 年）兩兄弟，美國的發明家。1903 年發明動力飛機，開啟二十世紀初的航空里程碑。

萊特兄弟出生在美國俄亥俄州一個名叫奇蒙的小城裡。兒童時代，他們經常在一起做各式各樣的遊戲，而且喜歡各種機械玩具。他們把父親買的機械玩具拆開，研究內部結構，漸漸的，他們對常見玩具的結構、原理能瞭若指掌，附近的同伴有什麼玩具壞了，總是找他們修理，也因此他們成了當地小有名氣的「小工程師」。

有一年，耶誕節到了，父親從外地回來，給兩兄弟帶來一件模樣怪怪的玩具。父親告訴他們，這個東西能飛向高高的天空。「鳥才能飛呢！它怎麼也會飛？」哥哥覺得這簡直不可思議！父親聽了沒作聲，只見他先把玩具上面的橡皮筋擰緊，再一鬆手，那東西就「嗚嗚」的飛向天空。他們這才相信，人工製造的東西也能像鳥一樣飛上天。

從此以後，在兄弟兩人幼小心靈裡已萌生一個願望：將來一定要製造出一種能飛上高高藍天的東西。西元 1896 年，德國的李林塔爾因駕駛滑翔機失事身亡的消息傳開來，他們受到很大的震撼，決心努力學習，收集飛行資料，研究空中飛行。

西元1900年10月，萊特兄弟終於製成他們的第一架滑翔機。滑翔機雖然能飛起來，但只有1公尺多高。第二年，他們經過多次的改進，又製成一架滑翔機，能飛180多公尺高。他們並不滿足，想要製造一種不靠風力也能飛行的機器。經過反覆的摸索和實驗，西元1903年12月17日，萊特兄弟研製的人類第一架動力飛機，在美國北卡羅萊納州的基蒂霍克試飛成功，開闢人類航空史的新時代。

西元1906年，他們的飛機「飛行者一號」在美國獲得專利發明權，這架飛機目前正在華盛頓的博物館展出，供人參觀。

西元1909年，萊特兄弟創辦了「萊特飛機公司」，並獲得美國國會榮譽獎。

讀後心得與感想

萊特兄弟在研製飛機的過程中經歷過很多次失敗，但他們始終沒有放棄，最後獲得偉大的成就。這種一生堅持信念、追求理想的精神，永遠值得我們學習。

汽車大王

亨利·福特

美國人，（西元 1863 － 1947 年），福特汽車公司的創始人。

人要有夢想！福特汽車公司就創始於一位農家子弟、一個機械工程師的夢想。福特汽車公司的創始人亨利·福特，因為熱愛機械，夢想長大成為一個機械工程師。但是福特出生在一個貧窮的農夫家庭，所以他不曾擁有學習機械知識的良好環境。

少年的福特，平時一邊打零工做機械工人、一邊在家幫忙農事，之後受僱於大發明家愛迪生的工廠。三十三歲那年，他製作出自己的第一輛汽車，這輛汽車成為他上下班的交通工具，愛迪生看了相當讚許福特，有了這位大發明家的支持，福特便有一個夢想：要為絕大多數人提供最大的福利。於是，福特開始著手研發製造汽車。

四十歲那年，他創立了福特汽車公司，剛開始只是一家規模不大的機器工廠，福特的夢想是：「我要生產大量的汽車，為的是足供每個家庭使用，人人都能駕駛和修理，而且價格要低廉，使得中等收入的家庭也都能擁有一輛。」

他抱著必勝的信念，一次又一次的試

驗、失敗、再改進，成功的設計出了世界第一輛家庭用車，他以簡單堅固的設計提升性能，並大量生產降低成本，很快的占領了世界汽車市場，他所設計的汽車改良了製造技術，使這個世界成了汽車世界。

福特堅信汽車除了必須具備良好的性能，還要有最好的品質和最低廉的價格。但是人無完美，他在晚年時期，變得剛愎自用，由於他在經營和生產中頑固的堅持個人的觀點，聽不進反對意見，使福特汽車公司一度陷入困境。

如今福特汽車在世界汽車製造業中，仍具有舉足輕重的地位，而福特更是當之無愧的堪稱美國汽車業的奠基人。

讀後心得與感想

福特使汽車發展成為大眾化的交通工具，促進了人與人之間的交往。在福特之前，汽車不過是少數人士的旅遊工具，由於福特的努力，才使它趨向大眾化。當他來到人世時，這個世界還是馬車的時代；當他離開人世時，這個世界已經成了汽車世界。他為「大眾」造車，大眾成為亨利・福特的受益人。

美國的牛仔老總統

老羅斯福

西奧多・羅斯福（西元 1858 － 1919 年），美國第二十六任總統，是美國歷史上最年輕的總統。

大家都知道美國有位羅斯福總統，可是許多人不知道羅斯福總統有兩位，一位是美國第二十六任總統，共和黨的西奧多・羅斯福，俗稱「老羅斯福」；另一位是第三十二任總統，民主黨的佛蘭克林・羅斯福，俗稱「小羅斯福」。老羅斯福是小羅斯福的堂兄，也是本篇所要介紹的主角。

老羅斯福生長在富裕家庭，但從小患有氣喘病，身體衰弱。他為了把握時間強身健骨，熱衷於步行、騎馬、拳擊等運動，還曾當過牛仔，餐風露宿，並經常摔斷了骨頭，但仍然忍痛勇敢躍上馬背，繼續狩獵。最後他終於以無比的耐心，鍛鍊出強壯的體魄。老羅斯福意寓深遠的說：「克服恐懼最佳的對策，就是勇敢的面對它。」

後來他當紐約州州長時，每天都一口氣跑上紐約州議會門前的七十七級台階。一大群新聞記者隨後追趕，只要能和他一樣一口氣跑完全程的台階後還能提問的記者，都會得到滿意的答覆。

老羅斯福擔任總統後，每逢要發出信

函，在秘書打完字後，他總要多花一些時間，親筆更動幾個字後才發信。起初秘書以為是自己撰寫得不夠好，於是更用心去寫；後來秘書發現他還是每封信都改，忍不住問總統是否對所有信都不滿意。老羅斯福總統搖頭說：「我為了怕收信人誤認我只不過簽個名而已，所以我一定要用筆更動一兩個字。這麼一來，每封信都增加了人情味，不再那麼冷冰冰了。」

凡是在事業上有所成就的人，都是惜時如金的人，老羅斯福總統就是最佳的典範。他十分善待來訪的客人，當一個分別很久只求見上一面的客人來拜訪他時，老羅斯福總是在熱情的握手寒暄後，便很真誠的說明自己還有許多別的客人要見的苦衷。這樣一來，他的客人就會很簡潔的道明來意，讓彼此都節省下許多不必要浪費的時間。

讀後心得與感想

你可能沒有很大的財富，但有一樣東西你和別人擁有的一樣多，那就是時間。時間不管對誰都是公平的，每天都是二十四小時，浪費掉的時間就永遠失去了、永遠追不回。

老羅斯福總統能珍惜，善用時間，是值得學習的典範。

寫實反諷的劇作家

蕭伯納

英國人（西元 1856 – 1950 年），現實主義諷刺劇作家，諾貝爾文學獎得主。代表作品有《謬誤的結合》、《康蒂妲》、《窈窕淑女》等。

蕭伯納從小喜愛文學，時常夢想要寫小說。當他鼓起勇氣，開始創作的時候，一開始，他的小說並不受到歡迎，但是他不灰心，繼續努力寫作，終於成為傑出的劇作家。

蕭伯納的才華洋溢，又十分機智。有一次，他走在路上，被一個騎車的人撞倒在地，對方十分緊張的將他扶起，蕭伯納一邊拍拍自己弄髒的衣服、一邊笑著對肇事者說：「今天你的運氣真不好！」對方嚇了一跳，以為蕭伯納要對他提起告訴，急忙連聲道歉；不料，蕭伯納卻接著說：「你剛剛如果撞死了我，現在已經名揚四海了！但是，看來你沒這個機會了。」

還有一次，他從蘇聯訪問回來，親友們紛紛來探望他。席中他提起，在蘇聯的某一天，曾在半路上遇到一位可愛的小姑娘，因為對方聰明伶俐，蕭伯納便和她玩了好一會兒，最後要離開時，蕭伯納很驕傲的對小姑娘說：「妳回去告訴妳媽媽，妳剛剛和世界名人蕭伯納一起玩！」蕭伯納此時停下來，問親友：「你們猜，這位小姑娘如何回答我？」

親友們有的說小姑娘一定很興奮能和世界名人玩耍，也有人說她是不是嚇呆了，也有人猜小姑娘一定會感到很幸福等。但是，蕭伯納搖搖頭說：「都不是！那位小姑娘只看了我一眼，就模仿我的口氣說：『你回去告訴媽媽，剛剛和你玩耍的是蘇聯姑娘某某某！』」親友們聽到這個結局，不禁失聲笑了出來。蕭伯納說：「這個小姑娘的話帶給我很大的啟示，一個人無論有多大成就，都應該要保有謙虛的心，對任何人都要一律平等！」

蕭伯納曾擔任過記者，他的劇本常反映出對社會的批評，他也用諷刺的對話去刺激讀者，使他們有所警覺。他一共創作了四十七部劇本，每一部都深受大眾的喜愛。

讀後心得與感想

蕭伯納有一句名言說：「正像我們無權只享受財富而不創造財富一樣，我們也無權只享受幸福而不創造幸福。」這句話的意思就是「要享受，先要付出，天下沒有不勞而獲的事」。

印象派的繪畫天才

梵谷

荷蘭人（西元 1853 – 1890 年），表現主義的先驅，與高更、塞尚並稱為後印象派偉大畫家。

梵谷生於一個牧師家庭，他的爺爺和姨丈都是德高望重的牧師，兩個叔伯則是經營跨國畫廊生意，身為家中長子的梵谷，因而從小就對宗教和藝術產生特殊的興趣。

二十歲時，梵谷到伯父經營的畫廊中工作，愛上房東的女兒，便展開熱烈的追求，然而他卻失戀了。失去愛情的梵谷，在心灰意冷下，辭去畫廊工作，轉而投身於傳道工作。

二十五歲時，他到比利時一座礦區擔任傳教士。實際接觸到礦區人民生活的困苦，讓他十分震撼！目睹礦工長年在地底下工作，危險性高、薪水少，幼小的孩子往往也要到處撿煤渣貼補家用；梵谷悲憫之心油然而生，於是捲起袖子，協助年老的礦工和小孩，甚至為礦工去找煤礦廠老闆理論爭取權益。有一次，礦坑坍塌，傷亡慘重，梵谷開始對神失望，教會又辭去他的工作；不過，梵谷仍決定留在礦場，轉而對繪畫產生興趣，並認定繪畫是他活著的意義。

踏入繪畫界後，梵谷認識了高更、塞

尚等畫家，並成為好友；後來他在亞耳定居，畫出兩百多幅油畫，但只賣出一幅，生活因而過得十分困苦。有一次，他邀高更到家中小住，兩人卻發生激烈爭吵，精神衰弱的梵谷，竟割下自己的左耳，人們都認為他瘋了！這期間，他自己要求進入療養院隱居。

之後的一段時間，梵谷彷彿心中有一把烈火燒不停，他瘋狂的作畫，畫出七十多幅色彩大膽奔放的油畫。這一段日子，他心力交瘁，精神瀕臨崩潰。

西元 1890 年 7 月 27 日早上，梵谷在麥田中吞槍自殺，直到 29 日傷重不治，享年僅三十七歲。

梵谷的畫對現代印象派的畫風極具影響力。雖踏入畫壇僅短短十年，然而他的創作透過大膽的用色、粗獷的筆觸及狂放潑灑的情緒，創造了風潮。

讀後心得與感想

梵谷在世的時候，他的畫作一點也不受注意；直到他死後，大家才發現這位荷蘭最偉大的畫家，一直在默默承受人生的苦痛，並用畫筆強烈傳達出來。他在二十七歲才開始畫畫，短短十年間，卻創作出八百多幅油畫及等量的素描，他豐沛的創造力，成為西方繪畫史上歷久彌新的寶貴遺產。

短篇小說之王

莫泊桑

法國人（西元 1850 － 1893 年），著名的自然主義小說家，有「短篇小說之王」稱譽。

莫泊桑生長在一個沒落的貴族家庭，母親熱愛文學，從小竭力指導他閱讀及寫作，對莫泊桑產生很大的影響。

莫泊桑進入中學後，老師發現他的文學才能，所以把他推薦給好友福樓拜。福樓拜是世界知名的作家，在法國很受尊崇；他看過莫泊桑的作品後，為了不增長他的傲氣，所以故意冷冷的說：「孩子，我不知道你是不是真的有才氣，你的作品顯示你有些聰明，但是別忘了，才氣就是要能持續不斷，你還要努力呀！」

福樓拜收莫泊桑為徒後，對他要求十分嚴格，規定莫泊桑觀察人或物都要仔細入微，例如：當經過一家雜貨店時，對於坐在店門口的店主，或是經過一個守門人面前時，對於正吸著菸斗的守門人，都要把他們的姿態，甚至整個身體外貌，用宛如畫家的手法描繪出全部的精神特質。莫泊桑就在福樓拜如此嚴格的指導下，踏入寫作生涯。

然而，福樓拜對於莫泊桑投稿一事卻不鼓勵。他說：「不成熟的作品，不要寄出去！」於是，每當莫泊桑寫好的稿子，都先送請福樓拜指正，經過一再修改後，福樓拜總是一直不同意他寄出去發表。

剛開始，莫泊桑對福樓拜的話深信不疑，總是把他退回來的稿子乖乖收到抽屜裡。但是時日一久，堆積的稿子已經有一個人高了，莫泊桑不禁懷疑福樓拜是否故意不讓他出人頭地？

有一天，他在果園裡散步，看到一棵小樹被長滿的果實壓得抬不起頭來，旁邊一棵大樹，雖然也是果實纍纍，卻依然昂著頭，一點也不吃力。莫泊桑這才明白，根基沒打穩就走出去，是很容易受傷，從此，他更虛心學習，力求根基穩固。

三十歲時，莫泊桑交出一本小說《脂肪球》，福樓拜大為驚喜，叫他立刻投稿發表。果然這本小說一出版就造成轟動，不僅驚動法國文壇，更在世界文學占了一席之地。之後他寫了近三百篇短篇小說，而有「短篇小說之王」的稱呼。

讀後心得與感想

「才氣是要持續不斷的！」這句話對自視甚高的人來說，應是一記當頭棒喝！

自以為老天特別關愛擁有小聰明的人，若是不再認真去學習，終究只能一輩子耍「小聰明」而已。

法國後印象派畫家

高更

保羅・高更（西元 1848 － 1903 年），法國後印象派畫家、雕塑家、陶藝家及版畫家，十九世末法國最優秀的藝術家。

高更在法國巴黎誕生。他的父親克羅維斯是名記者，母親是單純的家庭主婦；外祖母曾是著名的女性革命家、航海家及作家；祖父安德烈是一位版畫家，具西班牙血統；外曾祖父則是秘魯人。人們有時便以這種遺傳性及西班牙和秘魯的混合體來解釋高更的性格。

年輕時，高更曾出海當船員，也曾在交易所擔任經紀人，並利用空閒時間，收藏繪畫，也自己動手畫畫。

西元 1883 年，他決定全心投入繪畫，便毅然辭去工作；沒了工作，高更的生活也陷入困境。然而，外在的生活條件並沒有影響到他對繪畫藝術的追求。

高更是法國後印象派畫家、雕塑家、陶藝家及版畫家。他早期作品帶有實驗性質，表現得較拘謹；而且一開始，他研究農民的藝術，卻發現農民藝術並不能真正的吸引他。他渴求的是單純而強烈的藝術，於是他決定離開歐洲，投入南太平洋的大溪地，融入當地土著人的生活，尋找繪畫的出路。

高更和梵谷是好友，他在前往大溪地

前，曾與梵谷在法國亞耳共同居住了兩個多月，因為兩人大吵一架，激動的梵谷憤而割下左耳，此事件也導致兩人的分離。

高更到大溪地後，被大溪地的神祕和美麗深深吸引住，他早已厭倦都市的虛偽繁華，對於島上的土著純樸和單純的生活十分嚮往，於是畫風轉為人物造型趨於渾厚豐實、線條輪廓醒目，色彩大膽；對於當時許多人而言，高更的新作是「野蠻」的，因此有人稱他為「野蠻人」。

然而，高更一點也不在乎，他許多著名的畫作都是在大溪地創作的，他所呈現出的獨特畫風是前所未有的風格，也為十九世紀的繪畫藝術開創出一條新路。

讀後心得與感想

高更和梵谷、塞尚等三人並稱是法國後印象派畫家。高更大膽拋棄世俗對繪畫的要求，追求最歸返自然的呈現，當他將在大溪地所創作的作品，帶回歐洲後，朋友都不敢置信，以為他變成「原始人」了；但是高更對這個稱號十分自豪，因為這證明他的畫作已脫胎換骨了。

發明大王

愛迪生

美國人（西元 1847 – 1931 年），近代物理史上傑出的科學家，更被譽為世界上最偉大的發明家。

西元 1847 年 2 月 11 日，愛迪生誕生於美國中西部俄亥俄州的米蘭鎮。父親是荷蘭人的後裔，母親則是蘇格蘭人的後裔，做過小學教師。愛迪生八歲上學，僅讀了三個月的書，就被老師斥為「低能兒」而趕出校門，從此，母親便成為他的家庭教師；這也讓愛迪生的天資得以充分的發揮。在母親指導下，他大量的閱讀書籍，在家中自己建立一個小實驗室。為籌措實驗室的必要開支，他只好外出打工，當報童送報紙，最後用積攢的錢在報廢火車的行李車廂建立了一個小實驗室，繼續做化學實驗研究。

西元 1862 年 8 月，愛迪生以大無畏的英雄氣魄救出一個在火車軌道上即將遇難的男孩，孩子的父親對他感恩萬分，但由於無錢可以酬報，遂自願教他電報技術。從此，愛迪生便和這個神祕的「電世界」發生關係，踏上科學的征途。

西元 1868 年 10 月 11 日，愛迪生發明「投票計數器」，獲得生平第一項專利權。然而，一位國會議員告訴他，他們無意加快議程，有的時候慢慢的投票是出於政治上的需要。從此以後，愛迪生決定再也不進行人們不需要的任何發明。西元1901年，愛迪生已經取得一三二八項發明專利。

西元1929年10月21日，在電燈發明五十週年的時候，大家為愛迪生舉行盛大的慶祝會，德國的愛因斯坦和法國的居禮夫人等著名科學家，紛紛向他祝賀。不幸的是，就在這次慶祝大會上，當愛迪生致答謝辭的時候，由於過度激動，突然昏厥過去。從此，他的身體每況愈下。西元1931年10月18日，這位偉大的科學家帶著微笑閉目逝世，終年八十四歲。

愛迪生一生約有兩千項創造發明，對人類的文明和進步有重大的貢獻。

讀後心得與感想

愛迪生雖然未受過良好的學校教育，但憑個人的奮鬥和非凡才智而獲得偉大的成功。他常說：「天才是百分之一的靈感，加上百分之九十九的勤奮。」他的精神，值得我們效法。

X光的發現者

倫琴

德國人（西元 1845 － 1923 年），知名的科學家，是 X 光射線的發現者。

當我們作身體健康檢查時，醫生總會幫我們身體內的器官照X光，這對現代人來說是習以為常的事，而對十九世紀以前的人們來說，這簡直是不可思議。

倫琴從小性格倔強，從不輕易改變自己的主張。他的父母本來希望他日後能當一名水利工程師，可是倫琴卻迷上了物理學，並決心為其奮鬥一生。他那堅定不移的信念感動了父母，最後還考上了著名的瑞士蘇黎士工業學院。畢業以後，由於勤奮學習和刻苦鑽研，倫琴很快成為知名的大學物理學教授。

倫琴喜歡把自己關在實驗室中，廢寢忘食的做試驗。有一次，他捕捉到一種新的射線，在螢幕前，倫琴用自己的手指去阻擋 這種新射線，卻在螢幕上看到自己手指骨頭的形狀。恰巧，倫琴夫人到實驗室來探視丈夫，倫琴便透過射線用照片把夫人的手拍攝下來，手骨清晰可見，甚至連閃光的鑽戒也顯示在照片上。

倫琴欣喜若狂，他知道自己發現了一種穿透性極強的射線，對自己發現的射線一時又想不出更好的名稱，就用未知數「

X」來代替，稱它為「X光」。

你知道第一屆的諾貝爾物理學獎是由誰獲得嗎？沒錯，就是倫琴。作為一名有傑出成就的德國科學家，倫琴品德高尚，對榮譽和金錢的欲求極為淡薄，將獎金全部獻給大學作為研究費用。

許多商人想用高價購買X光射線的專利權，牟取暴利，德國王子甚至以貴族爵位來籠絡倫琴，然而都被拒絕了。倫琴將X光射線的專利權毫無保留的公諸於世，讓它為全人類服務，使成千上萬的病人能得到及時發現和治療，使千千萬萬人的生命得到了拯救。

讀後心得與感想

倫琴從小就立志探尋大自然奧祕，長大後更以實驗物理為基礎，認真汲取前人經驗，孜孜不倦的實驗，終於發現肉眼看不見的「X光射線」，揭開物理學革命的序幕。

他個性耿直又感情豐富，發現「X光射線」後，有人勸他申請專利，但他認為這分成就是屬於全人類的，不僅不要專利，還把所得諾貝爾獎金也獻給了培育他的母校，他不慕名利的精神，令人敬佩。

現代思潮的誘導者

尼采

德國哲學家（西元 1844 － 1900 年），早年攻讀古典文學、神學及叔本華哲學，著作甚多，有《超人論》、《善惡彼岸》、《權力意志》等，對二十世紀的哲學和文學作品影響深遠。

尼采出身於宗教家庭，祖先七代都是牧師。尼采在家人的期盼下誕生，他學說話比常人慢，個性沉靜，總是用嚴肅的目光注視著一切。父親很喜歡他，經常帶著他一起散步；但不幸的是，在尼采四歲那年，父親因為墜車傷重去世。過了兩年，他的弟弟也去世了。從此，尼采就生活在祖母、姑姑、媽媽及妹妹等女性的圍繞當中。

尼采一直以父親為榜樣，希望自己長大後也能當牧師，所以常向友伴朗讀《聖經》，因此獲得「小牧師」稱號。

九歲時，尼采展現音樂才華，十四歲中學時，接受嚴格的古典教育課程，此時他生活重心是音樂和詩歌。二十歲進入波昂大學，主修語言學和神學，但此時他卻開始排斥宗教，轉而對哲學產生興趣；而對他影響最大的就是叔本華。

尼采是在書店買到叔本華的著名作品《意志和觀念的世界》後，細讀之下，立刻沉迷於叔本華的論點中，他甚至狂熱的喊出：「我發現了一面鏡子！」

叔本華的思想具有濃厚的悲觀主義，

尼采所感動的是叔本華的擁抱孤寂，但並沒有染上他的悲觀色彩；尼采雖也感受到叔本華所承受的時代痛苦，但他卻不承接這種痛苦，反而找到以藝術來調和的出路。尼采雖然欣賞他的前輩叔本華，但是卻不是盲目追隨，他認同叔本華的人生哲學理論，卻又能從其中分辨出自己該走的路，修正他認為更好的方向。

他對朋友說：「我之所以能勇敢而自由的正視人生，是因為我的雙腳已找到了堅實的土地。也就是說，憂鬱的潮水之所以沒有將我沖離自己的道路，是因為它們無法淹沒我的頭。」

尼采一生未曾娶妻，一直過著孤獨的生活，他也認清孤獨是真正思想家的命運，因而甘於孤獨。不過，最後他卻精神失常了，需靠母親和妹妹照顧，一直到他死亡，都是處於精神失常狀態。

悲愴大師

柴可夫斯基

俄國人（西元 1840 – 1893 年）音樂家。四歲開始彈鋼琴，他的三部芭蕾舞劇《天鵝湖》、《胡桃鉗》、《睡美人》被譽為是現代芭蕾舞劇的經典之作。

柴可夫斯基的父親在礦場工作，母親愛好音樂，他們家庭充滿了音樂氣氛。他從四歲起，便在家中的鋼琴上自行摸索，六歲時，已無師自通掌握了一些初步的彈奏技巧。但是，即使他自幼便顯示出非凡的音樂才能，家人為了使他未來生活有保障，卻從十歲起，便強迫他開始學法律。

他並未因此放棄對音樂的極度熱愛，總是利用課餘時間繼續接觸鋼琴，嘗試作曲。畢業後，他在司法部擔任小職員，但是他對法律實在沒有興趣。二十二歲時，終於說服父親，讓他進入音樂學院，踏上專業的音樂之路。在音樂學院中，柴可夫斯基勤奮的學習、虛心的受教，所以進步神速。

從音樂學院畢業後，他以教授鋼琴維生，即使收入不多，但有充足的時間作曲。當時的俄國政治黑暗，人民的思想受到殘酷的壓制，地下革命蠢蠢欲動，他的一些重要作品反映當時俄國人民的惶恐不安和不知所措，以及思索著祖國的命運和生活意義的心境。但他並不是消極無為的，柴可夫斯基克服悲慘的命運，表現出對生命肯定的態度。他以大家都能了解的音樂，譜出平民的生活，因而能觸動人們的心靈。所以，他對自己創作音樂的要求是：「沒有觸及內心，就不可能有音樂。」

柴可夫斯基的晚年並不同於一般作曲家的窮困潦倒，而是擁有相當的名氣與成功。他的死因卻一直都是個謎，有人說他是飲用生水而感染霍亂死亡，也有人說他是自殺死的。不管如何，他所作的曲子知名度並不因為他的死而有所減低，甚至流傳至今依舊受到大家的喜愛，這也是所有作曲家所盼望的結果。

讀後心得與感想

柴可夫斯基全心全意渴望著他的音樂能夠感動更多人、讓更多人喜愛，這個願望在他生前就已經實現了。然而，雖然觀眾給予熱烈掌聲，但他們似乎未能體會出柴可夫斯基是藉由作曲來傾訴他自己內心的憂傷、痛苦與失望。直到他去世後，觀眾們終於會意出柴可夫斯基樂曲中所富含的愛國思想而大受感動。

近代繪畫之父

塞尚

保羅・塞尚（西元 1839 － 1906 年），法國人，後印象主義傑出畫家。他最大成就，是對色彩與明暗有創造性的精闢分析，被譽為「近代繪畫之父」。

塞尚生在富裕家庭，一生不愁吃穿，所以沒有後顧之憂的全心投入繪畫藝術，他的作品不受俗情世事干擾，是一種自我理念的純粹追尋。

塞尚以主觀的熱情，客觀的探究自然界裡的景物所蘊藏的幾何性質和構成造型，進而發展出「圓錐、球體、圓柱」的形式論。他的最大成就是對色彩與明暗做出前所未有的精闢分析，這與印象派畫家捕捉表面的印象，並快速作畫的方式完全不同，而他這方面的理論至今仍具有重要的意義。

塞尚的作品以油畫為主，繪畫主題都是風景、靜物和人物，他遵循古典的規範，卻開啟了現代藝術之窗，因而有「近代繪畫之父」的稱譽。

塞尚作畫是屬於慢工出細活型，他堅持要以思考代替感覺來作畫。有一次，他為自己太太畫人像時，要求妻子要像一顆蘋果般靜止不動。還有一次，他為一位畫商畫人像，同樣要求畫商要維持同一個姿態不變，由於時間太久了，這名畫商忍不住打起瞌睡來，塞尚很生氣，就罵他說：

「你有看過會打瞌睡的蘋果嗎？」

熱愛繪畫的塞尚，晚年時病倒了，仍不顧外面風雨，堅持到戶外持續的繪畫；一星期後，他就與世長辭了。

其實，塞尚一開始的畫作，並不受到重視，巴黎的沙龍全部拒絕展出，塞尚十分失望，於是回到自己的家鄉，決心創造出有持久性效果的畫作。也就是他所主張的「完全根據自然，重畫普桑的畫」，亦所謂「在室外借助於自然的色彩和光線，畫一幅生氣勃勃的普桑畫。」

後來，塞尚終於掌握到自己的畫風，他把對風景與靜物的熱愛，及對色彩與形式的創新理論相互融合；於是，他不但遠遠超越了印象派，並且還替野獸派、立體派，以及二十世紀的藝術流派，預先鋪出了一條康莊大道。

讀後心得與感想

塞尚對二十世紀的繪畫影響深遠、貢獻重大，幾乎所有的藝術家都多多少少與他有些關係，因而他被譽為「近代繪畫之父」。

在世時，他已是大眾公認的天才。到他去世時，對後世的影響依然有增無減。

幽默大師

馬克・吐溫

美國人（西元 1835 － 1910 年），最具美國民族性的作家。他的作品充滿幽默風趣的韻味，所以被稱為「幽默大師」，著有《湯姆歷險記》、《頑童歷險記》、《乞丐王子》、《密士失必河上的生活》等。

馬克・吐溫原名叫山姆・蘭杭，馬克・吐溫是他的筆名。他出生不久，因為家道中落，全家搬到一個較偏僻的鄉鎮，父親是個律師，但是無法養家餬口，就經營許多副業，例如：養驢、養蠶及開店等，不過都沒有成功，因而父親始終鬱鬱寡歡；但母親則是有著隨遇而安的性格，她也是影響馬克・吐溫最大的一個人。

馬克從小就很喜歡惡作劇，不過卻不至於太過分。以前家中還有小男僕時，馬克總愛捉弄他。有一天，小男僕的父親過世了，媽媽交代馬克不許去鬧他，但是過了兩天後，馬克卻發現小男僕已經不再悲傷，依然和以前一樣活潑；馬克很不滿的向母親說，小男僕不像個死去至親的人，實在很不應該。

但是，媽媽卻稱讚小男僕很勇敢，才能這麼快走出悲傷，

重新面對生活！

這席話深深影響了馬克，因此當家中沒錢讓他上學時，他反而安慰媽媽說：「很好呀，我不用再去看討厭的老師了。」

馬克・吐溫輟學後，成為印刷廠學徒，印刷廠老闆待人很苛刻，馬克・吐溫在那裡，不僅吃不飽、穿不暖，晚上也只能在地上擺個木板，將就當床鋪睡覺。不過，生性樂觀的他，並不因為要被人呼來喚去而自卑，他努力從艱苦中尋找生活樂趣，終於他發現閱讀很能滿足自己。

於是他把握機會，在印刷廠工作過程中閱讀了大量書籍、報刊文章，也從中培養、磨練出自己的寫作能力，後來他成了有名的作家，筆調幽默風趣，但該批評的時事他也不會袒護。

有一次，他不滿當時的國會議員通過某項法案，於是就在報上刊登廣告，寫著：「國會議員有一半是混蛋！」

議員們看到後十分不滿，紛紛向他抗議，於是第二天，他刊登更正啟事，上面寫著：「我錯了，國會議員有一半不是混蛋。」由此看出馬克・吐溫的幽默風格。

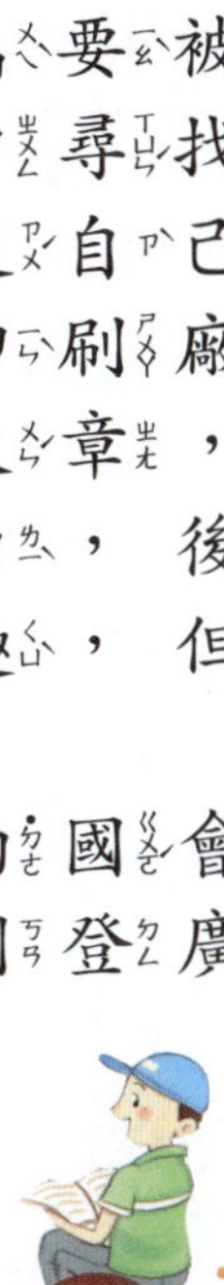

讀後心得與感想

馬克・吐溫最著名作品是《湯姆歷險記》和《頑童流浪記》，寫的就是他自己童年生活的點點滴滴，作品中充滿喜悅和冒險、進取精神，這也反映出他的生活哲學。

炸藥之父

諾貝爾

瑞典科學家（西元 1833 － 1896 年），畢生呼籲把火藥用於和平，並設立諾貝爾獎，獎勵對物理、化學、生物、醫學、文學、和平事業有傑出貢獻的人。

西元 1833 年，諾貝爾出生於瑞典首都斯德哥爾摩。八歲才上學，只讀了一年，這也是他所受過唯一的正規學校教育。諾貝爾的父親傾心於化學研究，尤其喜歡研究炸藥。受到父親的影響，諾貝爾從小就表現出頑強勇敢的性格。經常和父親一起實驗炸藥，幾乎是在轟隆轟隆的爆炸聲中度過童年。

西元 1850 年，父親讓他出國考察學習。在兩年的時間裡，他先後去過德國、法國、義大利和美國。由於他善於觀察、認真學習，知識迅速累積，很快成為一名精通多種語言的學者和具有科學素養的科學家。

西元 1862 年夏天，他開始從事硝化甘油的研究。在一次進行炸藥實驗時，發生嚴重的爆炸事件，實驗室被炸成殘垣斷壁；但是，諾貝爾百折不撓，繼續實驗。經過長期的研究，他用雷酸汞做成炸藥的引爆物，成功的解決炸藥的引爆問題，這就是雷管的發明。西元 1875 年，諾貝爾將火棉（纖維素六硝酸酯）與硝化甘油混合，成了膠狀物質，稱為炸膠，於西元 1876 年獲得專利。西元 1887 年，諾貝爾發明了無煙炸藥。

西元 1896 年 12 月 10 日，諾貝爾在義大利的聖雷莫，因心臟病突然發作而逝世。

諾貝爾一生致力於炸藥的研究，共獲得技術發明專利三五五項，並在歐、美等五大洲二十個國家開設約一百家公司和工廠，累積鉅額財富。在他逝世的前一年立下遺囑，指定將其遺產的大部分作為基金，將每年所得利息分為五份，設立物理、化學、生理醫學、文學及和平等五種獎項（即諾貝爾獎），授予世界各國在這些領域對人類有重大貢獻的人。

讀後心得與感想

諾貝爾的高尚人格及諾貝爾獎必將激勵著越來越多的人獻身於科學等事業，突破一道道科學難關。諾貝爾一生謙虛謹慎、勤奮刻苦的精神，尤其值得大家學習。

人道主義的作家

托爾斯泰

俄國人（西元 1828 — 1910 年），作品富於宗教精神及人道主義思想，被認為是俄國最偉大、最能夠反映時代的作家，寫下《戰爭與和平》、《安娜・卡列尼娜》等不朽名著。

托爾斯泰出身俄國貴族家庭，父親為伯爵。他兩歲時，母親生下妹妹後不幸去世；八歲時，父親也因病身亡，托爾斯泰成為無父無母的孤兒，在姑媽和家庭教師的教養下長大。

托爾斯泰的家族裡有仁愛、寬容的傳統，從小他便受到這種傳統的薰陶，對於他的一生具有深遠影響。

他在卡山大學法律系退學後，就去從軍，在高加索服役兩年多，曾參加克里米亞戰爭，期間開始創作，而從軍這段生涯也對往後的創作發揮了重大的功能，讓他描繪出的戰爭場面格外逼真寫實。

退伍回鄉後，托爾斯泰目睹農民的苦難，企圖改善他們的生活，卻未能得到農民的信任。之後，他曾經多次出國，帶回新的觀察與體驗，開始關心教育，興辦學校、辦雜誌，發表論文，提倡「托爾斯泰主義」，也就是人道主義。

托爾斯泰一生反對專制統治，同情基層人民，宣揚人道主義，提倡真、善、美。當時的俄國社會，在貴族統治下，充滿了貧困和不幸，整個國家都陷於動盪不安的局面。托爾斯泰懷著悲天憫人的心懷，寫下了《戰爭與和平》、《安娜·卡列尼娜》等不朽名著，被認為是俄國最偉大、最能夠反映時代的作家。

曾經有個年輕人向托爾斯泰請教如何一舉成名，托爾斯泰回答說：「人就好比是分數，分子是他自己實際的大小，分母是他自己想像的大小。如果分母越大，分數就越小；如果分母是無窮大，分數就等於零了。」意思就是說，越自大的人越是沒有價值的人！

托爾斯泰晚年時，精神極度痛苦，雖已八十二歲高齡，卻毅然離家出走，最後病逝於一個小火車站，臨終的遺言是：「我熱愛真理……為什麼……那些人……。」話未說完，就結束了他的一生。他至臨終時，依然懸念著人們的幸福與正義呀！

讀後心得與感想

生活在富裕環境下，卻能去體會貧苦人家的生活，托爾斯泰果然深受家族「仁愛」心的影響，他提倡「人道主義」，主張人生而平等，每一個人的生命都應該被尊重，不因貧富階級而有所差別。他所遺留的高貴精神遺產，足令後世受用無窮。

科幻小說之父

凡爾納

法國科幻小說家（西元1828－1905年），善於將科學知識與想像力相融合，所以作品充滿科學幻想，同時也表達勇敢和冒險精神。著有《氣球上的五星期》、《海底兩萬里》、《環遊世界八十天》、《神祕島》等作品。

凡爾納的父親是個成功的律師，父親希望他能承繼父業，但是他卻酷愛科學和文學，更嚮往航海旅遊生活。十一歲時，他為了答應表妹買一串貝殼項鍊，瞞著家人登上一艘開往印度的郵輪，半途中，被父親攔截回來；回到家後遭痛打一頓，從此答應家人：「只躺在床上，在幻想中旅行。」於是他開始大量閱覽，在腦海裡編織上天下海的世界旅行。

他的第一部科幻小說《氣球上的五星期》，在完稿後卻四處碰壁，前後遭到十五家出版社拒絕，凡爾納氣得一度想把稿子丟入火爐內燒掉，所幸被妻子擋下；當他找到第十六家出版社時，書商慧眼識英雄，立刻和他簽下二十年合約，而且立刻出版該書。

《氣球上的五星期》出版後，轟動一時。此後，凡爾納的作品皆能以前所未見的科學幻想，加上豐富的地理天文知識、有趣的內容，牢牢擄獲讀者的心。他最為人熟知的著作《環遊世界八十天》在法國報上連載時，甚至還驚動美國及英國的記者，每天都要發電報報導這篇虛構故事中的主角已經環遊到何處，才能滿足讀者的需要。

凡爾納成名後，生活無虞，但他仍每天工作十五小時，妻子勸他不要這麼賣命，他卻說：「莎士比亞說過『放棄時間的人，時間也會放棄他。』所以，我怎能放棄時間呢？」他寫了百部科幻小說，許多書中虛擬的科學發明物，日後都一一實現。人們問他感想時，他很理所當然的說：「只要有一個人想得出來，就有另一個人做得出來呀！」

凡爾納在小說中提及的虛擬器具，可說是提前為未來開了一扇窗。他在無線電發明之前，就已經想到了電視，還將它取名為「有聲傳真」；他在萊特兄弟製造出飛機的半個世紀前，就已經在書中描繪出直升機，其他像是：潛水艇、飛機、霓虹燈、導彈、坦克等。在他活著的年代都還沒發明的物品，卻都預先在他書中發揮了驚人的功能，因此，人們稱他是「科幻小說之父」。

微生物學先驅

巴斯德

法國人（西元 1822－1895 年），發現微生物是造成人類疾病的主因，在傳染病與免疫學上有卓越貢獻。現今採用的霍亂、傷寒等疾病的防疫注射，也是根據巴斯德的原理試驗成功的。

巴斯德出生在貧苦的皮鞋匠之家，父親沒有受過正規教育，卻好學不倦，努力充實自己。在父親影響下，巴斯德也十分好學。中學時，他的成績普通，不過卻很愛發問，有一次化學老師被他問急了，竟說出「只有老師才有特權可以隨意問學生」的話來。

他到巴黎讀大學，受教於化學大師都瑪士，受其影響一頭栽進化學的領域，開始潛心化學的研究。二十六歲時，巴斯德發現了旋光性原理，使他成為立體化學研究的創始者，也為後來立體化學的研究開啟了一扇門窗。

當時，里昂發酵工業蓬勃發展，卻也面臨著一項瓶頸，就是酒的產量逐漸變少且易變酸。於是，巴斯德深入研究酒變酸的原因，結果因此發現了「酵母菌」及「乳酸菌」。

不久，法國的釀酒業也遭遇到酒容易變壞，而且保存不易、運送困難等問題。巴斯德利用他原有的研究，再進一步探索，結果發現只要在攝氏五十五度到六十度之間加熱，就可以殺死讓酒酸敗壞的微生物，延長酒的儲存，也易於運送，巴斯德的發現拯救了法國的酒業。

巴斯德的研究後來擴大到人類及動物疾病方面。有一次，一艘輪船發現乘客中有人得了傳染性的黃熱病，於是禁止人們上船。得到消息的巴斯德，卻認為這是取得新細菌的絕佳機會，不顧一切趕往港口，要求登船。人們紛紛勸阻他，認為這一上船可能會危及他生命安全，巴斯德卻說：「這有什麼要緊呢？為了能使其他人能活得更好，我願意用自己的生命做一次試驗。」

巴斯德秉持科學家研究的精神，不畏自身安危，他的貢獻全民都感受得到。法國政府要頒勳章表揚他時，他還特別寫信給政府，希望政府別忘了在一旁默默幫助他的助手，法國政府覺得有理，在頒發勳章給他的同時，兩名助手也一起獲獎。他大公無私的精神，贏得了眾人的尊重與懷念。

巴斯德在微生物上的研究，讓他發明了炭疽病及狂犬病的疫苗注射，挽救許多人的性命。為表彰他的貢獻，法國政府準備完成他的心願，為他蓋一幢研究所，讓法國成為世界傳染病研究中心。

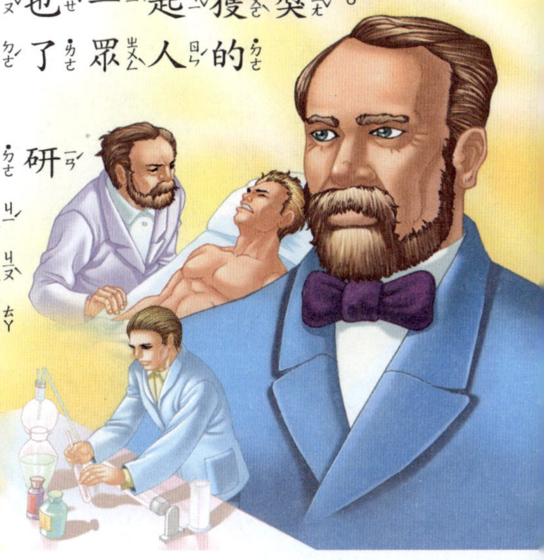

護理教育的奠基人

南丁格爾

英國人（西元 1820 － 1910 年），創建世界第一所正規護士學校，正式奠立護理教育制度，被譽為護理事業的創始者和現代護理教育的奠基人。

南丁格爾的家庭十分富有，但是她非常有愛心，不像一般有錢人家的孩子那般嬌生慣養，她經常幫忙看護生病的村民，喜歡照顧身邊的小動物。有一次，一隻小山雀死了，她用手帕將小山雀包起來，埋在花園內的松樹下，還為小山雀豎立一塊小墓碑。

當她不顧世俗的偏見和父母的反對，毅然投身於當時最基層的護理工作時，家人都氣得歇斯底里，認為她「中了邪」，會把病菌帶入家裡害死全家。在巨大的精神壓力下，使她陷於孤立無助之境，但她咬緊牙關沒有屈服。

在當時英國人的觀念中，與病人打交道，是非常骯髒且危險的。當時的醫院，簡直就像瘋人院。那個時候，人們都以為護理工作很簡單，根本用不著培訓，連南丁格爾自己也曾認為，只要富有耐心和同情心，就能幫助病人解除病痛。直到有一天，她親眼看到一個婦女，因為服錯藥，在她面前痛苦的死去，讓她大為震驚，因此她才深刻的明瞭護理是一門專業的學問，護士必須接受專業的訓練。而她相信，自己能改善這一切。

西元 1853 年，英國爆發戰爭，有成千上萬的傷兵得不到治療和照顧而死亡。南丁格爾便帶著一支護士團隊奔赴戰場，當時用品缺乏、水源不足、衛生條件極差，她克服種種困難，不分晝夜的工作。

每天晚上，她提著小油燈，一個一個的探望病人，讓傷兵感到無比的溫暖。直到戰爭結束後，她才抱著虛弱的身子回到英國。英國人深受她的行為感動，於是發起捐款，募集了大量資金，幫助她創辦了世界上第一所護士學校，之後又創辦了一所助產學校。南丁格爾終於成功的把護理工作，從「汙水般」的社會基層提升到了受人尊敬的地位。

讀後心得與感想

南丁格爾以瘦弱的身軀擔負充滿熱情的工作，為護理事業傾注了畢生精力，使護士工作的重要性終於為人們所承認，也讓護理工作成為受人敬重的職業。南丁格爾的成功和忘我的工作精神，博得各國大眾的讚揚。

俄國文壇的巨星

屠格涅夫

俄國作家（西元 1818 － 1883 年），他的散文、小說的創作經常在《現代人》雜誌上發表而引起文壇的注意。著名作品有《獵人日記》、《貴族之家》、《羅亭》、《父與子》等。

屠格涅夫出生在富裕家庭，從小非常喜愛讀書，尤其愛讀詩歌和寓言。有一次，當時著名寓言作家得米特里耶夫夫妻到他家作客，屠格涅夫的媽媽十分得意的炫耀她的兒子很愛讀他的寓言，還讓屠格涅夫當場朗誦得米特里耶夫的作品。因為屠格涅夫朗誦得很出色，母親就鼓勵他再朗誦一首。不過，屠格涅夫卻對得米特里耶夫說：「先生，您的寓言雖然很好，但是，克雷洛夫的寓言更好，我很想朗誦他的寓言。」得米特里耶夫聽到屠格涅夫說出真心話，不禁大笑起來。

但是母親卻十分生氣，等客人走後，便狠狠的訓了屠格涅夫一頓；但是屠格涅夫卻依然堅持認為：「克雷洛夫的寓言，的確是更好嘛！」

屠格涅夫在十五歲時，進入莫斯科大學文學系就讀，第二年轉往彼得堡大學哲學系，開始詩歌的創作。後來又嘗試散文、小說的創作，並經常在《現代人》雜誌上發表短篇小說，引起文壇的注意。西元1852年，他的作品匯集出版，從此奠定他在俄羅斯文壇上的地位。

有一次，他無意間撿到一本皺巴巴的《現代人》雜誌，順手一翻，卻被其中一篇小說所吸引，仔細察看後，發現作者是一個無名小輩。由於實在太欣賞這篇文章，屠格涅夫便四處打聽作者的住處，最後得知作者是個孤兒，由姑媽撫養長大，正在高加索部隊當兵。

屠格涅夫費了一番工夫，找到這名作者的姑媽，並對她說：「妳的侄兒如果能繼續寫下去，前途不可限量！」聽到大名鼎鼎的屠格涅夫對侄兒的欣賞與肯定，姑媽急忙寫信告訴侄兒這個好消息。

這名初出茅廬的作者，收到姑媽的信後，驚喜若狂，他原本無意寫作，只因生活苦悶，信筆塗鴉而已，沒想到竟獲得名家欣賞。在屠格涅夫鼓勵下，他一頭栽進寫作之路，後來成為世界級的文學家，這位年輕作家就是托爾斯泰。

讀後心得與感想

每個人除了要有自信之外，也很需要外面的掌聲來肯定自己。但是，在我們渴求別人欣賞自己之餘，也應懂得去欣賞別人。

英國的寫實文學大師

狄更斯

英國維多利亞時代最偉大的小說家（西元 1812 － 1870 年），著有《雙城記》、《苦海孤雛》、《塊肉餘生記》、《聖誕頌歌》等。

狄更斯幼時家庭富裕，父母竭力照顧他。由於他身體不好，父親在他養病時，曾送他一套世界名著，讓他沉浸其中，愛不釋手。

好景不常，由於父親欠下大筆債務，家中經濟陷入窘境，父母只得變賣家中值錢的東西；有一回，父親要拿走狄更斯的書時，狄更斯淚流滿面的懇求留下，父親安慰他說：「除了書，你還有玩具呀！」幼小的狄更斯回答說：「那你拿走玩具好了，我要留下書。」由此可見，他的小小心靈是如何熱愛書籍了。

家中境況越來越糟，父親甚至於入獄坐牢。十二歲的狄更斯在親友援助下，到一家鞋店當學徒，在那裡當小童工，飽受欺負，因而他特別能體會生活在社會角落的貧苦兒童及辛苦勞工的心境。

十六歲時，一位律師僱用狄更斯擔任繕寫員，使他有很多練習文字的機會；同時他又常到英國博物館的圖書室自修，充實自己的學識，漸漸的展開創作生涯。最初他為報刊雜誌編寫故事，連載的小說後來正式出版，一出版就大為暢銷，使狄更斯聲名大噪，一舉成為最受歡迎的作家。

之後，狄更斯不斷寫作，他的名字不僅為英國人所熟悉，在世界文壇上也有一定地位。他的小說都是描寫英國中、下層社會的故事和人物，寫得栩栩如生。重要作品包括：《雙城記》、《孤雛淚》、《塊肉餘生記》、《聖誕頌歌》等。

其中《雙城記》是以法國大革命為背景所寫成的小說。內容描寫貴族如何腐敗及殘害百姓，無形中讓人民心中積壓了對貴族的刻骨仇恨，才導致法國大革命的爆發。

《孤雛淚》也是以寫實手法描寫英國工業革命後的社會問題，也點出人性的黑暗面，而其中主角奧立佛象徵了人類的善良面，對生命抱著無限希望，而這種執著也助他脫離困境。

讀後心得與感想

狄更斯童年生活坎坷，十多歲擔任童工，看盡人情冷暖、吃盡苦頭；長大後，他以童年的遭遇為藍本，深刻描繪出中、下階層人物的生活，感動了無數讀者，並引人深省，提昇心靈的層次。

歐洲第一鋼琴家

李斯特

匈牙利人（西元 1811 － 1886 年），被譽為「歐洲第一鋼琴家」和「鋼琴之王」，也是一位才能卓著的作曲家，著名的作品有《浮士德交響樂》、《但丁神曲》等。

李斯特的父親是個業餘樂師，在李斯特長到剛好能坐在鋼琴椅上時，就為他準備了一架鋼琴。在父親的指導下，李斯特九歲時第一次公開演奏，幾位觀眾都被他優秀的表現而感動，慷慨捐贈了六年的學費。父親看到兒子的音樂才能，便辭去工作帶著他遷往音樂家的搖籃維也納深造。十一歲時，李斯特舉行了演奏會，從此轟動了維也納的音樂界。李斯特的演奏技巧、彈琴藝術具有一種魅力，被譽為「歐洲第一鋼琴家」和「鋼琴之王」。

有一次，一位年輕女孩要開音樂會，宣稱自己是李斯特的學生。不料就在音樂會的前一天，李斯特突然出現在女孩面前，她嚇得渾身顫抖，哭泣著訴說自己艱苦的孤兒身世，冒充李斯特的學生完全是為了生計。她跪在李斯特面前，請求寬恕。

李斯特和藹的把女孩扶起來，要她把演奏的曲子彈一遍給他聽，他再加以指點，女孩感激得說不出話來。李斯特說：「妳大膽的上台演奏吧！現在妳已經是我的學生了。」

第二天，音樂會就在快結束的時候，聽眾突然歡呼起來，原來彈奏最後一支曲子的不是那位女學生，而是李斯特親自表演。

蕭邦從波蘭流亡到巴黎時，只是個默默無聞的小人物，李斯特此時已是名聲響亮的音樂家。李斯特對蕭邦的才華十分讚賞，決心提拔他。在一場鋼琴演奏會時，他要求劇場把燈全部關掉，讓觀眾在黑暗中聚精會神聆聽他的演奏。結果，當燈一熄滅，李斯特就悄悄的讓蕭邦過來代替自己演奏。

演奏會中，悠揚的琴聲讓觀眾如痴如醉；等到演奏完畢，燈亮了，觀眾看到舞台上坐著的不是李斯特，卻是蕭邦，都驚愕萬分。李斯特的一番巧妙安排，不但讓一顆燦爛的鋼琴演奏新星誕生，他提攜後輩的高尚行為，也讓觀眾欽佩不已。

鋼琴神童與詩人

蕭邦

波蘭人（西元 1810 – 1849 年）從小才氣橫溢，不但是個傑出的鋼琴家也是一個鋼琴作曲家，留下許多優美好聽的曲子。

蕭邦的父親是法國人，母親是波蘭人，蕭邦一直把波蘭視為自己的祖國。

小時候的蕭邦個性溫和敏感，聽到富有詩意的精緻音樂常會熱淚盈眶。蕭邦的父母一共生了四個孩子，蕭邦排行第二。雖然家境並不富有，但是父母總是想辦法給孩子們舒適的生活，因此蕭邦的童年非常愉快。

蕭邦三、四歲時即經常自行玩弄家裡的鋼琴，在琴上彈出他心中所想的曲調，父母見他對音樂如此有興趣，就開始教他一些基本音樂知識。蕭邦進步神速，八歲時便舉行公開演奏，十五歲時就出版了自己的作品，博得了「音樂神童」的美譽。

有一次在學校，孩子們大吵大鬧。蕭邦請求他們安靜，並用鋼琴講故事給他們聽，於是孩子們靜了下來。蕭邦一面彈琴、一面說「強盜的故事」——強盜們拿著刀劍，想爬進一座堡壘，但突然被一種聲音嚇住了，於是立即逃走。跑了很久，人疲馬倦，強盜們都躺下來休息。這時，音樂越彈越輕柔、幽靜，蕭邦正說道：「強盜們都沉睡了！這同時，連那些聽故事的小頑童也都睡著了。

在他二十歲時，波蘭發生戰爭，蕭邦流亡到巴黎，受到當時樂壇上知名人物李斯特的推崇與提拔，他獨特的的音樂天分得以繼續發揮，寫出了許多超凡脫俗的佳作。

蕭邦的身體非常虛弱，臉色慘白。即使如此，依然掩不住他的音樂才華與俊美容貌，不損大家對他的喜愛。西元 1848 年，法國爆發革命，蕭邦離開巴黎前往倫敦，倫敦潮溼多霧的氣候，使他的健康日趨惡化，咳嗽越來越嚴重，有時連呼吸都感到困難，到三十九歲時，就英年早逝了。蕭邦的朋友們遵照他的遺囑，把祖國波蘭的泥土撒在他的棺木上，以示魂歸祖國。

讀後心得與感想

有著「鋼琴詩人」美譽的蕭邦，雖然在表面上是幸運的寵兒，但實際上卻是一個飽經生活苦難的人。「天嫉英才」這句話正是蕭邦的寫照。蕭邦把自己對生命的熱愛、對祖國濃厚的憂心與思念幻化成澎湃的音符，他的作品傳達出向命運挑戰，永不屈服的信念！

進化論的始祖

達爾文

英國人（西元 1809 － 1882 年）生物學家，曾先後出版《物種起源》和《人類起源》等巨著，提出關於生物進化的問題，為進化論的奠基者。

西元 1890 年 2 月 12 日，達爾文出生在英國的施魯斯伯里。達爾文從小熱愛大自然，尤其喜歡打獵、採集礦物和動植物標本。十六歲那年，達爾文進入愛丁堡大學修習醫學；但是，他對醫學卻毫無興趣，只讀了兩年就轉學到劍橋大學，改學神學。他仍然把大部分時間用在聽自然科學講座，自修大量的自然科學書籍。

西元 1831 年，達爾文從劍橋大學畢業。他放棄待遇豐厚的牧師職業，依然熱中於自己的自然科學研究。這年十二月，英國政府組織「貝格爾號」軍艦的環球考察，達爾文經人推薦，以「博物學家」的身分自費搭船，開始漫長而又艱苦的環球考察活動。在歷時五年的環球考察中，達爾文累積大量的資料。回國後，他一面整理這些資料，一面又深入研究，同時查閱大量書籍，為他的生物進化理論尋找根據。

西元 1842 年，他第一次寫出《物種起源》的簡要提綱。西元 1859 年 11 月，達爾文經過二十多年研究而寫成的科學巨著《物種起源》終於出版了。在這部書裡，達爾文明顯的提出「進化論」的思想，說明物種是在不斷的變化中，由低等到高等、由簡單到複雜的演變過程。這部著作的問世，第一次把生物學建立在完全科學的基礎之上，以全新的生物進化思想，推翻「神創論」和「物種不變」的理論。《物種起源》是達爾文進化論的代表作，顯示了「進化論」的正式確立。《物種起源》的出版，在歐洲乃至整個世界都引起轟動，它沉重的打擊神權統治的根基，啟發和教育人們從宗教迷信的束縛下解放出來。

西元 1882 年 4 月 19 日，這位偉大的科學家因病逝世了，人們把他的遺體安葬在西敏寺的牛頓墓旁，以表達對這位科學家的敬仰。

讀後心得與感想

達爾文以他獨特的方式，創造了極高的成就。他雖然受過正規的大學教育，但是他「所學到的任何有價值的東西都是從自學中得來的」。這裡所說的自學，主要的就是向大自然學習。

解放黑奴的美國總統

林肯

美國第十六任總統（西元 1809 － 1865 年），南北戰爭時領導的北方獲勝，他宣布廢除奴隸制度，使美國從南北長期分裂中恢復了統一。

林肯出生在一個貧窮的農家。自小就要幫忙割草、砍樹、開墾荒地等農家事務；由於工作忙碌，他實際上學的時間不超過一年，但他一點也不放棄，靠著刻苦自修，竟然在二十七歲那年，通過考試，取得律師資格。

後來林肯當選國會眾議員，他公開抨擊美國的奴隸制度。西元 1860 年，他當選美國第十六任總統。當時南北雙方一直為黑奴制度爭論不休，北方主張解放黑奴，南方卻堅決不同意；於是，南部七州決定另組一個南方邦聯政府，企圖分裂美國。

為了維護聯邦統一，林肯和他的內閣決定訴諸武力，因此在西元 1861 年，爆發了美國內戰——南北戰爭。這場歷經四年的戰爭，最後由林肯領導的北方獲勝，之後，林肯還頒布了著名的《解放宣言

》，讓美國的黑奴在法律上獲得自由。

這位美國史上傑出的總統，卻在完成南北統一後，遭到刺殺。西元 1865 年 4 月 14 日，林肯在華盛頓福特劇院看戲時，被一個不滿他解放黑奴的暴徒，連續開槍擊中，子彈射中他的頭部，傷及大腦，第二天凌晨，林肯就與世長辭了。

林肯為人以誠實著稱，他曾經擔任過店員，有一回他為了少找零錢給一名婦人，連趕了六小時的黑路，一直到追上婦人，將少找給她的錢還給她為止；他不想等到對方下次來店時再還錢，因為他認為不該拿的錢，就是要物歸原主。也因為他的誠實，甚至在他擔任律師時，有一次當事人缺了三萬美金急用，林肯答應幫他想辦法，結果他是直接到銀行向出納員商量借用，並表明兩小時後就歸還，出納員看到是林肯，一句話也沒多說，很信任的借他錢，連借據也不用寫，可見他多麼受到人們的信任。

讀後心得與感想

林肯以一個貧窮的農家子弟，成為美國總統；其中，他的「誠實」態度最受到肯定，甚至他的名字，一度還是當時「正義與誠實」的代名詞。

出身貧困，讓他深刻體會社會的不公平；解放黑奴，讓美國社會走上全新的方向，至今他仍是美國人最愛戴的總統之一。

童話大師

安徒生

丹麥人（西元 1805 － 1875 年），世界著名童話作家，所創作的童話極富幻想。主要作品有《醜小鴨》、《賣火柴的小女孩》，《美人魚》、《國王的新衣》等。

西元 1805 年，安徒生誕生在丹麥奧登塞鎮的一座破舊閣樓上。他的父親是個鞋匠，很早就去世了，全家靠母親幫人洗衣服來維持生活。

安徒生十四歲時便離開故鄉和親人，獨自到首都哥本哈根謀生。他克服生活上的許多困難，以堅強的毅力，努力學習，並大量閱讀名家作品。他決心進行文學創作，用自己的筆寫出人間的不平與溫暖。經過十幾年的奮鬥，他終於踏進了文壇。從三十歲開始，專心從事兒童文學創作，一生中共寫了百餘篇童話故事，膾炙人口的《賣火柴的小女孩》就是其中的一篇。

西元 1848 年，安徒生到國外旅行。在途中收到一封朋友的來信，要求他按照信中寄來的三張畫作寫一篇故事。其中一張畫的是一個窮苦的小女孩，一頭金黃色的長鬈髮披在肩上，看來相當美麗；她手裡拿著許多火柴，瞪大一雙可憐的眼睛，好像要說些什麼。安徒生看著這張畫作，雙眼漸漸溼潤。他想起自己的媽媽，曾在他小時候向人要過飯，有一次在要飯時，竟然昏倒在路上。他又想起童年時代唯一疼愛他的奶奶。媽媽後來改嫁了，他只好和奶奶相依為命。每到傍晚，他坐在牆邊的角落，蜷著腿縮成一團，盼望著討飯的奶奶快回來。慈祥的奶奶一回家，便把他摟在懷裡，帶給他溫暖，為他解除飢餓。他還想起在丹麥封建王朝統治下，千萬窮苦的兒童……。想著，想著，情不自禁的攤開稿紙，以自己的親身感受和對廣大窮苦兒童的同情，以及對統治階級的憎恨，振筆疾書，寫出了《賣火柴的小女孩》這篇感動人心的童話故事。

西元 1954 年，國際兒童讀書聯盟第三次大會上，設立了以安徒生名字所命名的世界兒童文學大獎——國際安徒生獎，以示對安徒生的紀念，這個獎項至今仍是兒童文學界最高的榮譽。

讀後心得與感想

貧苦的童年成為安徒生後來創作的泉源。今天生活在優渥環境的小朋友，更應該珍惜現在，多學習文化知識，提升自我的素養。

法國大文豪

雨果

法國人（西元 1802 – 1885 年），他的詩和小說豐富多彩，雄渾有力，被譽為十九世紀法國浪漫主義最傑出的代表。作品有《悲慘世界》、《巴黎聖母院》、《歐那尼》、《莎士比亞論》等。

雨果出生在拿破崙帝國鼎盛時期，他的父親是拿破崙軍中的一名軍官。雨果從小就愛好文學，十歲即能寫詩，十五歲就得過獎。

雨果才華橫溢，二十九歲時創作長篇小說《巴黎聖母院》即《鐘樓怪人》，轟動了整個法國文壇。但是，在他四十歲，正值創作巔峰時，卻爆發出惡性心臟病，生命進入危急時刻。

不過，雨果卻靠著醫師給他的建議，每天散步、游泳、爬山等努力鍛鍊體魄，終於度過生命危險期，重新恢復健康，再拿起筆桿寫出他的人生。

雨果受家庭影響，原本十分支持拿破崙帝國，也受封為貴族；但是，後來他逐漸反對強權政治，開始寫文章嘲諷當時的拿破崙三世，因而得罪皇室，而逃亡海外。雨果流亡海外期間，反而是作品最豐富的時期，他寫下充滿人道關懷的《悲慘世界》等經典名著，而且還畫了許多畫作。

雨果雖出生於富裕家庭，但他卻十分關心貧民的生活，充分展現對「人」的關懷，這和他小時候受父親的影響有關。雨果從小跟著父親的任務遷徙，他在《我的將軍父親》一詩中，描述父親遇見一名受傷口渴的敵人，雖然父親差點被這個敵人殺害，但是仍然命令屬下拿水給敵人喝，充分展現軍人的人道主義。

所以雨果的一生也是「人道精神」的顯現，他的主要作品《悲慘世界》，就是針對貧民的悲慘生活及所受到的不公平待遇，有著十分深刻感人的描寫。他甚至在遺囑中，也特別聲明放棄所有著作權，要將版權捐給貧困的人。

雨果八十三歲時與世長辭，法國人民為他舉行國葬，還把他的靈柩置於著名的凱旋門下供萬民瞻仰，並安葬於巴黎偉人墓園，供後人憑弔。

讀後心得與感想

雨果的作品就是有這種影響人心的力量，如果他不是發自內心對看到的世界有深刻體驗的話，是很難寫出如此好作品；因此，人們至今仍記得他，除了他的作品感人外，其實更是感佩他的「仁心」，也就是前面所說的「人道關懷」。

奧地利歌曲大王

舒伯特

奧地利人（西元 1797 － 1828 年），樂曲風格和貝多芬相似，因此有「小貝多芬音樂家」之稱。

舒伯特出生在一個中學教師的家庭，父親是一位小學校長，舒伯特是第十三個孩子。因為父親和兩個哥哥都喜愛音樂，舒伯特從小就隨他們學習鋼琴和小提琴，九歲時又在村裡教堂參加合唱團，學習唱歌、鋼琴、小提琴和風琴，進步神速，十三歲開始作曲。長大後在父親的學校裡任教，但他並不喜歡教書，便離開學校，靠著擔任家庭音樂教師的微薄收入維持生活。

舒伯特是一位才華洋溢，而且靈感豐富的作曲家，常常在一天之內完成七、八首歌曲，他的作品很多，所以被稱為「歌曲大王」。對舒伯特來說，旋律是他表達內心情緒最自然的方式；他無論走到哪裡，也不管在做什麼，腦海裡總是跳躍著音符，構思著樂曲。

有一次，一個朋友到舒伯特家拜訪，他磨咖啡豆請朋友喝咖啡，破舊的咖啡磨發出「嚓啦，嚓啦」的響聲，磨著磨著，舒伯特突然把磨一扔，高聲大叫：「有了，有了，我想了好幾天，就是這個曲調，想不到磨一秒鐘的咖啡就被我找到了！」這個曲調後來就成了他著名的代表作。

舒伯特出生於封建王朝的黑暗統治時期，雖然當時他的作品已是家喻戶曉、廣為流傳了，但卻因政府的打壓而不能出版和演出，舒伯特在生前甚至還未曾聽到過自己創作的交響曲被演出。舒伯特沒有逃避現實，而是勇敢的面對，他用樂觀的態度持續的創作，在艱苦的環境中作品依然源源不絕。

舒伯特的一生窮困潦倒，經濟上完全仰賴友人的接濟，年僅三十一歲就過度勞累而英年早逝。儘管如此，他的音樂卻沒有任何悲傷的色彩，反而充滿著活潑與光明，人們聽舒伯特的作品常會感到安祥與快樂，這也是舒伯特格外令人懷念和欽佩的地方。

讀後心得與感想

提起舒伯特的名字，就會想起他許多膾炙人口的歌曲，但對於不了解舒伯特一生經歷的人來說，卻很難想像他是在怎樣艱苦的環境中，以驚人的毅力創作，還創作出許多永垂不朽鉅作，為後世留下大量的音樂財富！

近代磁學的奠基者

法拉第

英國人（西元 1791 － 1867 年），創造「電磁感應定律」，在電磁方面的成就影響後世深遠，為原子物理的研究奠下基礎。

法拉第的父親是個鐵匠，家中生活貧困，十三歲時，他就到裝釘廠當學徒，賺點小錢協助家計，由於家中沒錢供他讀書，法拉第的學識全靠刻苦自修而來。

他對電學和化學有濃厚興趣，常利用下班後，靠在裝釘廠窗口爭取時間看書。有一次，他拿到一本《化學漫談》的書，深深為裡面的深奧內容所吸引，讀著讀著，竟忘了回家吃飯的時間；在家等候的媽媽不放心，趕到裝訂廠，遠遠就望見兒子渾然忘我閱讀的身影，看到兒子熱愛讀書，身為父母卻供不起學費，她媽媽不禁悲從中來。

法拉第發現媽媽時，才驚覺到天色已晚，不過，他仍十分興奮的告訴媽媽說：「媽媽，我今天讀到一本好有趣的書，我一定要把它好好看完！」媽媽不忍心打斷他的讀書興致，只勸他別累壞了，之後含淚離去。

法拉第就是憑著這股熱愛，不斷充實自己的電學和化學學識，而且後來還獲得化學家戴維的賞識，提拔他成為助手，從此法拉第開始從事研究工作。

經過無數次的實驗後，法拉第證實了「磁力」可以轉換為「電力」，首創著名的「電磁感應定律」。後來，他製造出科學史上的第一部自動發電機；然後，又發明了電動馬達和變壓器等。

雖然在當時，電磁尚不知能運用在何處，然而，電磁在日後確實發揚光大了，無論是無線電、電視、X光以及原子物理等的研究，都因為有了法拉第的「電磁感應定律」才能奠下基礎。因此，他去世後，人們為了紀念他，就把電學上的電容量單位取名為「法拉」，以作為對他永恆的懷念。

讀後心得與感想

我們上學讀書，有老師指導、有家長鞭策，常常還會覺得讀書好辛苦；法拉第沒有老師教他，沒有家長逼他，完全憑著熱愛讀書的心，自動自發的學習，不是為老師，也不是為爸媽而讀，所以即使環境再困苦，他依然讀得趣味盎然。我們應學習這種精神，不只為考試而讀，更要為充實自己而讀，一切都會變得有趣多了。

悲觀的哲學家

叔本華

德國人（西元 1788 － 1860 年），西方哲學史上最出色、也最嚴峻的悲觀主義者，主要著作為《意志和表象的世界》。

叔本華生出在一個富裕家庭，個性十分高傲，自封為「哲學皇帝」，對其他哲學家十分藐視，尤其對黑格爾的思想充滿排斥，時常質疑黑格爾的學說毫無意義，而他自身所提倡的思想則是充滿「悲觀主義」。

他認為，人的生活總是在設法滿足自己無法滿足的欲望，一直到死亡，而且還認為人和人之間總是充滿不公平、自私、欺騙，覺得人類的世界是個地獄；而為了脫離痛苦，人應以同情心來紓解其他人的痛苦，同時要清楚明白萬物皆源自「自我的原始意識」，才能做到「無欲無求」。也因為他是這樣解讀「人」，所以，他又自稱自己是「人類的藐視者」，時常悲嘆世界的愚蠢和人類的苦痛。

叔本華對人和人之間的相處，曾這樣解釋：「人，是有如寒冬裡的刺蝟，互相靠得太近，會覺得刺痛；彼此離得太遠，卻又會感覺寒冷。人於是必須保持適當的距離過活。」有人認為這是因為他是獨子個性所使然，因為他雖有一位小他九歲的妹妹，但是實際上，他是形同在獨子的環境中長大。

叔本華致力於研究哲學家柏拉圖和康德的著作，對費希特、謝林和黑格爾則採輕視態度。重要著作是《意志和表象的世界》，主要內容包括：「認識論」、「自然哲學」、「美學」和「倫理學」；這部書可說是叔本華思想發展的頂點。

叔本華的一生十分不得志，在世的大半時間裡，都無法得到當代人的認同，因而感到失望，然而他還是堅信真理將會獲得最後的勝利。他說：「真理是可以等到的，因為它長久存在。」

經過十九年「無聲的憤慨」後，在他去世前幾年，他的哲學思想才獲得全世界的重視。

讀後心得與感想

叔本華對人間的苦難十分敏感，因而他的人生觀帶有強烈的悲觀主義傾向，所以又被稱為「悲觀主義哲學家」。

哲學家時常在探討人生到底是苦？是樂？真實人生中，有人一輩子苦苦在追求答案，有人卻根本毫不在乎；而人生要過得如何，其實都看自己，最要緊的應該是要活得自在！

天才樂聖

貝多芬

德國人（西元 1770 － 1827 年），德國偉大的音樂家、作曲家與海頓、莫札特並稱為維也納古典樂派三大作曲家。

西元 1770 年 12 月 16 日，貝多芬生於德國波昂一個平民家庭。父親嗜酒如命，幾乎不顧及家庭。他很早就顯露出音樂上的才華，八歲開始登台演出；十一歲，加入戲院樂隊；十三歲，擔任大風琴手；十七歲時，母親死於肺病，貝多芬從此成為一家之主，負起兩個弟弟的教育責任。

西元 1792 年，貝多芬從波昂到維也納深造，在藝術上進步神速，直到西元 1827 年逝世，他從未離開過這座對音樂家特別有吸引力的城市。貝多芬絕大部分作品，例如：《英雄》、《命運》交響曲，《哀格蒙特》序曲；《悲愴》、《月光》、《暴風雨》、《熱情》鋼琴奏鳴曲等，都是在這裡創作的。西元 1795 年 3 月 20 日，他在維也納舉行個人首次鋼琴演奏會而嶄露頭角，他對自己的意志和力量充滿信心。西元 1805 年，他唯一的一部歌劇創作《費德里奧》也在維也納國家歌劇院舉行首演。

西元 1802 年，貝多芬逐漸喪失聽力，這對一位音樂家是多麼沉重的打擊！在好幾年中，他一直隱瞞著，連最心愛的朋友也不說。他避免與人見面，使他的殘廢不致被人發現。

他的作品受十八世紀啟蒙運動和德國狂飆運動的影響，個性鮮明，較前輩有更大的發展。在音樂表現上，他幾乎涉及當時所有的音樂體裁，大大提高鋼琴的表現力道，而獲得交響性的戲劇效果，讓交響曲成為直接反映社會變革的重要音樂形式。

貝多芬集古典音樂的大成，同時開闢浪漫時期音樂的道路，對世界音樂的發展，具有舉足輕重的影響，人們尊稱他為「樂聖」。

讀後心得與感想

貝多芬是一個命運坎坷的人，童年貧窮與孤僻，中年又耳疾殘廢。世界不給他歡樂，他卻創造歡樂給世界，被後人認為是有史以來最偉大的交響曲作家。他的《英雄交響曲》充滿激情，其中第九部交響曲取材於德國詩人席勒的《歡樂頌》，已經成為歐盟的盟歌。

永不言敗的法國皇帝

拿破崙

法國人（西元 1769 － 1821 年），法國將軍，法國第一執政和法蘭西皇帝。對法國的最大貢獻是加強法制及改革經濟，頒布《拿破崙法典》，確立了人權平等的原則。

「在我的字典裡，沒有『難』這個字！」這句話就是出自於拿破崙的口中。它的意思是：天下無難事，只怕有心人。不論事情有多麼困難，都不要懼怕面對它，反而應該更加努力去挑戰它，直到成功為止。

拿破崙出生在地中海的一個小島上，六歲時進入了一所紀律嚴格的幼兒軍校。他的個性好鬥，脾氣暴躁，所以常遭到其他小朋友排斥，因此，他選擇避開人群，專注於讀書。

他不僅對學校功課研讀十分勤奮，並經常進出圖書館，飽讀各類書籍，讓他小小年紀就擁有相當豐富的學養；十五歲時，他以優異的成績被保送進入巴黎大學，開始研讀有關政治與軍事的書籍，並於兩年後畢業，當上了中尉。

拿破崙不屈不撓的個性及優異的軍事戰術，讓他為國出征時，總是無往不利；而法國的勢力也隨著拿破崙到處打勝仗，變得越來越強大，因而當時的法國人認為他是國家英雄，瘋狂的崇拜他。不久，他返國後推翻腐敗的法國政府，成立新政府，並在三十九歲時，自立為法國皇帝，聲名響遍了整個歐洲大陸。

當時幾乎擁有全歐洲的拿破崙，仍不滿足，還夢想要征服俄國，卻因士兵無法適應俄國天寒地凍的氣候而節節敗退，國力也大幅的減弱。最後，一場歷史上有名的「滑鐵盧戰役」，讓他失去了王位，並被流放到地中海的一個荒島上，不久後便逝世於當地。

拿破崙一生中，不只將法國大革命的思想「自由、平等、博愛」散播至全世界，並且在法典的制定、軍事與藝術文化方面也有傑出的成就。他的晚年生活雖然悽慘，但是，他的輝煌成就，使他成為知名的傳奇偉人，並永遠的活在人們的心中。

讀後心得與感想

拿破崙小時候受到同學排斥時，如果就自暴自棄、看輕自己，那麼就不會成為日後傑出的軍事家了。他一生的功過雖有爭議，但他留下的座右銘「我的字典中沒有『難』字」這句話，卻反映了他不畏艱難、勇於挑戰的精神，也是他值得我們學習的地方。

捍衛英倫的軍事家

納爾遜

英國人（西元 1758 – 1805 年），史上最偉大的海軍將領之一。

納爾遜所處的時代還是帆船時代，當時制海權十分重要，為了爭奪制海權，國與國之間不惜相互開戰。帆船時代的正規戰法是縱隊接敵，採平行作戰，缺點是容易讓敵人逃走，無法殲滅。然而，納爾遜卻不墨守成規，他給予屬下有隨機決斷的權力，主要目的在於主動奇襲，逼迫敵人決戰，使敵船首尾不能相顧，達到殲滅效果。而這套他所獨創的「納爾遜戰法」，果然屢建奇功。

在西元 1805 年 10 月，英法戰爭時，由拿破崙所率領的法國海軍艦隊，加上和他聯合作戰的西班牙艦隊，兩隊實力遠遠超過英國。英國則是派出由納爾遜率領的艦隊，在直布羅陀海峽的特拉法加海角，迎戰法國、西班牙艦隊。

當時，英軍實力遠遠落後，不過納爾遜以他所獨創的「納爾遜戰法」，激勵軍隊以寡擊眾，自己也全力以赴，雖然他最後在這場戰役中壯烈犧牲；不過，英軍卻大獲全勝，使英國取得英倫海峽的制海權，阻止了拿破崙向外擴張的勢力。

納爾遜不僅是位擅長戰略和戰術的軍

事家，他在平時也十分關愛基層士兵；就在「特拉法加戰役」開戰前一天，船上一名舵手因工作忙碌，來不及將家書交給郵船帶回家鄉。眼看郵船已經離港，揚帆而去，舵手十分沮喪；納爾遜將軍知道後，馬上下令把郵船召回來，好讓舵手順利寄出家書。

屬下覺得寄家書只是件小事，為何堂堂一個將軍會如此費心呢？納爾遜解釋說：「這趟出征，誰都不知道自己能否平安返鄉，因此，我認為他的家書應該和別人一樣，可以同時寄出。」

由這件小事，可以看出納爾遜不僅注重培養屬下的作戰能力，而且是以仁者之心愛護屬下，難怪在戰場上，他的士兵都能充分體認他的要求，也願意為他力拼一場以小博大的戰爭。納爾遜將軍是史上最偉大的海軍將領之一，目前英國知名景點中，其中的「特拉法加廣場」就是為了紀念他而設的，他的雕像聳立在廣場中，並標明他對英國偉大貢獻，以供後人憑弔。

音樂神童

莫札特

奧地利人（西元 1756 – 1791 年）著名的音樂家、作曲家。他最宏大的作品之一《安魂曲》，是他創作的最後一部作品，可惜生前未能完成。

西元 1756 年 1 月 27 日，莫札特出生於奧地利薩爾斯堡一個宮廷樂師之家。他很小就顯露出極高的音樂天賦，三歲能在鋼琴上彈奏許多他所聽到過的樂曲片段，五歲能準確無誤的辨明任何樂器上奏出的單音、雙音、和絃的音名，甚至可以輕易的說出杯子、鈴鐺等器皿碰撞時所發出的音高……。

從六歲起，在父親的帶領下，莫札特和十歲的姊姊安娜開始漫遊整個歐洲大陸作旅行演出。在奧地利國都維也納，他們被皇帝請進王宮進行表演，所到之處無不引起廣大的轟動！

西元 1781 年，莫札特和主教決裂，獨自來到維也納。在一座叫費加洛的老式樓房裡，莫札特和他的妻兒度過一生中最愉快的時光（西元 1874 — 1791 年）。在這裡，他創作了著名的《費加洛的婚禮》，也教授過年輕的貝多芬。他被授予「皇家室內樂作曲家」的稱號。西元 1791 年，年僅三十五歲的莫札特，因貧窮和疾病在維也納逝世。

莫札特曾對人說：「以為我的藝術修為得來全不費功夫的人是錯誤的。我確切的告訴你，親愛的朋友，沒有人會像我一樣花這麼多時間和思考來從事作曲；沒有哪一位名家的作品，我不是辛勤的研究了許多次。」足見他所下的苦功。

莫札特一生共創作二十二部歌劇、四十一部交響樂、四十二部協奏曲、一部安魂曲，以及數百部奏鳴曲、室內樂、宗教音樂和歌曲等作品。歌劇是莫札特創作的主流，他與格魯克、華格納和威爾第一樣，是歐洲歌劇史上四大巨頭之一。在交響樂領域，他又與海頓、貝多芬一起為歐洲音樂史寫下了最光輝的一頁。莫札特還是鋼琴協奏曲的奠基人，他對於歐洲器樂協奏曲的發展同樣具有傑出的貢獻。

讀後心得與感想

天才是不容否認的，但人們往往因此而忽略天才也離不開刻苦與勤奮。素有「音樂神童」之稱的莫札特，從不諱言他的辛勤，而我們在讚嘆他的才能與貢獻之餘，更要以他的刻苦勤奮為楷模。

才華洋溢的作家

歌德

德國人（西元 1749 － 1832 年），他的名字幾乎就等於是德國文學的代表，和莎士比亞及但丁，並稱歐洲三大詩聖，著有《少年維特的煩惱》、《浮士德》等作品。

歌德出生於一個富裕家庭，在父親嚴厲的監督下，接受多方面的才能培養，加上他擁有多方面的興趣；因此，他除了有詩歌、戲劇和小說等創作外，還是一位科學家，在解剖學和植物學方面都有頗高的成就。

不過，歌德的主要精神還是放在寫作上，二十歲出版了第一本詩集。二十四歲時，他在出席一次舞會的途中，認識一個名叫夏綠蒂的少女，歌德對她一見鍾情。不過當時十五歲的夏綠蒂卻已有未婚夫，而且未婚夫還是歌德的朋友。

歌德對夏綠蒂很傾心，明知她已有婚約，仍然不顧一切表白愛意；但是夏綠蒂卻顯得十分驚慌，還把歌德的表白告訴未婚夫；想不到，她的未婚夫不但沒指責歌德，還認為無所謂。歌德得知消息後，感到愧疚不已，於是決心斷絕對夏綠蒂的愛慕。

幾個月後，歌德另一個朋友卻因為愛上別人的妻子，飽受外界批評後承受不了壓力而自殺，這件事讓歌德感觸良多。於是，他把自己這段愛情寫成《少年維特的煩惱》發表，立即轟動文壇，也名聞歐洲文學界。

除了浪漫小說《少年維特的煩惱》外，歌德歷時六十年才完成的《浮士德》詩劇上、下兩部，更是曠世巨作。這本書描寫一個人屢遭挫折，但仍然堅信正義和善良的操守，它反映出人類追求生命意義的偉大精神，也因此奠定了歌德在世界文學史上的崇高地位。

讀後心得與感想

歌德不因自己的愛慕，就阻擋他人姻緣，雖然要吞下失戀苦果，但理性的處理方式卻是值得稱讚。後來，歌德又將自己的愛意化成文章，而傳誦一時。內容主旨雖是在探討知識分子對封建社會的苦悶，不過他成功的寫出年輕人心聲，才能引起熱烈回響，就連創下豐功偉業的法國拿破崙，也都將這本書放在身旁，時時閱讀呢！

蒸汽機的改良者

瓦特

英國人（西元 1736 － 1819 年），他所發明的蒸汽機通用於各種工業用途，因而帶動了整個歐洲的工業革命。

瓦特出生在英國蘇格蘭的格利諾克鎮，家中生活富裕。不過，瓦特一生下來就體弱多病，也由於身體的關係，瓦特從小就不太喜歡上學，但是卻很愛讀書，尤其是數學方面，他特別喜好；此外，他的技藝天分很高，還利用父親的工具製造出不少模型。

十七歲那年，他的母親過世；不久，又遇到父親的船隻在大海中沉沒，瓦特的家境一下子就變得很困苦。瓦特想要自食其力，但是考慮到身體孱弱，無法從事勞力工作，於是他決定投入自己最喜愛的科學界。

瓦特先到格拉斯，卻找不到發展的機會，便轉往倫敦，幸運的遇到一位有名的師傅，收留他當徒弟。瓦特把握住機會，每天辛勤工作，甚至晚上也不休息，

終於把別人需要花三、四年才學會的製造功夫，僅花一年時間就學成了。學成後，他想到格拉斯開店發展，卻受到公會抵制；幸好當時格拉斯大學一名教授欣賞他，引他進入格拉斯大學擔任技術修理員，並允許他開店。瓦特在這段期間認識了許多名人，對他的科學知識幫助很大。

有一次，學校裡一部蒸汽機故障了，就交給瓦特修理，瓦特從沒有接觸過蒸汽機，為了不負所望，就詳細將整部蒸汽機拆開來研究。從這次拆卸研究中，瓦特明瞭了蒸汽機的原理，同時也看出這部原始蒸汽機的各項缺點，從此，他一頭栽入蒸汽機的改良研究。

經由不斷的研究、改良及拓展用途，瓦特終於使蒸汽機有了全新面貌，他所發明的蒸汽機通用於各種工業用途，能產生穩定、大量而有效率的動力來源，因而帶動了整個歐洲的工業革命。

讀後心得與感想

嚴格說來，蒸汽機並非瓦特發明，他是「改良」了別人的發明，讓蒸汽機成為一具更實用的機器，而且這機器讓人類擺脫了對於水、風等自然力的依賴，改變人類的歷史。他鍥而不捨的精神，足令後人敬仰。

美國國父

華盛頓

美國人（西元 1732 － 1799 年），發表著名的《獨立宣言》，成立美利堅合眾國，為美國第一任總統。

西元 1732 年 12 月 22 日，喬治·華盛頓生於美國維吉尼亞州。父親是菸草農場的地主，在他很小的時候便去世了，只留下少量的田產和十個黑奴。但是喬治·華盛頓靠著自己的艱苦奮鬥，還是成為當地有名的莊園地主。

西元 1754 年，華盛頓積極參加英國對法國作戰，指揮維吉尼亞地方武裝軍隊，協助英軍把法軍趕出北美。戰爭結束，英國卻宣布西部土地為王室私產，此一禁令使華盛頓一下子喪失了三萬多英畝土地，從此他成為英國殖民政策的堅決反對者。

西元 1775 年 4 月 19 日，波士頓人民打響了反抗英國殖民統治的第一槍，北美各州人民紛紛響應，轟轟烈烈的美國獨立戰爭爆發了。西元 1775 年 6 月，北美十三個英屬殖民地在費城召開大陸會議，華盛頓被任命為大陸軍總司令。在戰爭初期，面對裝備精良、訓練有素、後勤供應充足的英軍，美軍一敗再敗，紐約等要塞相繼失守，到了西元 1777 年 9 月，連首都費城也被英軍占領。他努力將各州團結組織起來拉托加大敗英軍，從此扭轉整個獨立戰爭的局面。西元 1781 年 9 月，英軍向華盛頓投降，美國獨立戰爭獲得最後勝利。

西元 1787 年，華盛頓主持制憲會議，制定世界上的第一部資產階級憲法。西元 1789 年 4 月，華盛頓當選為美利堅合眾國第一任總統；西元 1792 年，再度連任；西元 1796 年，他原本有機會三度當選總統，可是他拒絕了，就此立下美國總統八年即不得連任的憲法慣例。兩任總統任期居滿，華盛頓回到家鄉過著平靜的退隱生活。西元 1799 年 12 月 14 日病逝。

華盛頓為美國的獨立和統一立下不朽的功勳，他的民主精神也在美國產生深遠的影響，在美國人民心中享有崇高的聲望，被尊稱為美國的「國父」。

讀後心得與感想

人們常說：「一個偉人就是人類歷史的一座立碑。」華盛頓留給美國和世界最寶貴的財富是他偉大、誠實和高尚的品格，這也必將成為所有後世人類所仿效的榜樣。

交響曲之父

海頓

奧地利人（西元 1732 － 1809 年），海頓的作品如同他的為人，充滿清新樂觀的氣息，有「交響曲之父」、「弦樂四重奏之父」的美稱。

海頓從小生性幽默，他的父親是一名車匠，家裡有十二個孩子，收入僅能餬口，因此雖然明知海頓有音樂方面的天賦，卻無力栽培，他父親因而傷心不已。所幸海頓有一個親戚擔任唱詩班指揮，發現了海頓天生的好嗓子和音樂天賦，六歲的海頓便從此離家在外，接受親戚所提供的基礎音樂教育。不過，這段時期由於不時遭受責打，海頓度過了一個很不愉快的童年。

十七歲時，海頓變聲後，被迫離開唱詩班，當時他身無分文。但年輕的海頓並非是一個只知道玩樂的孩子，離開唱詩班後，他靠著一身的音樂本領，以教授私人學生及為人演奏小提琴，勉強維持生活；同時也利用閒暇努力鑽研作曲，他的音樂才能也逐漸受

到音樂界的注意，三十五歲時正式升格為宮廷樂長。

這個工作在當時可以說是人人稱羨的好職位，雖然有優渥的薪水、貴族般的享受，但生活也極為忙碌，樂團的工作極為繁重。海頓的幽默反映出的另一面像是他不擺架子，處事有條不紊、公正廉明，樂團團員從上到下對海頓都十分的愛戴，海頓因此博得了「海頓爸爸」的暱稱。

海頓的作品如同他的為人，充滿清新樂觀的氣息。牛津大學更因海頓的傑出成就，頒贈他音樂博士學位；而音樂家莫札特和貝多芬都是海頓的弟子。海頓名揚英國，也讓奧國同胞與有榮焉。奧國政府不但為海頓豎立了一座銅像，他更受邀創作了奧國的國歌呢！

讀後心得與感想

海頓是一位與命運搏鬥一生的音樂奇才，但他並不怨天尤人，一直到他逝世為止，作品中都充滿了明朗的活力，以及對生命、藝術的熱愛。海頓曾說：「既然上帝給了我一顆歡樂的心，祂就會寬恕我以歡愉的心來侍奉祂。」不知道你在被海頓驚駭的交響曲中突然的強奏驚醒後，是否能想像的到海頓豁達的心境呢！

現代文明之父

富蘭克林

美國人（西元 1706 － 1790 年），是電的發現者，並發明了避雷針。他在歐美極受尊崇，有「現代文明之父」、「美國的完人」等稱譽。

班傑明·富蘭克林是十八世紀美國最偉大的科學家，也是著名的政治家和文學家。

西元 1706 年，富蘭克林出生於美國新英格蘭波士頓的一個手工業者的家庭。幼年時家裡很窮，兄弟姊妹又多，只上學兩年，十二歲就到印刷廠當學徒。他非常的勤奮，向親朋友人借書，或自己攢錢買書，靠刻苦自學獲得了豐富的知識。

西元 1726 年秋，富蘭克林回到費城，這時他已學會精湛的印刷技術，開始獨立經營印刷廠，印刷和發行《賓夕尼亞報》，並出版《可憐的李查曆書》，當時被譯成十二種文字，行銷歐美各國。透過刻苦自修，不到三十歲的富蘭克林已經成為一個學識淵博的學者和啟蒙思想家，在北美的聲譽日益提高。

富蘭克林是電學原理創始人之一。西元 1752 年 7 月，富蘭克

林做了一次震驚世界的實驗。他在大雷雨即將到來前，把一具大風箏放到天空，風箏越飛越高，肉眼幾乎看不見，這時大雨傾盆而下，富蘭克林握著風箏線的手突然感到一陣麻木；緊接著，掛在風箏線下端的銅鈴震動起來，伴隨著陣陣聲響冒出點點火花。「成功了！成功了！」富蘭克林扔下風箏興奮的大叫。他冒著生命危險終於揭開雷電之謎。後來，他透過進一步研究，了解到電是會流動的，還可以分為正電和負電，因而發現閃電是空中正、負電子撞擊的結果，並發明避雷針。

富蘭克林還有許多科學發明，並進行多種科學研究，對自然科學做出重大的貢獻。西元 1752 年，他被選為英國皇家學會會員，英國愛丁堡大學、聖安德大學、牛津大學都先後授予他博士學位。

讀後心得與感想

富蘭克林的一生最真實的寫照是他自己所說過的一句話：「誠實和勤勉，應該成為你永久的伴侶。」雖然他出身貧困，但從不怨天尤人，反而積極向上，把握時間自我充實，終於成就了非凡的人生事業，為全人類提供了無法替代的貢獻，他實事求是、身體力行、服務人群的偉大精神值得人們效法，是大家學習的楷模。

音樂之父

巴哈

德國人（西元 1685 － 1750 年），巴洛克時期歐洲最具代表性的作曲家，也是西洋音樂的開山鼻祖，所以有「音樂之父」的美譽。

巴哈出生於音樂世家，父親跟哥哥都是宮廷樂師。年幼時即隨父親學習小提琴，十歲時父母相繼去世，由他的大哥接續教導。

幼年的巴哈對音樂興趣濃厚，學起音樂來非常努力。勤奮的巴哈天天往圖書館跑，閱讀了大量著名的音樂作品，大大開闊了視野，增加了許多知識，很快便學會許多樂器的演奏方法。中學畢業後，他到宮廷擔任樂師，開始了艱苦的音樂藝術生涯。

有一次，小巴哈為了得到哥哥所保存的一疊名家樂譜，前後經過六個月的時間，在家人熟睡後，伏在窗前桌案上，靠著微弱的月光整夜抄譜；誰知被哥哥發現了，竟粗暴的把抄譜全部燒掉。小巴哈難過的哭了好幾

天，但是他並不因此而灰心喪志。不久，他離家獨自向一位有名的風琴師求教。這位風琴師把許多珍貴的樂譜長期借給他使用，巴哈卻因為太過投入學風琴，而丟了在教堂的工作；但是也因而讓他成為一名優秀的風琴演奏家。

巴哈一生對音樂藝術貢獻很大。他在世時生活貧困，作品無人過問；死後數十年才得到人們的重視，被推崇為最偉大的古典音樂大師。巴哈一生創作了一千多部具有很高價值的作品，作品幾乎包羅了音樂中的所有體裁，對歐洲的古典音樂和後世音樂的發展產生十分深遠的影響，因而被稱為「音樂之父」，他的作品是歷代著名作曲家所崇拜和學習的典範。

巴哈在世時從沒有想過要保存自己的作品，而且當時作品幾乎沒有出版過。幸好妻子將巴哈的作品一一謄寫留存下來，我們現在才有機會聽到巴哈美妙的音樂。

讀後心得與感想

巴哈的成就和影響，正像貝多芬所說的：「像大海一樣的巨大和深遠。」巴哈家族中幾代人都是宮廷樂師，但都是地位卑微，靠音樂謀生的貧民階層。由於家庭貧困，巴哈無法得到正規的音樂教育，只能靠自己刻苦學習，於是巴哈在音符中找到對生活的熱情，他的作品至今仍具有強烈的藝術魅力及動人的情感。

俄國的祖國之父

彼得大帝

俄國人（西元 1672 － 1725 年），向西歐列強學習，強力進行軍事、行政和經濟等多方面的改革，俄羅斯帝國的創立者。

彼得大帝的童年是在宮廷權力鬥爭的腥風血雨中度過的。西元 1682 年，一個剛滿十歲的小沙皇登基，他就是彼得大帝。

彼得即位不久，他的同父異母姐姐蘇菲亞發動兵變成功，上台執政。彼得被迫和母親住在莫斯科郊外。他從小就喜歡軍事遊戲，常把自己的玩伴們編成兩個「遊戲」兵團，整天在綠蔭環繞的村莊中建築土堡，進行軍事演習及攻防戰遊戲。

七年以後，彼得長大了，他的遊戲兵團成了兩支訓練有素的禁衛軍。蘇菲亞意識到彼得是個危險的對手，她再度發動兵變，企圖廢掉彼得；但是陰謀失敗，蘇菲亞被送進修道院。

由於俄國是個內陸國家，幾乎與世隔絕，經濟十分貧窮落後。彼得開始親自執政後，覺得應該向西歐學習；於是他派一個使節團到西歐各國考察，自己也隱名喬裝隨同前往。他非常重視學習西方的先進科學技術，親自在造船廠當木匠，學習造船技術，一直做了四個多月。空閒的時候，彼得總是去參觀手工工廠、博物館，訪問著名的學者、科學家，考察其他國家的制度，聘請他們去俄國工作。正當彼得在國外考察時，蘇菲亞又在國內發動兵變，彼得只好急忙趕回國內鎮壓叛亂。

平息叛亂後，彼得立即雷厲風行的開始在俄國進行全面改革，嚴厲的手腕使整個國家煥然一新。在改革過程中，彼得深深感覺到過去按門第選用官吏這種制度的腐敗，便決定打破舊傳統，改以能力和才幹來任用各級官吏。

改革之後，俄國富強了。在十八世紀初，彼得大帝統治的期間使俄羅斯成為歐陸強國之一。從此他成為傳奇人物，俄國人尊稱彼得為「祖國之父」。

讀後心得與感想

彼得大帝被認為是俄國最傑出的沙皇，他所制定的西化政策是使俄國成為一個列強國家的主要因素。為了學習他國優點，他親自喬裝出國，甚至放下身段從事工人工作，去體會實際的經驗，以此證實他是一位實事求是、不是空喊口號的人，果然俄羅斯在他務實作風中，國力得以大逆轉。

一代戲劇大師

莎士比亞

英國人（西元 1564 – 1616 年），世界著名戲劇大師，著名作品有《羅密歐與茱麗葉》、《李爾王》、《哈姆雷特》等。

莎士比亞出生在富裕的家庭，他的父親是地主，而童年的莎士比亞在家鄉學習文學及拉丁語，奠定了寫作的基本技巧與豐富的文學知識。

在他小時候居住的小鎮，經常有劇團前來巡迴演出，莎士比亞在觀看演出時驚奇的發現，小小的舞台只有少數幾個演員，就能把歷史和現實生活中的故事表現出來，他覺得神奇極了，因此深深的喜歡上了戲劇，並經常和附近的孩子們一起學著劇中的人物和情節演起戲來，盼望長大後能從事與劇本相關的工作。但是不久後，他父親破產了，莎士比亞只好輟學，十四歲就外出工作謀生。他先後當過肉店學徒，也曾在學校教過書，還做過其他各種職業，這些使他增長了許多社會閱歷。

因為酷愛戲劇，長大後他放棄了許多

收入不錯的職業，去做當時被看作低賤行業的演員。在劇院裡，莎士比亞平時工作賣力，工作之餘，還悄悄的見習舞台上演員的演出，並孜孜不倦的在家自學自修，吸收大量知識。有一次，劇團需要臨時演員，他終於有機會上台了。即使只是扮演配角，莎士比亞也百般賣力的演出，由於他的知識相當豐富，加上演技精湛，使他不久就成為正式演員，進而開始改編和創作劇本。

莎士比亞的戲劇大都取材於日常生活中，將人物的個性刻畫得既生動又活潑，並將社會的種種矛盾與鬥爭描繪得既寫實又感人，不但受到民眾廣大的歡迎，皇室也對他讚賞不已。到他三十多歲時，已經是遠近馳名的詩人和劇作家，擁有一家劇院，生活富足。

莎士比亞留給後世一份豐厚的文學遺產，對世界文學的發展產生了深遠且巨大的影響。

讀後心得與感想

「放棄時間的人，時間也會放棄他。」這是莎士比亞的名言，也是他能在藝術天地裡自由飛翔，成為一代藝術大師的祕密。莎士比亞追逐夢想的過程並不完美，但是他把握住每分每秒，毫不倦怠，所以當機會來敲門時，他已經準備妥當了。

創世紀天頂壁畫者

米開朗基羅

義大利人（西元 1475 － 1564 年），和達·芬奇一樣，是義大利文藝復興時期最出色的藝術家之一，羅馬聖彼得大教堂漂亮的圓形屋頂設計，就是出自他的巧思。

米開朗基羅生於貴族世家，一生的心願，是成為一名像古希臘雕刻家那樣偉大的藝術家，但因為教皇的命令，他不得不放棄自己喜愛的雕刻工作，轉而從事繪畫；不過，創作期間卻波折起伏。

教皇欣賞米開朗基羅的才華，要他為自己建造陵寢。米開朗基羅花了半年多時間採石後開始建造工程，甚至為此負債；教皇卻聽信米開朗基羅對手的讒言，認為在生前建造陵墓是不祥的，因而要他停止工程並拒付款項，甚至還拒見米開朗基羅，米開朗基羅在失望之餘，決定離開，教皇卻又以武力把他留下。經過幾番折騰後，教皇強迫米開朗基羅畫聖西斯汀大教堂的壁畫和天花板。因此，米開朗基羅失望極了！好不容易由默默無名的雕刻匠晉升為教皇所重視的藝術家，他狂熱的理想抱負卻被迫去做一項他不喜歡的工作！

米開朗基羅在四年間獨力完成這項浩大工程，他每天都要辛苦的爬到鷹架上作畫，經常從天亮就開始工作，一直做到天黑，有時和衣倒地而睡，睡到半夜，起來啃幾口麵包，點燃蠟燭，又開始工作。

有一天，米開朗基羅結束苦悶的工作後，到酒吧喝酒，喝了一口後發現不對勁，就對老闆說：「酒有味道！」老闆二話不說，立刻拿起斧頭，把酒桶全砸爛了。酒吧老闆對品質的堅持，讓米開朗基羅頓悟到：不是最好的，就沒有保存的價值！於是，他轉身回到教堂，把辛苦繪製的畫統統刮掉，另起爐灶，最後終於能用自己的筆觸畫出「創世紀」偉大的作品。

在這段追求極致的過程中，米開朗基羅發出引人深思的肺腑之言：「我追求的不是美，而是生命！」這幅空前偉大的傑作，使米開朗基羅成為世界聞名的大畫家。畫中每一個人物都畫得非常突出而有力量，充分顯示了米開朗基羅的藝術天分和狂熱的生命力。

讀後心得與感想

米開朗基羅之所以這麼成功，就是因為他投入全部的生命，也在享受生命，因此他的作品散發出一種永恆的光輝。

地球繞日說的倡導者

哥白尼

波蘭人（西元 1473 － 1543 年），倡導「日心說」的天文學家，經過長期的觀察研究，最後完成了《天體運行論》，才把整個天文學帶進科學革命的洪流。

現在幾乎每個小學生都知道：地球會自轉、地球繞著太陽公轉；但是，大約在兩千多年前，許多人都認為地球才是宇宙的中心，一直到哥白尼出現，人們才知道：地球不是宇宙的中心，而是繞著太陽在轉動。

哥白尼的父親是一位成功的商人。他十歲時父母親相繼因病去世，哥白尼由當牧師的舅舅收養。長大後的哥白尼受到舅舅的影響，選擇傳教作為他的終身職業，當上神父。二十四歲的哥白尼申請到一筆獎學金，得以進入大學深造，閱讀許多古代天文學家的著作，抱定獻身天文學研究的志願。

哥白尼畢業後，擔任教會的秘書兼醫生。哥白尼的醫術在當時算是高超的，他擁有高尚的醫德，教區的窮人找他看病，他也從不推辭，不僅不收錢還送藥給他們，窮人們都相當尊敬他。不過，哥白尼最鍾愛的還是他的天文學研究，常常在白天他是神父、醫生，到了晚上搖身一變，成為科學家、天文學家。

哥白尼的舅舅去世後，他便搬到一座

小教堂的碉樓上，這個碉樓現在仍然存在，大家都把這座碉樓叫做「哥白尼塔」。由於當時天文觀測的儀器非常缺乏，哥白尼以自己製作的日晷、三角儀等來觀測星象。他在這裡居住的幾年內，收集了大量的天文觀察資料，提出大批的天文發現，也提出「地球繞日說」。

但是當他的論文出版時，哥白尼的眼睛已經瞎了，只能用手撫摸這本改變後世天文學觀念的偉大著作，當天哥白尼就與世長辭了，享年七十歲。

哥白尼過世後，他的論點引起極大的震驚，大部分的人都將其列為異端邪說；但是，天文學的真理之火已被哥白尼燃起，經過開普勒、伽利略、牛頓等人的印證，哥白尼的學說不斷獲得勝利和發展，其中甚至有人犧牲自己的性命來維護真理。

讀後心得與感想

我們越了解宇宙的真理，自我似乎更渺小了！而知道這件事的第一人，正是哥白尼。哥白尼在他活著的年代，也許只是一個醫術高明的神父，但是，時間證明了他是一位偉大的科學家。

全能的天才

達文西

義大利人（西元 1452 － 1519 年），集藝術、科學、文學、詩、音樂、哲學、工程師和發明家於一身，代表作品有《最後的晚餐》、《蒙娜麗莎》。

達文西出生於義大利佛羅倫斯北方一個小村子，未滿五歲就展現出繪畫天分，但是家中沒錢買畫紙和畫筆，於是他就在沙地上畫畫，撫養他的單親媽媽看了十分心疼，於是向教會求援。熱心的神父提供紙筆給達文西，使達文西的畫作得以在教堂張貼出來，並意外的讓他的祖父出面將他領養回去，才使得他有機會受教育。

不過，嚴格說起來，達文西的正式教育，以現在的標準來看，是連中學都不到；但是，他卻憑著觀察、自修及不斷的發問等，一點一滴累積自己的學識。

據說，他當學徒幫老師畫畫時，擅自在畫作的一角添加了一個側面天使圖，由於畫得太好了，讓老師大吃一驚，從此不敢再畫畫，改行去雕塑。這個故事或許誇張了些，不過卻說明達文西青出於藍的繪畫天才。

達文西的興趣還不只是繪畫，他也運用創造力及想像力，不斷從事各項發明設計及科學研究，甚至為求畫好人體，他也打破禁忌，從事人體解剖。這些研究，他都以手稿的方式記錄下來，總計共留下一萬三千頁左右的筆記和素描。手稿內容包括：解剖的人體構造，以及他構思過的飛行器、迫擊砲、長達三百公尺的橋梁，還有植物學、天文學等的著述。

達文西是文藝復興時代三大巨匠之一，他不只是偉大的畫家，同時還集藝術、科學、文學、詩、音樂、哲學、工程師和發明家於一身。他畢生心血研究過許多問題，對後世的啟蒙極大。

達文西的全能天才中，最為人津津樂道的當然還是他的繪畫成就，其中最著名作品就是《蒙娜麗莎》及《最後的晚餐》。《最後的晚餐》完成後，生動的傳達十二門徒和耶穌的心態，也讓後人了解到他不僅是擁有繪畫技巧而已，也是位用心的畫家，也是一名心理學家和哲學家。

發現新大陸的航海家

哥倫布

義大利人（西元 1451 － 1506 年），發現了美洲新大陸，到達了巴哈馬島、古巴、海地、牙買加、波多黎各以及中南美洲沿岸地區。

哥倫布年輕時就經常參加航海活動，閱讀過馬可．波羅的《東方見聞錄》，對富庶的東方產生了濃厚的興趣，以為東方黃金遍地、香料遍野；不過，當時要到遙遠的東方，可是要經過一番千辛萬苦的。

哥倫布認為地球是圓的，只要從歐洲海岸一直向西航行，就可以到達印度，得到大量的黃金、香料。為了實現自己的願望，哥倫布四處尋求資助者，但到處碰壁，大多數人都不相信他的說法，更不願意把錢花在他的身上。

後來，哥倫布來到西班牙王宮，西班牙王后慧眼識英雄，她說服了國王，甚至要拿出自己的私房錢資助哥倫布，使哥倫布的願望才得以實現。

他憑著堅強意志，橫渡大西洋，前後航行四次。哥倫布經歷了千辛萬苦，並沒有找到真正的中國和印度，但卻意外發現了美洲新大陸，以及中南美洲沿岸地區。

西元1942年，哥倫布發現新大陸，回到了西班牙之後，在歡迎宴會中，忽然有人高聲說道：「我看這件事不值得這般慶祝。哥倫布不過是坐著船往西走，碰到了一塊大陸而已。任何一個人只要坐船一直向西行，都會有這個發現。」宴會頓時鴉雀無聲，來賓面面相覷。哥倫布笑著站起來，順手抓起放在桌上的熟雞蛋，說：「請各位試試看，誰能使熟雞蛋的小頭朝下，立於桌上呢？」大家都拿起熟雞蛋，嘗試立著，但卻沒有一個人能把它立起來。哥倫布微笑著拿起熟蛋，把尖頭朝下往桌上輕輕一敲，蛋就穩穩的立在桌上了。那人高聲叫道：「這不能算，哥倫布把蛋殼敲破，當然可以站住。」這時，哥倫布正色說道：「你和我的差別就在這裡，你是不敢敲，我是敢敲。」世界上的發現和發明，在別人看來都是再簡單不過的，然而他們只會說而不行動。

讀後心得與感想

從這則小故事中，我們可以得到一個啟示，那就是：對於腦子裡一些好的想法，必定要親自嘗試之後才算數，千萬不要光想不做，這樣或許會錯失了許多成功的機會喔！

為國捐軀的聖女

貞德

法國人（西元 1412-1431 年），在百年戰爭中阻止英軍占領法國，被封為「幸運之神」，又為法國的守護神；之後兵敗被英國人視為異端巫術而處死，年僅十九歲。

貞德是一位很平凡農家少女，她所出生的年代正是英法百年戰爭時期。

十七歲那年，英軍圍困了法國大城奧爾良市，奧爾良城市是法國南北交通的戰略重鎮，一旦失守，南方就可能全部淪陷。消息傳來，貞德十分激動，深覺正是自己為祖國獻身的時刻。於是儘管她沒有任何武器，但是她依然跑去見當地法軍隊長。

隊長疑惑的問她：「妳一個小女子，怎麼幫我們打仗呢？」貞德說：「我有決心和勇氣，能學會戰鬥的，並且我要幫查理七世在奧爾良正式加冕。」她以堅毅和自信的口吻說服隊長；隊長安排她去見尚未登基的查理七世。在查理七世母親的認可下，貞德成功的取得查理七世的信任，率領一支四千人部隊去拯救奧爾良。

法軍在貞德帶領下，有如勇猛的鬥士般，經過無數次戰鬥，他們如願的打到奧爾良城下。

不過，城內的法軍無法相信這位年輕女子是來援救他們的，便拒絕打開城門；無計可施的貞德，於是轉而繼續向英軍進攻，她英勇殺敵的態勢，讓城內的人終於相信，急忙裡應外合，出城和英軍決一死戰。在將士們的拼命下，法軍將強大的英軍打敗，遭圍困達兩百零九天的奧爾良城解危了，法國上下一片歡欣鼓舞。

貞德實踐她說的話，讓查理七世順利在奧爾良登基。之後，她又接連率領法軍打了好幾場漂亮的勝仗，不過貴族們及查理七世並不樂見貞德的影響力在法國擴大，便逐漸減低對貞德的信任。這使得貞德在一次戰役中，因而落入英軍手中，英國人利用教會逼使貞德承認自己是邪道，重判火刑，將她活活燒死。死時，貞德還未滿二十歲。

讀後心得與感想

貞德殺敵憑藉的是一顆熱愛國家的心，無奈最後卻犧牲在王室爭權的利害關係下，實在十分諷刺；她被燒死後五百年，梵諦岡的教廷為她平反，並冊封她為「聖女貞德」。而法國也把每年的五月三十日訂為國定祭日，永久紀念這位一心拯救法國的英雄人物。

促進東西交流的探險家

馬可·波羅

義大利人（西元 1254 － 1324 年），世界歷史上第一位將地大物博的中國介紹給歐洲世界，此行是人類史上最偉大的文化探險之旅，更開啟東西方文化交流的歷史新頁。

馬可·波羅的家鄉威尼斯是一個古老的商業城市，他家祖輩也是世代經商，父親和叔叔常奔走於地中海東部，進行商業活動。馬可·波羅十五歲時，他的父親和叔叔從東方回到了威尼斯，帶回的物品和見聞，使得馬可·波羅既羨慕又嚮往，他也很想做一個商人，漫遊東方。

兩年後，馬可·波羅的願望實現了，他的父親和叔叔再次動身去中國，決定帶馬可·波羅同行，於是年輕的馬可·波羅以義大利威尼斯商人的身分，懷著興奮的心情，踏上了東行之途。

他們由威尼斯起程，渡過地中海，穿越荒無人煙的伊朗高原，在到達阿富汗時，馬可·波羅由於適應不了高原山地的生活，不幸病倒了，只好停下來療養。一年之後，馬可·波羅恢復了健康，繼續前進。他們啟程不久，又面臨翻越帕米爾高原的艱苦路程。久病初癒的馬可·波羅，以堅強的毅力克服了困難，終於來到中國的西部荒原，又經過敦煌、酒泉、張掖、寧夏等地，費時三年半，二十一歲時抵達元朝首都大都，受到忽必烈大汗的盛大歡迎，而馬可·波羅也在此居住了十多年。

馬可·波羅很快熟悉了朝廷禮儀，並學會了蒙古語。忽必烈對他很器重，安排他到國內外訪問，馬可·波羅出訪過雲南、成都等大都市，還在揚州當了三年的官。此外，馬可·波羅還出使訪問過東南亞的一些國家，例如：印尼、菲律賓、緬甸、越南等國。

後來馬可·波羅參加故鄉威尼斯的一場戰役被俘，獄中結識一位作家，作家將他口述的東方見聞，筆錄成書，這就是舉世傳誦的《馬可·波羅遊記》。馬可·波羅被釋放後在家鄉隱居，七十歲時過世。臨終時，他對友人說：「我才把自己的真實見聞講了一半而已！」

讀後心得與感想

他隨長輩從義大利威尼斯長途跋涉到遙遠的中國，沿途詳細的記錄整個橫越亞洲的經過，和中國各地的人文地理景觀。《馬可·波羅遊記》裡，第一次將東方的種種真實模樣呈現在世人面前，不僅轟動整個歐洲，更影響了兩百年後的世界。

回教的創始者

穆罕默德

阿拉伯麥加人（西元 570 － 632 年），回教創始人，是伊斯蘭教徒最尊敬的先知，也被稱為「受讚美者」。

在穆罕默德出生時父親已不在人世，六歲時又失去母親，無依無靠的穆罕默德只好投靠祖父和叔叔。叔叔是個商人，因此小小年紀的他便隨著叔叔四處經商，長年旅行，少年時就精通多國語言，足跡遍布亞、非洲各地。

成年的穆罕默德，是一位英挺的美少年，職業是賣菜的夥計，二十五歲那年娶了大自己十五歲的富孀為妻，從此不愁吃穿。穆罕默德平常喜歡在山中沉思獨處。當他四十歲時，聲稱在山洞裡接到了天使給他的指示，要他作為伊斯蘭教在人間的「使者」、最後的「先知」，傳播神的指示，從此開始了他的傳教活動。

此後，穆罕默德及他的少數追隨者，不僅在十三年間遭逢苦難，不信教的人甚至試著暗殺穆罕默德多次，他們有時拿巨石丟他、有時在食物中下毒想殺害他，而對於這些的迫害，穆罕默德卻依然默默承受，充分展現他的謙遜與高貴。漸漸的，他的信徒增加了，終於在西元 622 年創立回教，成為麥加城的主人。直到穆罕默德去世時，阿拉伯已經全部信奉回教。

雖然穆罕默德去世前控制了阿拉伯半島的大部分土地和財產，但他終其一生皆過著困苦的生活。儘管穆罕默德身負先知的重責，他仍和往常一樣哺育他的山羊、縫補他的衣服、修理他的鞋子、幫助做家務，以及探望生病的窮人們，他也幫忙運沙，協助地方建設。

在他成為先知前，穆罕默德的生活無虞，身為成功且知名的商人，穆罕默德擁有豐富的收入；在他成為先知後，他的經濟負擔日益沉重，睡覺的床墊是由棗椰樹的纖維所填充做成的。他去世時，除了一塊作為救濟的土地外，沒留下其他錢財，一直到他去世，他都未曾吃過好麵粉做的麵包。

讀後心得與感想

穆罕默德可以憑藉先知之名來謀取地位、坐享權勢，擁有美食、華服、巨大的宮殿、色彩繽紛的裝飾，但是我們在穆罕默德身上卻看不到任何一樣。他的一生是令人驚訝的樸實與謙遜的典範。

羅馬共和國的創始者

凱撒

羅馬人（西元前100－前44年）世界戰史上最偉大的軍事將領之一。

凱撒出生在羅馬一個有古老歷史的名門貴族，凱撒對他的家族十分自傲，相當盼望在軍事上能成就一番事業留名歷史，加入軍團接受軍事訓練，學習軍事知識。

凱撒相當崇拜古希臘名將亞歷山大，反覆研究《亞歷山大遠征記》。有一次，少年的凱撒看到一座神廟旁的亞歷山大雕像，淚流滿面的慨嘆：「亞歷山大在我這個年紀時已征服了半個世界，而我現在卻還默默無聞，跟他比起來，我太沒出息了。」

還有一次，凱撒和幾個朋友經過一個殘破的小村莊，其中一個朋友說：「在這個鄙陋的小小村落裡，應該沒有人敢幻想當上皇帝吧！」大家都發出輕蔑的笑聲，只有凱撒一人非常嚴肅的說：「我寧可在這裡當老大，也不願在羅馬當老二。」

由此可見，凱撒

的雄心壯志。

凱撒十九歲開始了戎馬生涯。起初他只是個初級軍官，由於他的軍事才能出眾，經歷的戰役中，他總是一馬當先，衝鋒陷陣，不落人後。有一次當他被敵人圍困時，竟然單槍匹馬擋下兩百多支飛箭！

凱撒熱愛他的將士，常常用財物慰勞他們，與他們同甘共苦、患難相助，所以他的部下個個忠心耿耿，作戰時常能以寡擊眾。凱撒每攻下一個地方，就立刻施行仁政，能使被征服的民族心悅誠服，不會想造反。最後凱撒建立了羅馬共和國，躍身為羅馬帝國的最高統治者。

他把殘破不堪的羅馬，整理得有條不紊，但是凱撒獨裁的統治方式，和過於激烈的改革方式，引起元老貴族們的不滿，連凱撒最好的朋友布魯特斯也看不過去，就在某個夜裡，持刀暗殺了凱撒。凱撒斷氣前說了一句流傳千古的話：「我作夢都沒料到殺我的，竟然會是我最好的朋友！」布魯斯特回答：「並不是我不愛你，但是我更愛羅馬。」羅馬共和國的朝政就此結束了。

讀後心得與感想

凱撒始終為自己的理想在奮鬥，相當尊重士兵和俘虜，因此贏得百姓的尊敬與愛戴，他不是為戰爭而戰爭，而是為了經世濟民而戰爭的。他的領導統御藝術，長期以來一直受到西方軍事界的高度肯定及重視。

精采人生的帝國驕雄

亞歷山大

古代馬其頓國王（西元前356－前323年），是傑出的軍事家和政治家，建立一個橫跨歐、亞、非三洲的亞歷山大帝國。

亞歷山大是馬其頓國王腓力二世和伊庇魯斯公主奧林匹亞的兒子。亞歷山大從小興趣廣泛，又聰明勇敢，十二歲時曾馴服過別的騎手所不能駕馭的悍馬。小的時候，腓力二世聘請希臘哲學家亞里斯多德作為亞歷山大的家庭教師。亞歷山大學到了豐富的哲學、醫學、科學等各方面的知識。

西元前336年，年僅二十歲的亞歷山大被推舉為馬其頓新國王。為了維持龐大的軍隊，以鎮壓希臘各城邦的反馬其頓運動，實現自己征服世界的野心，亞歷山大把目光放向領土遼闊、資源豐富、財富滾滾的波斯。西元前334年春天，亞歷山大率領大軍開始了征討東方的行動。西元前330年，亞歷山大徹底擊敗大流士的繼位人，征服整個波斯帝國。西元前327年，亞歷山大率領軍隊離開中亞，南下侵入印度，在印度河谷建立兩座亞歷山大城，迅速占領西北印度的廣大地區。西元前324年初，亞歷山大將近十年的遠征終於結束了。最後，將巴比倫作為首都，建立一個版圖龐大的帝國。

在遠征過程中，亞歷山大逐漸認識到波斯人和希臘人一樣，具有傑出的智慧和才能，他們也應該受到尊敬；同時，他提出各民族應該和睦相處的理念，因此產生一個偉大的計畫，想讓波斯人、希臘人與馬其頓人結為友好的同伴。為了促進馬其頓人和波斯人等東方人的融合，亞歷山大和大夏貴族洛葛仙妮娜結婚，並鼓勵馬其頓人和東方女子結婚；但不幸的是，西元前 323 年 6 月，亞歷山大突然染患惡性瘧疾，匆匆的離開了人世，享年三十三歲。

亞歷山大的東征，促進東西方文化的交流，開拓人們的眼界，也開闢了東西方貿易的通路。

讀後心得與感想

亞歷山大少年受過良好的希臘文化教育，作為一位偉大的軍事統帥，亞歷山大智慧超群，思想開闊敏銳，重才納賢，富有強烈的求知和進取精神，因而造就了他的大業，也對東西方的交流，做出了卓越的貢獻。

幽默的古希臘哲學家

蘇格拉底

雅典公民（西元前 470 －前 399 年），常與青年們討論政治、倫理、藝術與社會問題，被認為是第一個當公眾教師的雅典人，並以獨到的品學、哲學思想開創哲學史上的新紀元。

蘇格拉底的家庭並不富裕，他喜歡研究哲學、天文和幾何，終日坐在雅典的大街上或在神廟前，和一般青年講學論道，希望藉著辯論挽救墮落的人心。由於他沒有其他謀生的技能，所以在妻子的眼中，蘇格拉底是一個遊手好閒、無所事事的人，是家中的吸血鬼。

蘇格拉底是天生的幽默大師，無論在什麼時候，都能保持輕鬆愉快的心情。他的妻子是個有名的潑婦，夫妻的感情並不和睦，時常爭吵，每當太太大發雷霆的時候，這位大哲學家總是默默的抗議，使強悍的妻子經常感到英雄無用武之地。據說有一次，在蘇格拉底仍作無言的抗議時，他的妻子氣不過，在盛怒之下，將一桶水潑在丈夫的頭上，這位

大師非但沒生氣，反而微笑著說：「我知道在打雷之後，一定會下大雨的。」

他遭到小人挾怨報復，被處以死刑，他的弟子們買通了把關的人，讓蘇格拉底逃跑；但他卻堅持服從法律，哪怕它不是正義的。他拒絕了多次減輕罪名和逃跑的機會，甚至在臨刑前，獄吏為他開了後門，並從前面把門閂上，可是蘇格拉底卻從後門繞道回到監獄！

在他面臨死亡的一剎那，他的弟子們都痛哭失聲，他仍然是妙語如珠，沖淡了不少的悲哀氣氛，他死前的最後一句話，是對一位學生克雷多說的：「克雷多，我還欠別人一隻雄雞，請別忘記還給他。」

蘇格拉底成為西方文明史上第一個偉大的哲學家和殉道者。作為歷史上最偉大的哲學家之一，蘇格拉底一生沒留下一行字，他的言行和思想是由他的弟子柏拉圖替他記述所流傳下來的。

讀後心得與感想

蘇格拉底是西方智慧的代表，終生為維護真理而奮鬥，和邪惡對抗，抱著寧死不屈的決心。孟子曾說：「富貴不能淫，貧賤不能移，威武不能屈，此謂大丈夫。」這些話蘇格拉底可當之無愧了。他堅持著正確的理想，勇敢奮鬥，不受威脅、不為利誘。雖不幸遭遇到悲慘的下場，而他的人格已光耀後世，他的聲名已永垂千古。

佛教的創始者

釋迦牟尼

印度王子，本名悉達多（西元前 566－前 486 年），因為感覺人深受生、老、病、死等痛苦，便捨棄榮華富貴而出家，終於在菩提樹下證道，人稱「佛陀」。

釋迦牟尼在東方人心目中，就像耶穌在西方人心中一樣熟悉。

古代印度人把人分成四等，就好像打分數一樣，分成甲、乙、丙、丁，很不平等。不過，當時有一位王子，雖貴為高等人，但他卻深為這種不合情理的事而痛苦，他就是釋迦牟尼。釋迦牟尼自小聰明伶俐，娶了一位美麗公主為妻，過著幸福快樂、令人羨慕的日子。有一天，他在皇宮裡悶慌了，就偷偷溜到皇宮外去散心，當他看到被馬鞭打得血流滿面的賤民時，心裡有說不出來的難過。他不明白，同樣是人，為什麼要分成四個等級？為什麼有的人可以舒舒服服的過日子、有的人卻得任意遭人踐踏呢？

回到皇宮後，王子更加悶悶不樂，他一直在想：人世間為什麼會有生、老、病、死，怎麼樣才能擺脫這種痛苦呢？他翻遍群書都找不到答案，他發現權力再大的國王也不能解決這個問題。於是他決心放棄王位的繼承權，出家修道；不過，全皇宮的人都阻止他。

一天夜裡，釋迦牟尼偷偷溜出皇宮，

來到一處清幽的地方，發現有許多人在修行。這些人施行的是苦修，像是躺在荊棘上，在大熱天裡用火烤身體，冬天則躺在冰床上。王子隨著他們修行了六年，終於領悟到人世間會有這麼多的痛苦，都是來自於人們有太多欲望，要解脫這種痛苦，必須過著簡單與樸實的生活，以慈悲與智慧來化解自私與無明。

從此以後，他被稱為「佛陀」。他所創立的這個教派稱為「佛教」。雖然佛陀已經去世兩千多年了，但是他所創立的佛教卻一直流傳到現在，成為世界上信仰人數最多的一種宗教。

讀後心得與感想

貴為王子的釋迦牟尼享盡人間榮華富貴，他大可不必理會皇宮外的人間疾苦，安逸的當王子，甚至等著繼承王位，絕對是一輩子不愁吃穿，還大權在握呢！但是他偏偏選擇放棄一切，讓自己去接受宛如酷刑的修行，為的是什麼呢？只為了要救苦救難呀！印度王子的這分心就是「慈悲心」，也就是我們所說的「人溺己溺、人飢己飢」！

我的漫畫書系列

每本定價 260 元

H98382

H98381

H98380

H98379

H98376

小百科系列

每本定價180元 售價 128 元

1975-1

1975-2

1975-3

1975-4

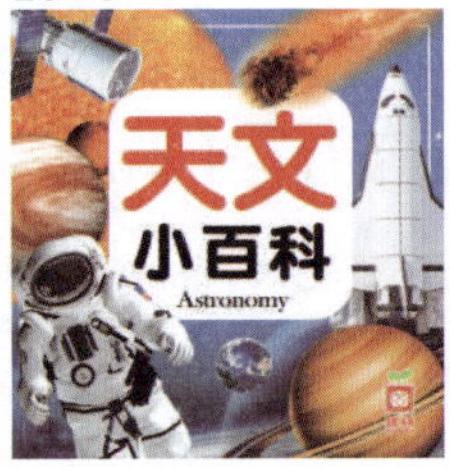

1975-5

1975-6

1975-7

1975-8

1975-9

1975-10

探索世界歷史系列

每套定價 840 元

H11417

探索世界歷史：戰鬥王

H11418

探索世界歷史：科學王

H11419

探索世界歷史：探險王

H11420

探索世界歷史：歷史王

H18001 Mini漢湘繪本館

彩色精裝書
共12冊

●想像力與啟示性的題材，是幫助孩子學習的最佳方式。
●在跨越幼兒時期後，針對孩子的閱讀，應以圖文搭配作為邏輯上的結合運用。

每本售價99元 全套售價1188元

5101~5118 12片裝CD禮盒

5101 0歲啟蒙教育
5102 小乖乖牙牙學語
5103 世界童謠精粹
5104 兒歌說學逗唱
5105 世界童話之旅
5106 中國童話之旅
5107 親子床邊故事
5108 萬能博士小叮噹
5109 自然科學小叮噹
5110 小叮噹10萬為什麼
5111 小叮噹台語教室
5112 品德法律小叮噹
5113 親子美語教室
5114 三字經唐詩成語
5115 金鼎獎西遊記A
5116 金鼎獎西遊記B
5117 金鼎獎詩樂之旅
5118 三國誌

14.1×18.8cm 小盒精緻版

每盒售價299元

H97901-A 蘿拉的異想世界

★好書大家讀2013、2014年度最佳少年兒童讀物★

14.8×20.8cm 平裝書/全套共八冊
每本224～352頁

全套售價1990元

H11501~H11503 名偵探福爾摩斯精選

17×23cm 彩色平裝書

每本定價250元

1068 精選名家世界經典故事

14.8×20.9cm 彩色書 共20冊

每本定價200元 售價99元

2034 寶寶心靈成長雙語繪本

屬中英雙語類，適合3歲以上兒童閱讀
25×25.9cm彩色書34頁/本 共12冊+12片CD

每一本書以一個教育主題編撰，家長可以延伸話題和孩子一同討論，讓小朋友學習思考問題。

全套售價948元

2035 寶寶潛能開發雙語繪本

屬中英雙語類，適合3歲以上兒童閱讀
25×25.9cm彩色書34頁/本 共8冊+8片CD

鮮豔的插圖、多重的畫風，培養小朋友的美學概念、對色彩的敏銳度與配色，同時學習認識書中的動物與物品。

全套售價632元

名人偉人一本通【平裝版】

編　　著：幼福編輯部
出 版 者：幼福文化事業股份有限公司
地　　址：236新北市土城區復興街11號
電　　話：886-2-2269-6367
傳　　真：886-2-2269-0299
出版日期：2025年10月
定　　價：依封面價格為準
法律顧問：朱應翔　律師
　　　　　滙利國際商務法律事務所
　　　　　台北市敦化南路二段76號6樓之1
　　　　　電話：886-2-2700-7560
法律顧問：徐立信　律師
版權編碼：T03-1

國家圖書館出版品預行編目(CIP)資料

名人偉人一本通 / 幼福編輯部編著. -- 再版. --
新北市：幼福文化， 2016. 04印刷
面；　公分
注音版
ISBN 978-986-243-496-3(平裝)

1. 百科全書　2. 兒童讀物

047　　105002894

168閱讀網 www.168books.com.tw